황금의 시대

황금의 시대

The Age of Gold

이붕 지음 | 이성희 옮김

프롬북스
frombooks

황금의 역사는 인류의 역사만큼이나 유구하다. 1만 2,000년 전, 황금이 발견된 후 황금을 향한 인류의 뜨거운 사랑은 불타오르기 시작했다. 인류의 정신세계 속에서 황금은 가장 순결하고 신성한 존재가 됐다. 인간이 신에게 싫증낼 날은 올지라도 황금에 싫증낼 날은 영원히 오지 않을 것이다. 황금 자체는 이미 종족과 문화를 뛰어넘어 심지어 세계를 통치하는 또 다른 종교가 된 셈이다. 황금은 번역이 필요 없는 만국 공통어요, 문화의 세계성을 대표하는 산물이다.

역사 이전의 인류는 이미 '황금 숭배'라는 형식을 통해 만물의 신인 태양신에게 제사를 지냈다. 자연계에서 황금처럼 태양과 동일한 빛과 색을 발하는 사물은 없기 때문이다. 태초의 선민들은 황금을 신으로 탈바꿈시켜 태양의 화신이라 믿었다. 일례로 고대 이집트인들은 황금을 '만질 수 있는 태양'이라 여겼고, 머리장식, 호신부, 그릇 등 각종 생활용품을 황금으로 제작해 이것이 생명을 보호하거나 생명을 연장시키는 신성한 매개물이라 믿었다. 자신을 '태양의 후예'라 자부했던 고대 잉카인들은 황금과 보석으로 태양 신전을 건축하기까지 했다. 한편, 전 세계 모든 민족은 황금으로 자신들이 숭배하는 신을 빚어냈다. 고대 그리스의 걸출한 조각가 피디아스Phidias는 상아에 금을 입힌 제우스 신상을 만들었고, 고대 바빌로니아인은 마르두크 신상 하나를 만드는 데 2만 여 톤의 황금을 사용하기도 했다.

예부터 황금과 종교는 떼려야 뗄 수 없는 불가분의 관계였다. 세계의 모든 종교문화는 황금으로 자신의 순결함과 정통성, 신성성을 부각시켰다. 불교에서 황금은 때 묻지 않은 순결함, 영원한 부귀공명 등의 특별한 의미를 갖는다. 불교를 신봉하는 수많은 국가에서는 사원을 황금으로 단장했다. 중국 티베트의 포탈라궁은 황금과 보석들로 지은 종교의 전당으로 그곳의 황금 신상, 황금 신단, 황금으로 주조한 역대 달라이와 판찬의 보탑은 황금의 신성함과 장엄함을 잘 드러내고 있다. 또한 《성경》에서 황금은 사물을 평가하는 가치기준으로 자주 등장한다. "지혜를 얻는 것은 은을 얻는 것보다 낫고, 그 유익은 진주보다 더 귀하다." 등의 구절을 그 예로 들 수 있다. 《성경》에서는 고매한 인격을 정금에 비유하기도 했다. 〈욥기〉에서는 하나님이 주시는 수차례 시련을 겪은 사람만이 정금精金같이 순결해진다는 점을 언급하고 있다.

역대 제왕들은 희소가치가 있는 황금을 귀하게 여겨 이를 독차지하려 노력했으며 이에 따라 황금은 점차 권력과 재물의 상징으로 탈바꿈하게 됐다. 신권과 왕권을 한 손에 쥐고 있던 고대 이집트 파라오들은 황금을 '신의 육체'로 여겼다. 그들은 황금으로 보좌를 만들고, 그것을 통해 신과 동등한 자신의 지위와 지존무상한 권세를 드러내려 했다. 위대한 바라문 왕은 제왕의 존엄을 과시할 요량으로 궁중

의 모든 기물을 전부 황금으로 제작하게 했으며, 은 따위는 전혀 안중에 두지 않았다. 서양의 고대 문명국가들처럼 고대 중국의 제왕들역시 왕권을 나타내는 매개체로 황금을 선택했다. 뿐만 아니라 황금색은 황가의 제왕들만 사용할 수 있도록 규정을 만들었고, 이로써황금은 신성불가침의 왕권을 상징하게 됐다.

수천 년 동안 세계 각 민족들은 하늘을 숭배하는 마음으로 황금을떠받들었고, 그것으로 무수한 공예품을 만들어냈다. 르네상스 시기 위대한 금세공사 벤베누토 첼리니Benvenuto Cellini가 만든 황금법랑 소금 그릇은 '조각품 중의 모나리자'로 평가받았다. 또한 러시아의 천재 금세공사 카를 구스타포비치 파베르제Karl Gustavovich Faberge가 제작한 부활절 황금 달걀은 독창적인 작품성을 선보이며인류 예술사의 정상에 우뚝 서는 쾌거를 이루었다. 어떻게 보면 황금은 어디에서든 끼어들지 않은 곳이 없다. 유구한 역사 속에서 인간의 삶을 아름답게 했을 뿐 아니라 인류의 사상과 과학의 진보에까지 영향을 끼친 것만 봐도 알 수 있다. 중세기에 나타난 연금술도 당시 첨단과학이었던 화학을 진화시켰으며 근대 화학과 의학의발전을 주도했다.

황금은 인류사회, 그리고 문명과 함께 발전의 길을 걸어왔다. 과거에는 황금을 신의 화신이나 군주의 특권으로 여겼지만, 이후 유구한 인류문명의 역사를 극적으로 기록하는 도구가 됐다.

오늘날 황금은 예전처럼 다시 신격화되지 못할 것이다. 그러나 여전히 부와 미의 상징으로 여겨지며, 화폐의 역할도 함으로써 주요 외환보유 수단으로 세계 각국의 열렬한 환영을 받고 있다. 게다가 우주항공, 의학, 전자공학, 기타 공업 분야에서도 황금은 특수하고도 중요한 작용을 하고 있다.

이것이 바로 황금이 지닌 힘의 비밀이다. 인류 문화와 생활 속에서 황금만큼 강렬한 인상을 남긴 것은 찾아볼 수 없다.

황금의 시대

THE

AGE

OF

GOLD

CONTENTS

차례

제1장

인류 역사상 가장
오래된 황금 숭배

The Age of Gold

황금의 원소기호인 'Au'는 라틴어 'Aurum'에서 비롯됐는데, 이는 '찬란히 빛나는 새벽'을 의미한다. 이집트인들에게 황금은 태양신의 상징이었으며, 고대 로마에서 황금은 여명의 여신을 뜻하는 이름이었다. 그런가 하면 B.C. 4세기의 고대 그리스 시인 핀다로스Pindaros는 황금을 '제우스의 아이'라고 묘사했다.

상고시대 사람들은 태양을 열정적으로 숭배했다. 그들이 볼 때, 인간에게 광명을 안겨줄 수 있는 존재는 태양뿐이었기 때문이다. 그런 의미에서 태양처럼 신비한 광채를 내뿜는 황금이야말로 태양의 진정한 화신이었으며, 황금을 소유한 자는 태양을 소유한 것이요, 지고지존의 권력과 부를 가진 것이었다. 그래서 고대 군왕들은 모두 몸에 황포를 치렁치렁 두르고, 값비싼 황금으로 자신의 궁전을 아낌없이 장식했으며, 이를 통해 천하 통일을 이루어 대지를 두루 비추는 태양이 되고 싶은 염원을 표현했다.

● ● ●

태양의 화신

인류의 고대 문화를 살펴보면 고대 이집트와 중국, 그리스, 심지어 고립 문명이었던 인디오인까지 모두 하나같이 황금을 종교적인 숭배의 대상으로 삼았다는 것을 알 수 있다. 이는 매우 불가사의한 일이다. 세계 각 국의 민족들은 옥처럼 미관상 아름다운 것도 아니고 채굴이나 제련도 몹시 어려운 황금을 왜 진귀한 보물로 여긴 걸까?

전 세계 거의 모든 민족이 황금을 숭배하고 집착한 것은 고대인들이 불과 태양을 숭배한 사상과 관련이 있다. 하늘을 우러러보는 고대인들은 세상을 항상 밝게 비추는 금빛 찬란한 태양을 숭배했다. 상고시대 고대인들이 저 높은 곳에 있는 태양을 보며 느끼는 감흥이란 실로 대단한 것이었다. 만물이 성장하는 데 태양은 반드시 필요한 존재였기에 농업사회에 들어선 뒤 태양 숭배 사상은 더욱 더 강력한 위력을 발휘했다. 일례로 멕시코의 마야인들은 18개월로 구성된 태양력을 만들었고, 일출과 일몰에 맞춘 태양형 생활을 했다.

마야인 외에도 전 세계 수많은 민족이 태양을 신으로 모셔 제사를 지냈기에 수많은 태양신화가 그와 더불어 나타났다. 그중 고대 그리

스와 로마인들은 태양신을 잘생긴 청년 아폴론이라고 생각했다. 호메로스Homeros 의 서사시 속에 등장하는 아폴론은 잘생기고 멋진 소년으로 빛과 음악, 의학과 노래를 주관하며 여명이 찾아올 때마다 황금 마차를 몰고 신의 채찍을 높이 치켜든 채 인류에게 광명과 온기를 전해준다. 그런가 하면 중국 상고시대의 신화 전설에 나오는 염제炎帝(중국 고대의 불의 신이자 태양의 신—옮긴이) 신농神農氏 씨는 중국인들의 태양신으로 추앙받았다. 거인족인 과보(태양과 달리기를 했다는 중국 전설 속의

상고시대 사람들의 황금 숭배는 모두 태양신 아폴론에 대한 숭배에서 비롯됐다.

거인—옮긴이)의 부락민 역시 태양에 아주 예민한 사람들이었기에 태양을 따라 이곳저곳으로 옮겨 다녀야 했을 것이다.

상고시대 사람들은 태양을 애타게 갈구했다. '인간에게 광명을 가져다줄 수 있는 것은 오직 태양뿐'이란 집착 때문에, 태양처럼 신비한 광채를 내뿜는 황금은 금세 태양의 화신이 됐다. 세계의 각종 언어 중에서 황금은 서로 다른 의미를 갖는다. 예를 들어 라틴어로 황금은 '찬란히 빛나는 새벽', 즉 '서광曙光'을 뜻한 반면, 고대 이집트 문자에서는 '만질 수 있는 태양'을 의미했다.

인류가 언제 황금을 발견했는지 정확한 연도를 밝혀낼 수 있는 자료는 없다. 그러나 한 가지 확실한 것은 황금은 인류가 알게 된 최초의 금속이다. 약 1만여 년 전, 황금은 이미 인류에 의해 발견되고 이용됐으며, 황금의 역사는 현재 우리에게 익숙한 동·철·알루미늄 등 여러 일상적인 금속들보다 몇천 년 이상 오래됐다.

그렇다면 인류와 황금의 첫 인연은 어떻게 시작됐을까? 원시시대

고대 이집트에는 태양신을 숭배하는 풍습이 있었다. 역대 파라오들은 백성들에게 신전 건축이나 제물 봉헌에 열심히 참여해 태양신에게 존경을 표시하면 태양으로부터 축복과 보호를 받을 수 있다고 선동했다. 위 그림은 제19왕조의 벽화(모사본)로 파라오 왕과 태양의 관계를 설명해주고 있다. 람세스 2세는 태양신 아몬(Amon) 앞에서 경건하게 제사를 드리며, 태양신의 양쪽에는 그의 아내 뮤트(Mut) 여신(맨 오른쪽)과 아들인 달의 신 콘수(Khonsu)가 서 있다. 맨 왼쪽은 람세스 2세의 부친 세티(Seti) 1세다.

자연계에서 인간이 눈부신 금빛 광선을 반사하는 황금 광석을 주운 것이 그 시작이었다. 그러나 그때까지만 해도 황금에는 화폐의 기능이 없었고 각종 장식품이나 그릇, 제기 등으로 이용됐다.

모든 금속 가운데 인류가 황금을 최초로 인식하게 된 까닭은 특수한 물리적 성질 때문이다. 황금은 자연계에서 대부분 홑 원소 상태로 존재하지만 다른 금속들은 화합물의 형태로 존재하기 때문이다. 이 황금은 비록 비활성 금속이지만 사회·경제생활 면에서는 아주 활발한 활성을 발휘했다. 황금은 항상 그것을 얻기 위해 죽기 살기로 매달리는 구름떼 같은 사람들을 몰고 다녔으며, 예측불허의 신

고대 이집트인들은 태양신 아몬의 열성적인 추종자들로 황금과 은으로 아몬신상을 조각해 태양신에 대한 존경을 표시했다.

고대 이집트에는 매년 파라오와 귀족들이 힘이 가장 센 수소를 선발해 황금 수소로 지정하는 의식이 있었다. 그들은 이 황금 수소가 신의 힘을 가졌다고 믿어 의식이 끝나면 이 소를 제물 삼아 신에게 바쳤다. 위의 그림은 황금 수소로 신에게 제사를 드리는 장면이다.

비한 빛에 싸여 있었다. 윌리엄 셰익스피어가 희곡 〈아테네의 타이먼Timon of Athens〉에서 타이먼의 입을 빌어 "노랗고 빛나는 귀중한 황금아!"라며 황금을 애타게 부른 것도 충분히 공감 가는 일이다.

● ● ●   셈족이 숭배하던 신

고대에는 과학기술 문명이 발달하지 못한 탓에, 자연계에서는 황금색을 거의 찾아보기가 힘들었다. 눈부시게 찬란하고 아름다운 색상을 지닌 황금, 자연계에서는 이렇게 화려하고 찬란한 색깔을 가진 물체가 없었다. 그래서 수많은 민족은 황금을 신격화하여 신의 상징으로 삼았다. 상고시대의 황금 숭배는 태양과 관련이 깊은데 고대 이집트는 태양신을 숭배했으며 황금을 태양의 상징으로 여겼다. 고대 로마시대에도 엘라가발루스Elagabalus같은 초기 황제들이 태양

신을 숭배했다. 몇몇 자료들에 따르면 인류의 황금 숭배가 셈족에게서 기원했다고 말한다. 이 태양을 숭배한 사람들은 고대 신권통치 민족이며, 일컬어지는 바로는 《성경》 속 노아의 아들, 셈의 후예라 한다.

셈족이 거주한 지역은 아프리카의 사하라 사막이었다. 사하라는 '불모의 땅'이란 뜻이지만 몇만 년 전에는 기후가 습윤하고 식물들이 무성하게 자란 지상낙원이었다. 훗날 강수량이 줄어들고 기온이 점점 올라가면서 숲은 초원으로 변하고, 다시 사막으로 변한 것이다. 4,000년의 역사를 자랑하는 이 유목민족은 이 불모지에서 수원水源을 찾기 위해 양떼를 몰아 이곳저곳의 목장을 헤매었다.

결국 셈족은 '바알Baal'이라는 신을 숭배하게 됐다. 고대 셈족의 언어에서 '바알'은 '주인'이란 뜻이며 부요와 풍작, 생육을 상징한다. 바알이 대표한 것이 생명이었기에, 전설 속 바알은 죽었다가 다시 살아나는 부활의 능력을 갖췄다고 전해진다. 그러나 훗날 중동지역 고대 전설 속의 바알은 인류에게 온역과 가뭄이 아니면 홍수를 가져오는 태양신이요, 살아있는 사람의 피로 제사를 드려야만 고약한 성질을 달랠 수 있는 신으로 점차 탈바꿈했다.

셈족의 끊임없는 이주로 고대 바빌로니아인, 아시리아인, 히브리인, 페니키아인 등 여러 민족이 형성됐으며, 수메르 문명에 이어 아카드 문명, 바빌로니아 문명, 아시리아 문명, 페니키아 문명, 유대 문명과 이슬람 문명 등이 태동했다. 더욱 중요한 것은 이 셈족이 황금 숭배 사상을 고대 티그리스-유프라테스 강 유역, 이집트 반도, 그리스 반도 등의 지역으로 전파시켰다는 것이다. 고고학자들이 지금까지 발견한 유물 중 가장 오래된 황금 장식품이 바로 티그리스-유프라테스 강 유역(오늘날의 이라크)에서 나온 것으로 지금으로부터 5,000년 전의 유물이다.

고대 바빌론인의 황금 신전

바빌론Babylon은 세상 사람들이 동경하던 화려한 고대도시였다. 마
르두크Marduk 신전 꼭대기에서 타오르는 불멸의 성화가 사람들을 불
렀다. 전설 속의 바빌론은 마치 금빛 찬란한 태양처럼 유프라테스
강변에 우뚝 솟아있었다. 성곽은 높이 100여 미터, 두께 25미터, 전
체 둘레는 약 38킬로미터에 달하며 전부 순금으로 만들어졌다. 뿐만
아니라 성 안의 도로, 가옥과 건축물, 궁전 모두 황금빛이었으며, 심
지어 강까지 황금빛 물결로 출렁이었다고 한다. 바빌론에 얼마나 많
은 부와 황금이 축적돼 있었는지 짐작해보기는 어렵다. 다만 《성경》
에서 바빌론을 '에덴동산 같았다' 고 비유한 것에 주목해야 한다.

　고대 바빌론 성에서 가장 뛰어난 건축물이 바로 '바벨탑' 과 '공중

전해지는 바에 의하면 고대 바빌론 성의 중심부에는 마르두크 신전이 있었고 신전은 8층의 단으로 건축
되었다고 한다. 역사학자들은 이것이 바로 《성경》에서 말하는 '바벨탑'이라고 추측한다. 또한 마르두크 신
전에는 22톤 규모의 황금 신상이 세워져 있어 고대 바빌론인들의 종교의식에 사용됐다.

공원'이다. 바빌론인들은 바빌론 왕의 왕위는 마르두크(바벨론 성의 주신이며, 바빌로니아의 국신)가 부여한 것이고, 승려는 마르두크의 종이라고 생각했다. 따라서 그들은 마르두크 신의 보호를 받고 그의 은혜로 국가와 도시의 영원한 번영을 보장받기 원했으며, 신에게 '바벨탑'을 예물로 바쳤다. 바벨탑 안에서는 매년 대규모 종교의식들이 거행됐다. 이 의식에 참여하려는 신도들이 전국 각지에서 구름떼처럼 몰려들었다고 한다. 고대 그리스 역사학자 헤로도토스 Herodotos는 바빌론 성을 둘러본 후, 하늘까지 닿을 듯한 이 탑에 대해 상세한 기록을 남겼다. 바벨탑은 높고 거대한 단으로 구성돼 있으며 전부 8층 규모였다. 탑의 고도가 높아질수록 단의 크기도 낮아졌다. 마르두크의 신전이 있었던 제일 아랫단과 제일 윗단은 각각 '아래 신전', '위 신전'이라고 불렀다. 마르두크의 신상은 '아래 신전'에만 모셨다. 대신 '위 신전'은 짙은 남색 유리벽돌로 쌓은 후 황금으로 장식해 휘황찬란한 위용을 자랑했다.

바빌로니아 국왕 느부갓네살 2세 시기에는 이미 열렬한 황금 신상 숭배가 시작됐다.

한편, 마르두크 신전이 모든 사람에게 열려 있지는 않았다. 마르두크에게 예배를 드리며 그의 가르침을 들을 수 있는 특권을 가진 사람은 오직 국왕과 승려뿐이었다. 일반 백성들은 그저 멀리서 바벨탑을 바라보며 마음속으로만 신을 경배했다. 바벨탑 가까운 곳에 있기만 해도 신의 매서운 눈빛을 감당해낼 수 없을 거란 두려움 때문이었다. 헤로도토스의 기록에 따르면, 마르두크 신상과 그 부속품들을 만드는 데 총 800달란트의 황금이 사용됐으며 이를 현재 시세로 따지면 2,400만 달러에 해당한다고 한다. 훗날 한 고고학자가 마르두크 승려의 숙소 유적에서 발견한 돌오리 표면에는 '1달란트 표준 저울추'란 글자가 적혀 있었다. 오리의 무게가 약 29.28킬로그램이었으니, 만일 헤로도토스의 기록이 믿을 만하다면 마르두크 신상과 부속물의 무게 합계는 총 2만 3,700킬로그램이라는 계산이 나온다. 그것도 전부 순금으로 주조했거나 제작한 신상이었다. 신 말고 세상 어느 누가 이런 극진한 대접을 받을 수 있었을까?

수메르인들의 금송아지 숭배

수메르인들은 약 7,000년 전에 금석 병용시대에 들어섰다. 1930년 대, 티그리스-유프라테스 강 유역 남부에서 역사의 고도 '우르Ur'가 발굴됐다. 이 고대 도시의 발견으로 오랫동안 신비로운 베일에 싸여져 있던 수메르 문화는 현대인들 앞에 그 찬란한 모습을 드러냈다. 우르는 수메르 문화의 최고 번성기를 대표하는 초강대국이었다. 《창세기》를 보면 '갈데아 우르는 이스라엘인들의 조상, 아브라함의 고향'이란 사실을 알 수 있다. 이 성은 수메르의 문화 발전 과정 속에서 세 개 왕조의 지배를 받았다. 그중 첫 번째와 두 번째 왕조는 수메르 문화의 번성기에 속했으며, 세 번째 왕조는 영토가 변경되면서 연대 상으로 티그리스-유프라테스 강 유역의 또 다른 문화권인 바빌로니아 문화에 속하게 됐다.

신전은 수메르 경제의 중심이었다. 도시국가의 농촌 협동체는 대량의 토지를 점유하긴 했지만 각 씨족들이 균등하게 소유했기 때문에 신전만큼 중요한 지위를 차지하진 않았다. 수메르인들의 종교는 그다지 융성하지는 않았으나 매우 독특했다. 그들은 수많은 남신과 여신을 숭배했으며, 모든 신이 복과 화를 내릴 수 있다고 생각했다. 신상과 제사장의 상은 모두 석회석이나 아라고나이트로 조각해 황금과 보석을 박아 넣었으며 매부리코에 큰 눈동자, 둥근 머리형을 하고 상체에는 옷을 입지 않고 하체에는 깃털이나 나뭇잎으로 만든 긴 치마를 입고 있는데 이것이 수메르인 조각상의 전형적인 특징이다.

이 황금 투구는 우르 왕조의 메스-카람-두그(Mes-Kalam-Dug) 왕의 물품으로, 제작 기법이 정교하고 섬세하여 왕권의 존엄함과 고귀함을 한껏 드러내고 있다.

특이한 점은 수메르인들이 소를 극진하게 숭배했다는 것이다. 수메르인들이 쓴 인류 최초의 신화 서사시 《길가메시 Gilgamesh》에서도 영웅 길가메시는 '고상한 들소'에 비유된다. 수메르인들은 그가 하늘의 황소와 벌이는 결투 얘기를 사람들에게 퍼프리면서, 무궁무진한 힘을 가진 이 영웅을 기념하기 위해 황금과 천청석天靑石으로 장식된 '황금 황소 머리 하프'를 만들었다. 회양목으로 조각된 '황금 황소 머리 하프'는 몸체에 조가비 장식과 루비, 천청석을 박아 넣어 길가메시와 하늘의 황소의 전쟁신화를 더욱 실감나게 그려내고 있다. 황금으로 만든 하프 손잡이에는 가짜 수염을 단 황소의 머리가 달려 있는데, 눈동자와 수염, 소뿔의 끝부분은 모두 사파이어로 만들었다. 특히 황소의 눈동자는 마치 살아 있는 듯 생생한 눈빛을 내뿜고 있다. 이 황금 황소 머리 하프는 고대 우르 금

세공장인들의 정교한 기술을 잘 보여주는 작품이다.

그 외에 우르 성에서 출토된 유물 가운데서 화려하고 정교하기 그지없는 슈브-아드Shub-ad('푸아비 왕비'라는 뜻도 있음—옮긴이) 왕비의 '황금 머리장식'을 빼놓을 수 없다. 이 절세의 황금 머리장식은 4,600년 전 티그리스-유프라테스 문명의 탁월한 수준을 보여준다. 현대인이라도 이 머리장식을 보노라면 놀라운 세공 솜씨에 넋을 잃고 빠져들게 된다. '황금 산양' 역시 이들의 뛰어난 문명을 보여주는 유물로 구성과 디자인, 섬세한 제작 기법, 신선한 창의력이 돋보인다. 이 황금 산양은 당시 제왕들이 종교 의식을 거행할 때 사용하던 법기로서 사람들은 이를

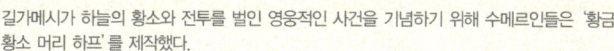

길가메시가 하늘의 황소와 전투를 벌인 영웅적인 사건을 기념하기 위해 수메르인들은 '황금 황소 머리 하프'를 제작했다.

통해 농경에 적합한 날씨와 풍작을 기원했다. 왕실의 무덤에서는 조각, 항아리, 그릇, 심지어 가구 등 화려한 부장품들이 무수히 발견됐으며 하나같이 황금과 천청석으로 장식돼 있었다. 이 유물을 통해 당시 사치스러웠던 궁정 생활을 어렴풋하게 짐작할 수 있다.

이라크 지역에서 출토된 황금 장식은 현재까지 발견된 인류의 황금 제품 중 가장 오래된 것으로 5,000여 년 전에 제작됐다. 슈브-아드 왕비의 무덤 속에서 발굴된 '황금 황소 머리 하프'와 '황금 머리장식'은 모두 고대 바빌로니아의 화려한 문명을 보여준다. 이라크에서 출토된 비석에는 '노비는 한 명 당 14~20 세겔 은전의 가치가 있다.'라는 글귀가 새겨져 있었다. 5,000여 년 전에 황금과 은은 이미 일반 상품의 범주에서 벗어나 상품들의 가치를 매기는 평가 수단으로 자리 잡았음을 알려주는 글이다. 실제로 고대 바빌로니아 제국에

서는 황금과 은의 가격을 13 대 1의 비율로 정했다. 이 비율은 다름 아닌 지구가 태양의 둘레를 일주하는 시간(365.25일)과 달이 지구의 둘레를 일주하는 시간(27.32일)의 비율이다. 금은의 가격 비는 바빌로니아 제국에서 이렇게 1,000여 년을 이어왔다.

• • •　　　　　　　　　　　　　　고대 이집트의 황금 숭배

역사상 황금이 가장 넘쳐났던 국가가 고대 이집트라는 데는 반론의 여지가 없다. 1907년, 나일 강 북쪽 이비스 골짜기에서 이름을 알 수 없는 고대 이집트 파라오의 무덤을 발굴하던 고고학 원정대원들은 이렇게 말했다.

"태양이 비추는 곳이라면 어디든 황금빛으로 반짝거렸다. 땅과 담 위에도, 관을 놓아 둔 담 밑까지 전부 황금빛 물결이 넘실거렸다." 아시리아 출신인 왕후는 신에 대한 경외심을 표현하기 위해 황금 신상들을 주조하도록 명했으며, 그중 250톤 무게의 리아Rhea 여신상과 그 좌우를 호위하는 한 쌍의 황금 사자도 포함돼 있었다.

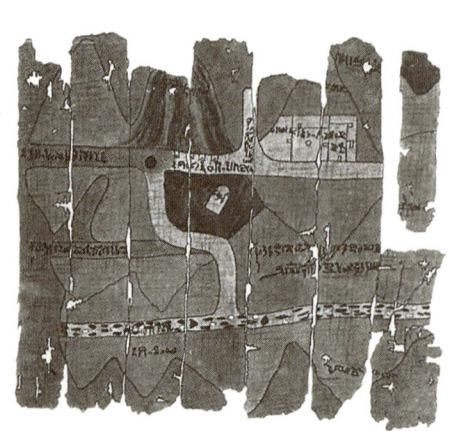

수천 년 전 파라오 왕 시기, 이집트와 수단의 국경 근처인 누비아 일대에는 엄청난 양의 황금이 매장돼 있었다. 훗날 고고학자들은 그곳에서 거의 100개에 달하는 금광을 발견했다. 이집트는 누비아를

고고학자들은 이집트인들이 파피루스에 그린 금광지도를 발견했다.

사막에 매몰된 지 이미 1,000년이 넘은 카르나크 신전은 사람들의 기억 속에서 거의 사라지다시피 했다. 그러나 1789년, 나폴레옹이 이집트 원정 길에 대동했던 약 200명의 탐사단이 카르나크 신전을 발굴해냈다. 1809~1928년, 탐사단이 결과를 정리한 《이집트지(誌)》가 출판되자 전 세계는 흥분의 도가니에 빠졌다. 그 후 전 세계에는 고대 이집트 문명 연구 열풍이 몰아쳤다. 이 그림은 당시 《이집트지》에 실렸던 삽화 중 하나로 프랑스 군인 및 탐사단이 신전 유적지에 머물고 있는 정경을 그렸다.

네 차례나 침략해 누비아의 모든 금광을 차지했고, 누비아는 어쩔 수 없이 이집트를 섬기는 신하의 국가가 됐다. 이집트에는 사막 내륙 지역까지 막대한 양의 황금이 매장돼 있었으며 금광은 주로 나일 강 동쪽의 사막 골짜기 지역에 분포해 있었다. 한 고고학자는 그중 한 금광에서 B.C. 14세기 경에 제작된 파피루스 문서를 발견했는데, 거기에는 '그곳에서 금광 하나를 더 채굴하겠다.'고 적혀 있었다. 훗날, 또 다른 이는 약 4,000여 년 전에 제작된 지도책을 발견했다. 이는 바로 나일 강과 홍해 사이에 있는 금광의 지도로서, 책에는 금광 구역의 도로와 광산인부 숙소 등의 위치가 자세히 표기돼 있었다.

황금의 대량 채굴과 끊임없는 유입 덕분에 이집트는 튼튼한 경제 기반을 토대로 호화로운 궁전과 신전을 지을 수 있는 국력을 강화하게 된다. 그중 저명한 테베의 카르나크 신전Karnak Temple은 몇 세기에 걸친 대규모 건축 끝에 완공된 신전이다. 신전은 주요 대전의 대원주(大圓柱)만도 무려 134개에 달하며 중앙에 위치한 12개의 기둥은 높이 20미터를 웃돈다. 고도로 발달한 고대 이집트 건축기술과 황금을 배경으로 한 강력한 경제력을 짐작할 수 있는 대목이다.

문명을 발전시킨 황금

황금은 인류문명과 불가분의 관계를 갖고 있다. 세계적인 고대문명 국가들의 역사는 후대인들에게 다음과 같은 사실을 알려주고 있다. "황금은 인류문명의 기초석이며 지표다." 저명한 역사학자 티모시 그린Timothy P. Green은 이렇게 말했다. "고대 이집트와 로마 문명을 발전시킨 것은 바로 황금이다." 이 말은 다음과 같은 의미를 내포한다. 첫째, 고대 이집트 문명을 발전시킨 숨은 공로자는 이집트에 매장됐던 대량의 황금이었다. 둘째, 황금의 유혹에 눈이 멀어 파라오가 대외적인 황금 약탈 전쟁도 서슴지 않았던 덕에 계속해서 자신만의 문명을 건설할 수 있었다.

고대문명의 발상지인 나일 강 유역과 티그리스-유프라테스 강 유역(티그리스, 유프라테스 강은 지금의 시리아 동부와 이라크 영토 지역임)의 문명은 유구하고도 뛰어난 역사를 가지고 있으며 그 수준은 감히 다른 인류의 고대문명들이 범접하지 못할 정도다. 그리스의 역사학자 헤로도토스는 이런 말을 남겼다. "나일 강은 이집트에 내린 하늘의 선물이다." 일찍이 구석기 시대부터 나일 강은 인류의 보금자리요 쉼터였다. 정기적으로 범람하는 나일 강의 하류는 이집트인들에게 비옥한 농경지를 선사했으며 이집트의 국민과 문명을 길러냈다.

사실 이집트 문명의 출현은 일찍이 티그리스 강과 유프라테스 강 유역에서 형성된 최초의 고대문명에 그 공을 돌려야 한다. 일반적으로 이 두 문명의 발상지가 서로 관련을 맺고 영향을 끼치게 된 데에는 두 가지 원인이 있다. 첫째, 나일 강과 홍해 사이에 매장돼 있던 풍부한 금광 자원, 둘째, 레바논의 목재다. 즉 이집트는 나일 강 유역 주변의 풍부한 황금 자원 덕에 인류의 문명시대를 연 최초의 문명국이 될 수 있었던 것이다.

제1장 인류 역사상 가장 오래된 황금 숭배

나일 강 유역 주변의 풍부한 황금 자원을 바탕으로 고대 이집트는 인류 문명시대를 연 최초의 국가가 됐다.

고대 이집트는 세계 문명의 발상지 중 하나로 문자, 역법, 예술과 과학 지식 등 각 방면에서 서아시아와 유럽에 매우 큰 영향을 끼쳤다. 지금으로부터 6,000년 전으로 추정되는 고대 이집트의 유물에서는 '황금 하나와 은 두 개는 같은 가치로 여긴다.'는 거래 기록이 발견됐다. 고대 이집트의 조각 예술품에서는 '금金'이라는 상형문자가 발견되기도 했다. 글자의 모양은 물이 머릿수건이나 나무 통 사이로 흘러나오는 모습을 본 떴으며 '금'이란 글자가 나타난 시기는 이집트의 상형문자가 막 발생한 초기였다고 한다.

● ● ●　　　　　　　　　　고대 이집트인들의 황금 사랑

고대 이집트인들의 황금에 대한 무한한 숭배는 태양숭배 사상에서 비롯됐다. 고대 이집트인들은 태양신을 최고의 신으로 모셨으며, '왕좌와 두 대륙의 왕', 또는 '모든 신의 왕'이라는 자부심 넘치는

THE AGE OF GOLD

027

이 유명한 파피루스 그림 속에서 태양신은 꽃송이 같은 햇살을 비추고 있다.

이름으로 불렀다. 이집트 제4대 왕조, 즉 피라미드의 시대에 파라오는 하늘 끝을 일주하는 뭇별들과 태양신이 환생한 화신으로 추앙받았다. 이후 파라오들은 태양신과 자신의 이름을 점차 하나로 통일해버렸다.

피라미드 시대를 조망해보면 고대 이집트인들의 열광적인 태양 숭배를 체감할 수 있다. 태양신에게 드리는 제사도 이때 시작됐다. 나일 강 골짜기에서 태양이 막 떠오르는 순간, 햇살이 가장 먼저 비치던 곳이 바로 피라미드 꼭대기였는데, 파라오들은 이 햇살을 타고 천국에 올라간다고 여겼다. 이 휘황찬란했던 시대에 고대 이집트인의 황금 숭배 사상은 절정에 이르렀다.

당시 모든 이집트인이 황금을 태양에 비유했던 만큼, 황금으로 만든 각종 머리 장식, 호신부 등의 물품은 착용하는 사람의 생명을 보호하고 연장시키는 신성한 매개체라는 믿음이 팽배했다. 위로는 막강한 권력을 휘두르는 파라오에서부터 아래로는 평범한 백성에 이르기까지, 이집트인들은 남녀노소를 막론하고 모두 황금 액세서리를 선호했다. 사람들은 대부분 머리에 황금 장식을 하고 다녔으며, 망자와 신령스러운 짐승에도 황금으로 장식했다. 특히 황금 머리 장식은 서민들에게도 없어서는 안 될 필수품이었다. 아무리 가난한 집안도 수중에 여윳돈이 생기기만 하면 모아둔 돈을 탈탈 털어 황금을 사들이기에 바빴다. 고대 이집트인들은 심지어 자신의 '금광 수호신'까지 둘 정도였는데, 이 습성은 아직까지도 이집트인들 사이에 전해 내려오고 있다.

제1장 인류 역사상 가장 오래된 황금 숭배

고대 이집트인들은 황금으로 만든 도마뱀 호신부가 생명을 보호하거나 연장시키는 신성한 물품이라 여겼다. 그 외에도 햇빛을 좋아하고 꼬리가 잘려도 다시 자라나는 특성상 도마뱀은 '태양신과 같은 부활'을 상징케 됐다.

고대 이집트인들은 케프리 신을 신성한 말똥구리 신으로 여겨 존경하며 '아침의 태양신'이라고 불렀다. 고대 이집트인은 말똥구리 종의 거대하고 신성한 금빛 딱정벌레가 날마다 태양을 굴려 움직이기 때문에 일출과 일몰이 생긴다고 생각했다. 그래서 신성한 딱정벌레(말똥구리)를 신격화하여 말똥구리를 신으로 삼고 '아침의 태양신'이라 불렀는데 이것이 바로 케프리 신이다. 케프리 신은 자주 사람의 모습으로 그려졌지만 머리 부분에는 항상 신성한 딱정벌레의 그림을 그려 넣고 손에는 항상 태양의 신 아몬과 같은 생명의 홀을 들고 다녔다. 케프리 신은 죽음에서의 부활을 상징했기 때문에 고대 이집트인들은 죽은 이의 무덤에 항상 말똥구리를 함께 매장했다.

현대인들은 고대 어떤 물건에 큰 의미를 두고 이를 맹목적으로 원하지 않는 반면 고대 이집트인들은 대자연의 모든 것을 이용하여 여러 가지 의미를 나타내고자 했다. 예를 들어 황금은 태양을 상징하며 '생명의 근원'이란 의미를 함축했다. 이와 달리 은銀은 달을 상징하며 신상神像의 골격을 만드는 데 사용했다. 아프가니스탄에서 운송해온 천청석은 진남색 밤하늘에 비유됐고 시나이 반도에서 수입돼온 터키석과 공작석孔雀石은 나일 강이 가져다주는 생명수를 상징했다. 나일 강 동쪽 사막에서 생산되는 흑록색 벽옥은 파릇파릇한 야채의 색상을 연상시켰기에 '재생再生'을 상징했으며, 홍옥수紅玉髓와 홍옥은 피처럼 붉은 색깔 때문에 '생명'을 상징하게 됐다.

고대 이집트인은 다양한 종류의 액세서리로 자신을 치장했다. 정수리 장식, 귀걸이, 각종 관冠, 팔찌, 손목 줄, 반지, 허리띠, 호신부, 목장식 평형 추 등의 액세서리들은 디자인이 정교하고 장식이 매우 복잡하며 아주 특별한 의미를 지니고 있다.

제12대 왕조(약 B.C.1991~1786년)에서 출토된 허리띠는 조가비 장식과 호신부, 구슬로 구성돼 있고 천연 황금, 은, 광옥수光玉髓, 자수정, 청금석靑金石, 장석, 유리 등의 재료를 사용했다. 그중 가운데 부분에 구멍이 뚫린 황금 조가비 장식도 있다. 고대 이집트인들은 여성의 생식기와 비슷하게 생긴 조가비에 위험을 방지하는 힘이 있다고 여겼다. 천연 황금으로 제작된 구멍 뚫린 호신부는 왕위 계승자의 머리 스타일을 상징했다. 물고기 두 마리 모양의 호신부를 착용한 사람이 익사하지 않도록 하늘의 보호를 기원했다. 또한 꿇어앉은 사람의 상은 장수의 신인 '후Huh'로 보통 손에 올리브 나무 가지를 들고 있다. 그 외 액세서리들은 모두 원형 구슬, 황금, 자수정, 황금석, 녹장석으로 제작됐다. 허리띠는 진귀한 귀금속과 화려한 색깔의 준보석들을 완벽하게 조화시킨 고대 이집트 보석 액세서리 세공술의 대표작이

제1장 인류 역사상 가장 오래된 황금 숭배

파라오의 단검과 칼집은 매우 정교하게 세공됐다. 칼날과 칼집은 모두 황금으로 만들었으며 칼자루 끝 사면에는 사람의 얼굴을 주조했다. 칼과 자루 부분을 잇는 이음판은 소 머리 모양으로 장식돼 있다.

다. 목장식 평형추는 가슴 앞쪽에 걸던 목장식이 너무 무거워 앞으로 흘러내리지 않도록 항상 등 뒤 두 견갑골 사이에 걸어 평형을 잡아주던 물건이었다. 평형추는 보통 시계추 모양으로 본래 목장식과 함께 하늘의 여신 하토Hathor를 섬기던 여제사장들의 전용 액세서리였으나 나중에는 신에 대한 존경을 표현하기 위해 모든 귀족 여성이 착용했다. 이집트인들은 목장식으로 사후 세계에서의 평강과 다산을 기원했으며, 평형추를 등 뒤에 매달아 신의 보호를 기원했다.

　그러나 고대 이집트의 액세서리 중 가장 높은 평가를 받고 있는 것은 뭐니 뭐니 해도 파라오의 장식품들이다. 고대 이집트의 파라오의 무덤에는 정교하기 이를 데 없는 국보급 장식품들이 대량 매장돼 있었다. 이 장식품들은 대부분 그 당시 이집트인들이 애용하던 귀금속과 준보석들로 제작됐다. 여기서 귀금속이란 주로 황금을 말한다. 당시 이집트 국내의 황금 생산량은 막대한 반면 은은 매우 희귀했기 때문이다. 준보석이란 보석과 돌의 중간 정도 가치를 가지면서 색채가 아름다운 녹장석, 터키석, 공작석, 석류석, 옥수, 청금석 등의 각종 광석들을 일컫는다. 도굴 당하지 않은 몇 안 되는 파라오의 무덤들 중 제 18대 왕조의 파라오, 투탕카멘 무덤의 황금 마스크는 널리 알려져 있다. 이 마스크는 고대 민족의 금빛 찬란한 황금 문명을 상징한다.

황금보다 더 찬란한

몇천 년 동안 이집트 전국은 황금빛으로 물들어 있었다. 세계적으로 유명한 '제왕들의 골짜기'는 고고학자들의 낙원이자 도굴범들의 명소였다. 1922년 영국의 고대이집트 고고학자 하워드 카터Howard Carter는 거의 완벽하게 보존된 투탕카멘 왕릉을 발견했다. 이로써 신비한 피라미드와 금빛 찬란한 파라오의 무덤, 기이하고 빛나는 역사가 마침내 우리 눈앞에 활짝 펼쳐졌다.

투탕카멘은 고대 이집트 역사상 그다지 유명한 왕이 아니었다. 아홉 살에 즉위하여 열아홉 살에 임종할 때까지 정치적으로나 군사적으로 큰 업적은 이루지 못했다. 그러나 투탕카멘은 현대 세계에서 고대 이집트의 파라오들 중 가장 유명한 왕이 됐다. 무덤의 봉인이 열리던 그 순간, 모든 사람은 눈앞에 펼쳐진 광경에 벌어진 입을 다물지 못했다. 그 놀라운 광경에 관해서는 다만 '휘황찬란하다'라는 말로 밖에 표현할 수 없을 듯하다. 막대한 황금으로 장식된 머리 장식, 가슴 장식, 홀笏, 조각들에 사람들은 눈이 어지러웠다. 이집트 문명의 상징이 된 황금 마스크, 순금으로 제작된 관, 수많은 보석으로 장식한 순금 왕좌, 묘실의 벽을 가득 채운 부조들, 한 올의 흐트러짐도 없이 보존된 미이라…

손에 홀을 들고 있는 투탕카멘의 입상. 모두 두점이며 본래 묘실로 통하는 문 양측에 세워져 있었다.

이 모든 것에 인류는 탄성을 내질렀다. 투탕카멘 왕의 무덤에서 출토된 문물들은 전부 1만 점이 넘으며 하나같이 가격을 매기기도 힘든 귀중한 보물들로 평가받고 있다. 카이로의 한 고고학자는 이렇게 말했다. "투탕카멘 파라오의 황금 마스크, 황금 관, 황금 보좌, 이 세 가지 보물 중 한 가지만 가지고 있어도 세계 유수 박물관의 유명한 유물보다도 더 높은 평가를 받을 수 있다."

모든 것은 파라오 아멘호테프 4세Amenhotep IV 로부터 시작된다. 그의 통치기간 동안 고대 이집트 신들은 모두 하나 둘씩 물러나고 오직 유일무이한 태양신 아톤Aton만이 자리를 굳게 지켰다. 영토 확장에는 관심이 없었던 아멘호테프 4세는 새로운 도성을 건설하여 자신의 성에서 날마다 태양신 아톤에게 기도하며 아내와 자식들과 오순도순 행복하게 지냈다. 아멘호테프 4세에겐 가정과 태양신 아톤 외에는 그 어떤 것도 중요하지 않았다.

그러나 아멘호테프 4세는 서른일곱 살의 나이에 열 살도 채 되지 않는 왕세자 투탕카멘만을 남겨놓은 채 이 세상을 하직했다. 이때, 실권은 대제사장 아이얼에게 넘어갔다. 한때 '파라오의 오른팔'이라며 허세를 부리던 이 귀족은 텔 엘 아마르나Tell el-Amarna의 벽화 속에서도 태양신 아톤에 무릎 꿇고 있다. 아멘호테프 4세가 세상을 떠나자 투탕카멘도 어쩔 수 없이 옛 신을 숭배해야만 했다. 어린 투탕카멘은 대신들의 주선에 따라, 자신과 아버지가 같지만 배다른 어머니 사이에 태어난 열한 살짜리 누나 안케스나문과 결혼하여 새로운 파라오로 세워졌다. 그러나 투탕카멘은 열아홉 살에 의문사 했으며 그 사인은 아직도 수수께끼로 남아 있다. 투탕카멘 사후, 그의 아내는 슬픔이 극이 달해 많은 부장품과 함께 성대한 장례식을 치러 주는 것으로 그를 향한

투탕카멘의 보좌. 본래 순금으로 만들어졌으며 투탕카멘의 3대 보물 중 하나다. 등받이에는 투탕카멘의 아내가 그에게 자외선 차단 오일을 발라주는 애틋한 광경이 그려져 있다. 특이한 점은 의자 전체에 동물들의 디자인으로 가득 차 있다는 것이다. 네 개의 의자다리는 사자의 다리 형상이고, 팔걸이는 날개를 펼치고 왕관을 쓴 신령한 뱀이 보호하고 있으며, 팔걸이 앞쪽에는 금으로 만든 사자의 머리가 달려 있어 하늘같은 왕권을 비유했다. 이 의자는 파라오가 국가 정무를 돌볼 때만 사용하던 뛰어난 가치를 지닌 문화유산이다.

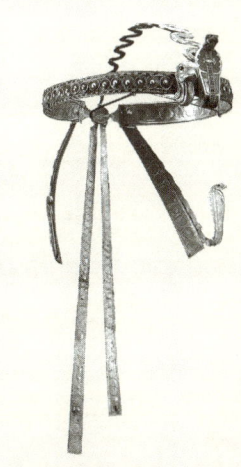

투탕카멘의 황금 왕관

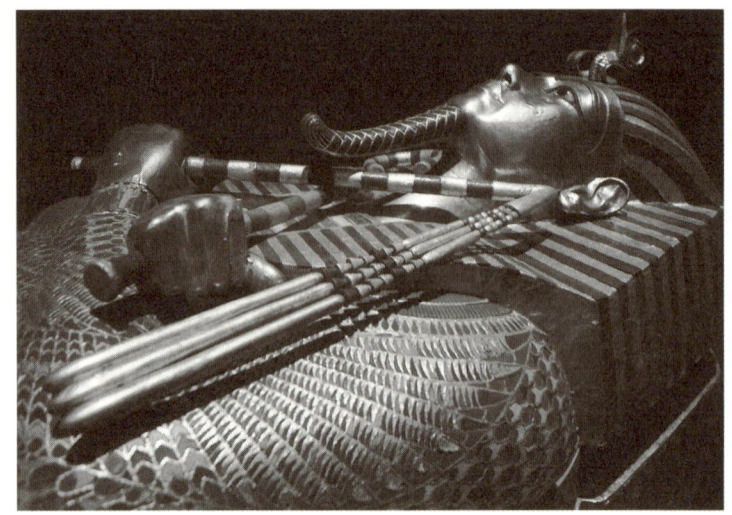

투탕카멘의 황금 관. 인체를 본뜬 이 관은 유약을 바른 도자기로 제작됐다. 파라오의 얼굴은 이집트 미술의 '정면성 법칙'을 따랐으며 오른손에는 군주의 홀을, 왼손에는 오시리스(Osiris, 이집트 신화에서 풍요와 지하세계의 신으로 숭배된 남신─옮긴이)의 채찍을 든 채 두 손을 앞가슴에서 교차시켰다. 앞 이마에 박힌 보석 휘장은 뱀 한 마리와 독수리 한 마리의 모습을 하고 있다. (이는 고대 이집트의 초기 종교에서 숭배하던 토템의 일종으로 독수리는 훗날 '태양신' 호루스를 상징하게 됐다. 신령한 뱀은 파라오를 지켜주는 신이었다.) 관 전체는 표면에 순금을 입히고, 색유리와 진귀한 사파이어로 장식했으며 전체 길이는 약 183센티미터에 달한다. 고대 무명 공예가의 초일류 상감기술을 보여주는 이 보석 금관은 현재 이집트 카이로 박물관에 소장돼 있다.

절절한 애도와 사랑을 표현했다.

투탕카멘이 죽은 지 3,000여 년이 지난 1922년 11월 26일, 영국의 한 고고학자가 '영원한 정적'이라 불리던 제왕들의 골짜기 깊은 곳에서 그의 무덤을 발견했다. 파라오의 호화로운 관을 열자, 믿기지 않을 정도로 놀라운 황금관이 모습을 드러냈다. 안에는 금으로 덧입힌 세 겹의 관이 들어 있었다. 가장 안쪽의 내관은 순금으로 제작되는데 특별히 파라오의 모습을 따라 정교하게 가공됐다. 황금 내관의 안쪽에는 118킬로그램의 순금으로 제작된 별도의 관이 있었으며 파라오의 미이라는 바로 그 안에 들어 있었다. 파라오의 얼굴에는 황금 마스크가 씌워져 있고, 가슴을 덮은 덮개 옷도 금으로 만들어져 있었다. 손가락과 발가락에는 금으로 된 골무가 씌워져 있었으

며 팔에는 보석을 박은 금은 팔찌가 끼워져 있는 등, 부장품 수만도 143종에 달했다. 단지 투탕카멘의 황금 관 하나만 놓고 보더라도 고대 이집트가 세계 황금 문명사에서 차지하는 뛰어난 위치는 가히 짐작할 수 있다.

● ● ●　　　　　　　　　　　　　　　　잉카―황금의 제국

신대륙 발견시대에 유럽에서는 남아메리카의 잉카 제국이 '전설 속의 엘도라도' 였다. 그곳은 '국왕이 날마다 금으로 짠 새 옷을 갈아입는 신비한 제국' 이라는 소문이 파다했다. 그러나 그 오랜 옛날부터 지금까지도 우리는 잉카 제국을 여전히 엘도라도와 연관시켜 생각하고 있다.

　'잉카Inca' 라는 단어는 인디오어로 '태양의 아들' 이란 뜻이다. 잉카의 신화에 따르면, 세계는 지극히 높은 신 '파차카막Pachacamac' 에 의해 창조된다. 그는 혼돈 속에서 첫 번째 인류와 동물들을 창조해냈다. 파차카막은 모든 신 중에서 태양신 콘 티키 Con Tici(비라코차나 파차야차치크라고도 불림―옮긴이)로 낮을 주관하게 하고 금성으로는 그 앞길을 인도하는 호위병을, 비바람과 천둥번개로는 그 종을 삼았다. 또한 달의 여신 퀼라Quilla는 밤을 비취도록 했으며, 묘수昴宿 7성은 달의 시종이 돼 달의 좌우를 따르게 했다. 피카차막은 퀼라 여신이 매달 사흘 동안 태양의 궁전에서 집안일을 하며 안주인으로서의 책임도 다할 수 있도록 허락했으며 태양과 달이 동쪽에서 서쪽으로 번갈아 떠오르도록 질서를 정해줬다. 또한 태

황금으로 제작. 태양신이나 달신을 표현한 것으로 보이는 잉카 공예품

양이 떠오르는 순간, 첫 번째 태양빛이 티티카카 호수에 있는 섬 안의 작은 동굴을 비추면 새로운 인류를 탄생시키겠다고 약속했다.

그러나 이렇게 태어난 인간은 상당히 오랫 동안 야수나 다름없는 삶에서 벗어나지 못했다. 어촌을 만들거나 자신의 종교를 찾지도 않았고, 경작, 사육, 방목은커녕 심지어 옷을 입고 치부를 가리는 기본적인 일조차 하지 못했다. 그들은 산골짜기, 바위틈과 땅굴에 군집하면서 들짐승처럼 풋과일을 따먹고 작은 동물들을 잡아먹었으며, 육식동물처럼 약육강식의 법칙에 따라 서로 물어뜯는 일을 서슴지 않았다. 매일 하늘을 운행하며 사람들의 생활을 내려다보던 태양신 콘 티키의 마음에는 연민의 정이 가득했다. 그는 자신의 아들 망코 카팍과 딸인 마마 오크요를 땅으로 보내어 인간들이 인류의 부친인 태양을 알고 우주의 주신으로 섬기도록 가르치며 문명생활을 전파하게 했다. 출발 전, 태양신 콘 티키는 그들에게 황금 지팡이 하나를 건네주며 어느 곳에 가든지 우선 이 황금 지팡이를 땅에 꽂아보라고 명령했다. 만약 황금 지팡이가 꽂히는 곳을 찾게 되면 그곳에서 멈추라고 했다. 그 땅이 바로 인간들이 도시와 왕조를 건설하고 자손들은 사명을 완수하며 살아가도록 예비된 곳이었다.

이렇게 태양의 아들인 잉카 제국의 국왕 망코 카팍과 태양의 딸인 왕비 마마 오크요는 왕족과 최초의 신하들을 이끌고 나라를 세울 수 있는 약속의 땅을 향해 머나먼 여정을 떠났다. 그들이 처음으로 발걸음을 멈춘 땅은 바로 쿠스코Cusco 시의 중앙에 위치한 구아나카우리 산기슭이었다. 망코 카팍이 황금 지팡이를 땅에 꽂자 지팡이가 똑바로 꽂혔다. 사람들 사이에 환호성이 터져 나왔다. 태양신의 자녀들은 이곳에서 첫 번째 잉카 제국을 건설할 수 있었다. 잉카 제국은 건국부터 멸망까지 위로는 잉카 왕, 아래로는 일반 백성, 모두 태양신 콘 티키만을 유일한 주신으로 섬겼다. 그들은 정성을 다해 콘 티

쿠스코 태양축제 기간 동안 모든 사람은 전통 민속의상을 입고 행사에 참석했으며 중앙광장은 화려한 옷을 입은 사람들로 넘쳐났다. 위의 사진 속에서 황금 가마를 타고 있는 사람이 잉카의 왕비다. 잉카 전통에 따르면 잉카의 국왕들은 태양신의 순수한 혈통을 지키기 위해서 모두 형제자매와 근친결혼을 했다고 한다.

키를 섬겼는데 잉카 왕족과 '잉카'라는 성을 받은 모든 사람은 태양신을 '아버지'라고 불렀다. 그들은 자신을 태양의 아들로 자처하며 태양신의 명을 받아 세상을 다스리고 있노라 자부했다. 또한 태양을 위해 온통 금박으로 둘러싸인 사당을 짓고 각종 제물들을 바치며 대량의 금은 보석들을 봉헌함으로써 그가 베푼 은혜에 감사했다. 제국의 전체 농경지를 삼등분해 토지의 삼분의 일과 그 소산은 태양의 소유로 삼았으며 제국 내 춥고 굶주리는 백성들은 이 소산으로 구제를 받았다. 또한 태양신전에는 태양신을 섬기며 평생 동정녀로서 순결을 지킨 태양의 아내들이 살고 있었다(잉카의 전승에 의하면 태양의 아내들은 왕실 혈통으로 엄격한 선발 과정을 거쳤으며 일생 태양신을 섬기며 신전 봉사를 했다고 한다. 가장 번성했을 때는 1,500여 명에 이르렀고 죽을 때까지 신전 밖으로는 한 발자국도 나갈 수 없었다).

태양의 후예들은 태양신 외에도 지고지존한 미지의 신, 파차카막을 마음속으로 경배했다. 그에 대한 존경은 태양신에 대한 존경 이

수많은 탐험가는 잉카 왕의 마지막 피난처였던 빌카밤바(Vilcabamba)를 찾기 위해 안데스 산맥을 찾아 헤매었다. 이들은 그 피난처는 찾지 못했지만 마추픽추(Machu Picchu)를 발견하는 의외의 수확을 올렸다. 마추픽추는 외부인들의 발걸음이 닿지 않는 깊은 산 속에 숨겨져 있었기에 완벽하게 보존될 수 있었다. 건축 당시의 원형을 그대로 보존하고 있는 마추픽추는 잉카인들의 가장 중요한 유적지로 손꼽힌다. 사진은 마추픽추 유적의 중요 건축물 중 하나인 태양신 사당이다.

상이었지만 파차카막을 위해서는 제물도 바치지 않고 사당도 세우지 않았다. 이 태양신의 자손들은 파차카막을 본 적도 없고, 파차카막도 그들에게 나타난 적이 없지만, 잉카인들은 그의 존재를 시종일관 굳게 믿고 있었다. 마음으로 경배하는 것만으로도 그를 알 수 있기 때문이었다. 그의 이름은 조용한 묵념을 통해, 그의 존재는 지극히 경건한 표정을 통해서만 깨달을 수 있는 것이지 언어로는 표현할 수 없었다. 잉카 역사를 통틀어 잉카의 제왕들은 눈에 보이는 신 망코카팍과 눈에 보이지 않는 신 파차카막 외에는 어떤 신도 숭배하지 않았다.

잉카 역사는 이렇게 신화시대를 거쳐 신의 저주와 계시의 그림자 속에서 멸망할 때까지 수백 년 간 계속됐다. 이 얼마나 부유했던 국가인가? 다른 민족들이 아직도 쇠로 물건을 제작하던 시기에 잉카인은 이미 황금으로 아름다운 장식품을 만들 수 있었다. 잉카 제국의 수도 쿠스코 성의 중심에는 종교행사와 절기 때마다 환락의 도가니로 변하던 대광장이 있었으며, 태양신전도 바로 이곳에 건설돼 있었다. 태양신전은 황금과 보석으로 장식된 거대한 건축물이었다. 사원은 벽 아래쪽부터 천정 꼭대기까지 모두 황금 판으로 덮여 있고 그 위에는 호화롭고 아름다운 무늬의 융단이 장식돼 있었다. 또 사원의 좌우에는 금으로 만든 보좌가 줄지어 있는데 보좌에는 역대 군왕의 미이라들이 앉아 있었다고 한다. 한편 '황금의 정원'이라 불리던 신전의 화원은 화초와 새들마저 전부

　제1장 인류 역사상 가장 오래된 황금 숭배

금·은으로 세공해놓은 초정밀 인조화원이었다. 스페인의 식민통치자들이 이 정원에 처음 들어섰을 때 정원 안의 모든 것이 너무나 정교하고 자연스러워 그만 진짜정원으로 착각하고 말았다는 일화는 잉카의 신비감을 더욱 더해주고 있다.

마야인의 성스러운 황금 우물

마야 문명은 라틴 아메리카 3대 고대 인디오 문명 중 하나다. 마야 문명은 아메리카 인디언 문명의 요람이었으며 후대 톨텍Toltec 문명과 아즈텍Aztec 문명에 결정적인 영향을 끼치게 된다. 마야 문명은 오늘날의 벨리즈와 과테말라 대부분 지역, 온두라스와 엘살바도르의 일부 지방을 포함하는 멕시코의 유카탄Yucatan 반도, 치아파스Chiapas 주, 타바스코Tabasco 주와 중남미의 일부 지역들에서 탄생, 발전됐다.

　마야 문명은 오랫 동안 발전을 거듭했다. 그러나 불가사의하게도 A.D. 830년, 코판Copan(학예의 도시라 불리며 천문학의 중심이 된 곳—옮긴 이)에서 진행 중이던 대규모 공사가 갑자기 전면 중단됐다. 835년, 팔렝케Palenque의 피라미드 신전 역시 시공이 중단됐으며 889년, 티칼Tikal에서 건설 중이던 사원들도 공사가 중지됐다. 909년, 마야인들의 마지막 성 역시 반 이상 완성했던 석조기둥 공사를 멈추었고 밀림에 흩어져 거주하던 마야인들마저 모두 남쪽의 보금자리를 버리고 북쪽으로 이주해버렸다. 오랜 시간이 흐른 후, 마야 문

마야인들이 숭배하던 태양신

마야인들은 봄마다 '비의 신'에게 올리는 제사를 드렸다. 전설에 따르면 아리따운 소녀 한 명을 선발해 많은 금은 기물, 보석, 장신구들과 함께 '비의 신의 궁전'으로 통하는 성스러운 우물에 던져 넣었다고 한다.

명은 연기처럼 사라져버렸다. 그 이유에 대해서는 역사학자들도 설명하기 매우 곤혹스러워하고 있다.

마야 문명 중 고고학자들이 관심을 갖는 대상은 마야인들이 건축한 유명한 천문대, 전사戰士의 신전, 쿠쿨칸Kukulcan(깃털 달린 뱀 형상을 한 비의 신 또는 뇌우의 신—옮긴이)의 피라미드 등이다. 그러나 보물 사냥꾼들은 아마도 멕시코 치첸이트사에 만들어졌다고 하는 황금으로 가득 찬 우물에 더 큰 관심을 가질 것 같다.

치첸이트사는 마야어로는 '이트사 족의 우물 입구'란 뜻이다. 치첸이트사로부터 약 15킬로미터가 떨어진 곳에는 천연 샘이 두 개 있는데, 지하 40여 미터 깊이에서 물이 솟아나오며 직경 60미터에 이르는 두 개의 커다란 천연연못을 형성하고 있다. 불가사의한 점은 이 두 샘물이 외관상으로는 그리 큰 차이가 없어 보이지만 실제로는 완전히 다른 성질을 띠고 있다는 것이다. 한 연못은 물맛이 달고 수질이 깨끗한 반면 또 다른 연못은 혼탁하고 시커먼 빛을 띠고 있다. 마야인들은 그중 한 연못은 밭에 물을 대는 관개용과 식용으로 사용하며, 또 다른 연못은 '성스러운 우물'로 신에게 바쳤다. 마야인들은 바로 이 연못 밑에 비의 신이 살고 있다고 믿었다.

1,000여 년 이상의 역사를 간직한 마야인들의 비 숭배는 대단했다. 매년 봄에는 비의 신을 위한 성대한 의식이 거행됐다. 국왕은 열네 살짜리 아리따운 소녀 한 명을 선발해 비의 신에게 바치는 신부로 삼고, '비의 신의 궁전'으로 통하는 이 성스러운 우물에 소녀를

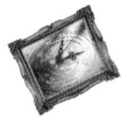

던져 넣었다. 동시에 각종 황금 기물과 장식품, 보석들도 함께 던져 농사하기 좋은 날씨를 기원했다. 16세기, 마야인들이 지구상에서 홀연 자취를 감춰버리자, 거대한 부가 숨겨져 있던 이 성스러운 우물도 그와 함께 사라져버렸다.

1987년 7월 중순, 프랑스 탐험가 다니엘은 보물을 찾으러 탐험 길에 오른 지 얼마 되지 않아 이 전설 속의 성스러운 우물을 실제 발견했다. 그러나 그 소식을 접한 미국의 마피아들은 다니엘을 납치하게 되고 결국 보물의 비밀을 숨기려던 다니엘은 이 마피아들과 함께 최후를 마쳤다.

1990년대 말, 서구 고고학자들은 다니엘의 유골과 일기를 발견해 냈다. 그들은 다니엘이 일기 속에 기록한 여러 가지 실마리를 근거로 '천하제일의 성스러운 우물'을 찾아낼 수 있었다. 검은 기체가 자욱하게 뿜어져 나오는 더러운 샘물에 펌프를 설치하기 위해서는 생명의 위험을 무릅써야 했다. 정식으로 샘물의 물을 뽑아내자 처음 며칠간 나온 것은 진흙뿐이었다. 그러나 그 뒤를 이어 여러 구의 해골들이 발굴됐다. 이 해골들은 비의 신의 '신부들'의 시체일 가능성이 농후했다. 이어서 수많은 금, 은, 보석, 그릇과 장신구가 쏟아져 나왔다.

이렇게 '세계 최고의 성스러운 우물'의 비밀은 온 세상에 밝혀졌으며 현재는 마야 문명 연구를 위한 훌륭한 자료로 이용되고 있다.

●●●　　　　아즈텍 – 단명했던 황금 문명

아즈텍인들에게 가장 중요한 것은 무엇이었을까? 바로 '태양'이다. 그들은 과거 세계가 네 번 창조됐다가 네 번이나 멸망됐으며 매번

아즈텍인들은 우주는 죽을 수 있으며, 천재지변과 인간의 재앙은 태양신의 분노 때문에 일어난다고 여겼다. 그래서 그들은 태양신의 분노를 잠재우기 위해 사람의 인체 중에서 가장 귀중한 물건인 심장을 바치려 했다. 그러나 제물로 바쳐지는 자는 강제로 처형되는 것이 아니라 태양신의 사자에게 보내진다는 믿음을 가지고 있었다. 그래서 인신공양자가 테노치티틀란 성에 위치한 두 곳의 대 신전으로 파견돼 하늘을 바라보는 자세로 누우면 제사장은 돌칼로 심장을 도려내어 제단에 바쳤다. 아즈텍인의 인신공양은 역사상 보기 드문 피비린내 나는 예배의식이었다.

창조 때마다 새로운 태양이 생겨나 전 세계를 비추었다고 믿었다. 그래서 현재를 '다섯 번째 태양의 세계'라 여겼다.

이처럼 황금은 고대 아즈텍 문명에서 아주 중요한 위치를 차지한다. 아즈텍인들은 매우 솜씨 좋은 수공예 장인들로서 정교한 도기와 방직품, 금, 은, 동제 각종 그릇을 만들 수 있었다. 또 황금으로 수많은 신상을 만들어 섬겼다. 콜롬비아 킴바야 지역에서 출토된 황금 제품들은 종류가 다양하고 제작기술이 정교해 보는 이들의 감탄을 자아낸다. 마치 살아 있는 듯 생동감이 넘치는 황금 조각상이 있는가 하면, 실제 사람과 똑같은 크기로 조각된 인체 조각상까지 매우 다양한 유물이 발견됐다.

당시 아즈텍 제국은 원시국가에 속했지만 상품경제는 이미 원시적인 단계를 뛰어넘어 있었다. 시장교역 초기에는 화폐 대신 물물교환 위주였지만 후기로 가면서 점차 모두가 받아들일 수 있는 일반 등가물이 출현했다. 어떤 지방에서는 코코아 원두를, 어떤 지방에서는 주석을 화폐대용물로 사용했으며 특별히 상품경제가 비교적 발달했던 수도 테노치티틀란Tenochtitlan(현재의 멕시코시티—옮긴이)에서는 모래를 화폐로 사용했다. 한편, 스페인인들은 오래 전부터 멕시코 만과 카리브 해 연안에서 식민지 활동을 시작할 수 있었다. 유럽인들이 이 대륙에 처음 상륙하자 아즈텍인들은 백인들을 '신'으로

제1장 인류 역사상 가장 오래된 황금 숭배

오해했다. 그들은 이 '신'들이 황금에만 혈안이 돼 있다는 것을 알고 엄청난 양의 황금을 바쳤다. 하지만 불행히도 그들은 자신이 신뢰하던 신들의 손에 멸망당하는 운명에 빠지고 말았다.

아즈텍 제국 복원도

아즈텍 제국은 역사 속으로 철저히 사라졌다. 이 세상에는 그들에 대한 추억과 그리움만이 남아 있을 뿐이다. 아즈텍 제국의 이런 현실을 예언이라도 하듯 어떤 시인은 다음과 같이 표현했다.

"이 세상에서는 영원히 살 수 없네. 그저 잠시 동안 머무를 뿐.
옥이라도 깨지고 부서지고, 황금이라도 짓눌려 상하게 된다네.
케찰코아틀(깃털 달린 뱀이란 뜻-옮긴이) 신의 깃털이라도 갈기갈기
찢어지고 말 것을.
이 세상에서는 영원히 살 수 없네. 그저 잠시 동안 머무를 뿐."

●●● 고대 촉나라 사람들의 태양 신조

고대 중국인들은 역사적으로 황금에 대해 떼려야 뗄 수 없는 깊은 애정을 가지고 있다. 역사 연구를 해보면 이 애정 역시 태양 숭배에서 비롯됐음을 알 수 있다. 3,000여 년 전, 고대 촉나라 사람들古蜀人은 태양에 특별한 호감을 가지고 있었으며 태양 숭배는 그들의 삶에 매우 중요한 비중을 차지했다. 그래서 특이하게도 다른 지역의 상商, 주周시대 문명과 비교해봐도 고대 촉나라 황금 그릇의 수량은 단연

으뜸이다. 진샤金沙 유적지에서 출토된 황금 그릇은 수적으로든, 종류로든 모두 중국 동시대 발굴 유적 중 최다를 기록했다.

진샤 유적지에서는 대량의 황금 기물과 떨어져나간 금박 조각들이 발견됐다. 이 황금 기물들에는 금박과 금 조각 위주이며 황금 지팡이, 황금 가면, 황금 관모, 황금 허리띠와 태양 신조神鳥 금 장식 등이 있다. 이 유물들은 모두 지역적 특색이 강하며, 디자인과 도안에도 강렬한 상징적 의미와 풍부한 고대역사 정보를 담고 있다. 고대 촉나라의 대다수 황금 기물들은 모두 독립적인 용도가 있었던 것은 아니었다. 그러나 절대 보통 장식품과 같진 않았다. 다른 물건을 장식하면서도 어떤 상징적인 의미를 더해주는 역할을 한 것이다. 예를

고대 촉나라 사람들의 가면은 콧대가 높고 둥그런 두 눈과 큰 입이 뚫려 있다. 입은 약간 벌려 미소를 띤 것처럼 보이며 전체적으로 신비하면서도 심오한 느낌을 준다. 이 가면은 고대 촉나라 사람들과 신 사이를 연결하는 매개물이었다.

들어 황금 관모 띠는 최고 권력의 상징이었다. 사람들과 신 사이를 연결하는 매개물을 상징하는 사람의 두상에는 황금 가면을 씌워 고귀함과 존경을 상징했다.

출토된 문물들 중 태양 신조 황금 장식은 수많은 전문가의 주목을 받았다. 이 황금 장식품은 전체 도안이 흡사 현대 전지剪紙(중국 민간 공예로 각종 사람·사물의 형상을 종이로 오려내는 것—옮긴이) 도안을 닮았으면서도 선은 간결하고 유려하고, 풍부한 리듬감과 강렬한 운동감을 가지고 있기 때문이다. 강렬한 상징적 의의와 풍부한 상상의 공간을 간직한 이 장식품은 '해를 지고 나르는 황금새'라는 고대 신화 전설(태양 속에는 다리 세 개가 달린 황금색 까마귀가 있어 해를 지고 나르기 때문에 해가 움직인다는 전설—옮긴이)을 생생하게 재현해냈다. 네

마리의 신조들이 태양을 중심으로 돌며 비상하는 도안은 그칠 듯 다시 시작되며 반복적인 순환을 이뤄, 끊임없는 생장과 번성을 나타낸다. 이는 고대인들의 태양과 새에 대한 강렬한 숭배 의식과 고대 촉나라 사람들의 생명과 운동에 대한 구가를 잘 표현하고 있다. 일부 전문가는 바깥쪽의 네 마리 새가 '태양을 지고 있는 것'을 의미하는 동시에 춘하추동 사계절의 순환을 대표하고, 안쪽 열두 개의 햇살무늬는 1년 열두 달의 연속을 상징한다고 주장한다. 아무튼 이는 고대 촉나라 사람들의 태양 숭배를 증명하는 물증이 틀림없다. 어쩌면 당시 고대 촉나라 사람은 이미 연, 월, 시 등 시간 개념과 생성 원인을 완전히 파악하고 있었을지 모르겠다. 무늬 도안이 매우

태양 숭배는 중국 여러 민족들의 공통된 특징이다. 하지만 진사의 태양 신조는 좀 더 생생하며 뛰어난 율동감을 자랑한다. 이 유물은 이미 중국 문화유산의 상징이 됐다.

간결한 이 기물은 고대 촉나라 사람들의 심오한 철학과 종교사상을 담고 있으며 예술적 표현력이 풍부한 상상력과 정교한 공예기술이 완벽하게 결합된 고대 촉나라 황금공예의 대표작이다.

이를 통해 볼 때 황금 제품은 고대 촉나라 문화에서 우월한 지위를 차지했다. 면밀히 말해 그 지위는 청동기 이상이라 할 수도 있다. 촉나라의 금 그릇과 비교할 때, 중국 기타지방의 상·주 문화 유적지에서 출토된 금 그릇들은 수량도 매우 적을 뿐 아니라, 대개는 사람의 몸을 장식하는 액세서리로 쓰였다. 이 차이점만 보아도 고대 촉나라 문화가 황금 제품에 대해 얼마나 독특한 가치개념을 갖고 있는지 잘 알 수 있다. 또한 중국의 황금 제품 숭배는 고대 촉나라에서 이미 시작됐다는 사실도 추론해볼 수 있다.

중국에는 '하늘에 사는 발 세 개 달린 새'에 관한 신화가 있다. 중국 고대인들은 하늘에 모두 열 개의 태양이 교대로 떠오르기 때문에 태양신들은 질서를 매우 사랑한다고 여겼다. 태양들은 새처럼 신수(神樹)인 부상(扶桑)에 깃들이는데, 자기 차례가 아닌 아홉 태양은 부상의 아래쪽 나뭇가지에 걸쳐져 있고, 자기 차례가 된 태양 한 개만 부상의 제일 꼭대기에 올라 하루 여정을 시작할 준비를 한다고 생각했다. 《산해경(山海經)》에서는 이 열 개의 태양이 제준(帝俊)과 그의 아내 희화(羲和)의 아들들이라고 말하고 있다. 제준은 그리스 로마 신화의 제우스처럼 동방 전설 중 하늘의 제왕이며, 자신의 아내들과 함께 이 세상을 창조했다고 한다.

중국 상고시대의 태양 숭배__태양 숭배는 세계 각 민족들에게서 공통적으로 발견되는 원시 자연종교 신앙이다. 중국 상고시대 부락 추장들은 모두 자신 또는 부락의 이름을 태양과 연관시켜 짓기 때문에 자신이 태양의 대언자요, 대표자임을 은연중에 암시했다. 염제(炎帝) 신농(神農)씨는 후세 사람들에 의해 태양신으로 추대됐으며, 몸집이 크고 건장했던 과보 부락 역시 태양에 매우 민감했던 집단으로서 항시 태양을 따라 동분서주했다. 황제(黃帝, 염제를 이어 재위하여 중국에 국가를 건립하고 문자, 의복, 수레, 거울, 60갑자 등 중국 문명을 창조한 군주—옮긴이) 헌원(軒轅) 씨 등 고대부락의 휘장에는 붉게 타오르는 태양이 꼭 하나씩 수놓아져 있었으며, 태호(太昊) 복희 씨와 황제의 아들 소호(小昊)의 이름에도 태양과 관계가 있는 '호(昊, 넓은 하늘이란 뜻—옮긴이)'자를 직접 사용하여 자신이 하늘 가운데에 떠 있는 태양임을 암시했다.

● ● ●

고대 중앙아시아 초원의 황금 숭배

이리伊犁(중국 신장新疆 위구르 지역의 한 지명—옮긴이) 강 유역은 한때 유목민족들에게 생활의 터전이었다. 이 유목민들은 스키타이인 Scythian(B.C. 6~3세기 경 남부 러시아의 초원지대에서 활약한 최초의 기마유목 민족—옮긴이), 또는 사카Sakas라고 불렸다. 스키타이인에게는 자신들만의 고유종교가 있었다. 자신의 조상을 숭배하며 모든 만물에 영혼이 있다고 여겨 자연현상을 숭배한 것이다. 그리스 역사가 헤로도토스는 "유목을 하는 마사게테Massagetae(즉 스키타이인) 족은 모든 신 가운데 태양을 숭배했으며, 제물로 말을 바쳤다."고 기록했다. 그들은 이 세상에서 가장 빨리 달리는 말이야말로 모든 신 중 가장 빠른 태양에 제물로 바치기에 합당하다고 여겼기 때문이었다. 또한 스키타이인들은 토지를 어머니 신으로 함께 숭배했으며, 항시 전투를 벌였기 때문에 전쟁의 신 역시 주요 신으로 숭배했다. 그들은 전쟁 시 검을 땅에 꽂고 그 위에 우유와 피를 부으며 승리를 기원했다.

고고학자들은 신장 아라 계곡, 위얼 계곡의 차사인(車師人, 톈산 산맥 북쪽에서 유목하다 남하한 이란계 민족—옮긴이) 묘지에서 많은 유물을 발굴했다. 그중 한 묘실의 주인은 불과 스무 살 정도의 앳된 여인으로 허리에 각각 20그램 정도의 황금 패 여덟 개가 달린 허리띠를 차고 있었다. 동그란 모양의 황금 패에 조각돼 있는 호랑이는 앞다리의 관자놀이까지 치켜들고 아랫다리는 높이 뻗어 위풍당당함을 실감나게 그려주고 있다. 그 외에도 비교적 얇은 황금 허리띠가 발굴됐다. 각 황금 허리띠는 모두 25그램 이상이며 표면에는 위를 향해 뛰어오르려고 바짝 웅크리고 앉은 한 쌍의 호랑이가 새겨져 있다. 또 일부 금박 장식 판에는 사자, 곰 등 동물 문양이 새겨져 있다. 이 여인의 옷에는 그 외에도 수백 가지 각종 금박 무늬가 장식돼 있었다. 이를 통해 볼 때 아시아 지역 민족의 황금 숭배 사상도 유구한 역사를 가지고 있음을 알 수 있다.

스키타이인들의 또 다른 숭배 대상은 황금이었다. 헤로도토스는 스키타이인의 특징을 이렇게 서술하고 있다. "스키타이인의 왕실에서는 신성한 황금을 매우 정성스럽게 보관하며, 매년 황금을 위한 성대한 축제를 거행한다."

당시 스키타이인들은 황금으로 옷을 장식했다. 이런 스키타이인들의 유적과 유물에 대해서는 고고학자들의 부단한 탐구조사가 진행됨에 따라 그 진면목이 확인되고 있다.

서한西漢 초기, 수많은 스키타이 부락이 월지月氏인들의 압박으로 천산산맥을 넘어 지금의 파미르 지역으로 이동해야 했다. 그러나 일부는 자신들의 고향에 남아 월지인들의 속민으로 살아갔다. 훗날 월지인들이 오손국烏孫國에 패하자 천산산맥 이북 지역에 남아 있던 스키타이인들은 이번에는 오손국의 속민으로 살아갔다. 그래서 오늘날 중앙아시아와 신장 지역의 수많은 민족은 모두 스키타이인의 혈통을 계승하게 됐다. 신장 북부지역의 고대 민족들과 카자흐스탄 천산산맥 지역의 스키타이인은 코카서스 인종 중 안드로노보Andronovo(러시아 크라스노야르스크 지방 미누신스크의 청동기시대 문화—옮긴이) 문화와 관계가 있다. 그러나 신장 남부의 고대민족은 코카서스 인종 중 동지중해 유형과 관계가 있다.

제1장 인류 역사상 가장 오래된 황금 숭배

수십 년 동안 카자흐스탄과 중국 신장 북부에서는 스키타이인들의 금동 기구들이 무수히 출토됐다. 이런 기구들은 보통 금박을 두들겨서 만들었으며 대부분 동물 모양을 하고 있다. 이를 볼 때 스키타이인들의 황금 숭배는 이미 역사가 오래됐음을 알 수 있다.

• • •   황금과 권세 – 왕권의 상징

19세기 이전까지만 해도 황금은 매우 진귀한 보물로 대개 제왕들에게 독점되다시피 했다. 그래서 황금은 부와 권력의 상징이 되거나 신들에게 바쳐져 신을 섬기는 제기나 신의 형상을 상징하는 소재가 됐다. 비록 기원전 6세기에 세계 최초의 금화가 탄생하지만 일반 사람들에게 있어 금화란 꿈도 꿀 수 없는 존재였다. 황금 광산 역시 왕가의 전유물로 노예, 죄수들의 고달프고 끔찍한 노역을 통해 채굴됐다. 이런 상황 속에서 황금은 고대 이집트와 로마 문명의 양분인 동시에 차츰 왕권의 상징으로 변화돼갔다.

• • •   제왕들의 황금 숭배

예부터 금은보화를 가장 많이 소유한 사람이라면 우선 제왕들부터 첫손에 꼽아야 할 것이다. 《성경》에 의하면, 이스라엘 역사상 가장 유명한 성군이었던 다윗왕은 랍바성을 공격하며 아몬 국왕의 왕관을 탈취했다고 한다. 이 왕관은 황금으로 만들어졌으며 겉에는 각종 진귀한 보석들이 박혀 있는 천하의 보물이었다. 〈역대상〉 20장은 이 왕관에 총 36킬로그램의 황금을 사용했다고 전한다. 물론 이렇

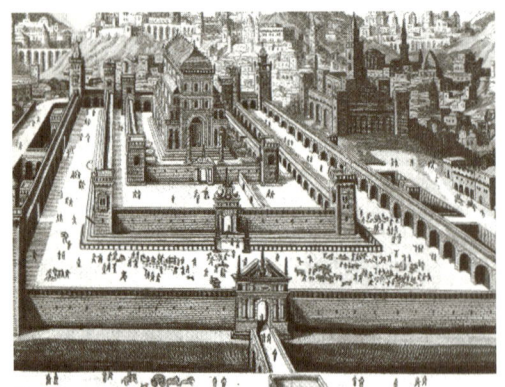
솔로몬의 성전은 꼬박 7년의 시간에 걸쳐 완공됐다.

게 무거운 왕관이라면 부귀영화를 과시하기 위한 전시용이었을 뿐이지 누구라도 머리에 쓰기는 어려웠을 것이다. 썼다가는 척추가 단번에 부러져 버릴 위험성이 다분하니 말이다. 《성경》에 기록된 역대 제왕 중 가장 부유하고 사치했던 왕은 솔로몬이며 그는 지금까지도 기네스북에 세계 최고의 부자로 기록돼 있다. 〈열왕기상〉 10장에는 "솔로몬은 이 세상의 어떤 왕보다 재산이 많았으며 뛰어난 지혜를 갖고 있었습니다."라고 전하고 있다.

솔로몬이 왕위에 오른 지 4년 만에 하나님께 예배를 드리는 거대한 성전 건축공사가 시작됐으며, 총 7년의 공사기간이 소요됐다. 전체 성전에 사용된 석재는 레바논에서 특별히 채굴해왔으며 성전 목재로 사용된 진귀한 백향목이 그 사이사이를 장식했다. 성전은 벽 전체를 순금으로 둘렀을 뿐 아니라 성소의 제단, 문짝까지 순금으로 감쌌고 지성소의 문 앞에는 금사슬을 드리웠다. 성전 완공 후 그는 또 다시 13년간 자신의 궁전을 건축했다. 솔로몬의 궁전은 외관이 화려하고 웅장하며 조각·장식기술 또한 독특하고 정교해 성전을 능가하는 아름다움을 자랑했다고 한다.

솔로몬이 지혜롭게 나라를 다스려 천하에 명성을 떨치자 각국의 군왕들도 앞 다투어 조공을 보내왔다. 예를 들어 두로의 국왕 히람은 솔로몬에게 120달란트(4,320킬로그램)의 황금과 단향목, 보석을 선물했으며 시바 여왕 역시 그에게 120달란트의 황금과 여러 보석, 향료들을 선물했다. 솔로몬은 매년 660달란트(2만 3,976킬로그램)의

제1장 인류 역사상 가장 오래된 황금 숭배

황금을 조공으로 받아들였는데 여기에는 상인이나 타국의 왕들, 이스라엘의 지방관들이 진상하는 황금은 포함되지 않았다. 그 외에도 그는 히람과 손을 잡고 해상 중계무역을 벌여 매 3년마다 한 번씩, 해외에서 대량의 금은과 원숭이, 공작 등을 사들여 왔다.

솔로몬은 이 세상에서 가장 지혜로운 왕으로 불린 만큼, 황금을 손에 넣는 수완이 뛰어났고 그것을 어떻게 사용할지 몰라 골머리를 썩는 일도 없었다. 그는 연단한 황금으로 각각 무게 600세겔shegel(6.9킬로그램. 1세겔은 서아시아에서 통용되던 무게의 기본 단위로 약 11.42그램—옮긴이)짜리 큰 방패 200개와 무게 300세겔짜리 작은 방패 300개를 만들어 레바논 궁에 두었다. 정금으로 감싼 그의 상아 보좌는 걸작 중의 걸작이었다. 이 보좌 앞쪽에 6층의 계단이 설계돼 있었으며 등받이는 원형이고 양쪽에는 팔걸이가 있었다. 매 계단의 손잡이 부근에는 마치 살아 있는 듯한 사자 두 마리가 조각돼 있었다고 하니 총 12마리의 사자가 서 있었던 셈이다. 솔로몬은 자신이 사용하는

솔로몬 왕이 누렸던 엄청난 부는 당시로서는 사상 초유이자 비교가 불가능한 부였다. 그는 유명한 이스라엘의 성전을 건설했으며 하나님의 언약을 간직한 '황금 언약궤'를 모셔왔다. 당시 도시 건축과 건설 사업이 번창하여 화려한 왕궁과 견고한 성벽들이 건축됐다. 솔로몬은 범선들을 두 대로 편제해 해외 중개무역 사업에서 큰 성공을 거두었으며 강력한 해군을 조직하여 원정 전쟁을 통해 영토 확장에도 앞장섰다. 그는 사랑에서도 승자가 됐다. 시바 여왕과의 달콤하고 낭만적인 사랑 얘기는 아직까지도 세기의 로맨스로 전해지고 있다.

식기와 궁중에서 사용하는 모든 기구도 전부 황금으로 제작했으며, 은은 안중에도 없었다. 이 때문에 당시 예루살렘에는 은이 돌처럼 흔하게 널려 있고 백향목이 평지의 뽕나무처럼 많다는 얘기까지 전해 내려오고 있다.

황금빛 고대 페르시아 제국

고대 페르시아 제국 역시 황금 생산이 풍부하던 국가였으며 그 황금을 통해 고대 이집트, 고대 바빌로니아 문명이 성장했다. 약탈자들이 모두 이곳에서 황금을 탈취해갔기에 페르시아 문명은 끊임없이 변방지방으로 전파될 수 있었다.

　페르시아의 다리우스 대왕Darius I은 뛰어난 전략과 리더십, 해외 정복의 야심을 바탕으로 페르시아 제국을 공전의 규모로 확장시켰다. 다리우스는 제국의 부와 권위를 과시하기 위해 B.C. 518년, 페르세폴리스 궁전 건축을 명령했다. 전체 공사는 국왕 3대에 걸쳐 이뤄졌으며 그리스와 비옥한 초승달 지대에서 온 수많은 건축기사와 장인을 고용하는 데 돈을 물 쓰듯 썼다. 건축 시작 후 70년이 지나서야 궁전이 준공된 만큼 페르시아 제국 내에서는 거의 모든 재물을 쏟아 부을 수밖에 없었다. 궁전 안에 소장된 수많은 조각품과 황금의 보물은 페르시아 제국의 무한한 영광과 영예를 상징한다.

　다리우스 왕은 황제가 되자, 매우 엄격한 궁정 예법을 제정했다. 궁정 조례에 참가할 때마다 다리우스 왕은 머리에 금빛 찬란한 황금 왕관을 쓰고 진홍색 긴 두루마기를 입었으며, 허리에는 금실로 짠 허리띠를 두르고 손에는 황금 홀을 들고 높은 황금 계단 위 보좌에 앉았다. 그의 뒤로는 깃털 부채와 큰 햇빛가리개를 높이 치켜든 수

종首從들과 시위侍衛들이 서 있었다. 대신들은 조례를 할 때마다 땅에 꿇어 엎드렸으며 대신들의 숨결이 황제의 위엄을 더럽힐 수 있다는 이유로 그와 대신들의 사이는 장막을 쳐 막아 두었다.

다리우스들 크세르크세스 1세Xerxes I는 왕위에 오르자 토목공사를 크게 벌려 널리 궁궐을 건축했으며 저명한 '만국의 문(매년 초 페르시아 제국에 조공을 바치러 온 사신들이 본궁에 들어가기 위해 거쳤다는 문—옮긴이)'을 완성했다. 그 외에도 자신을 위해 정교하고 화려하기로 소문난 제우스신의 대형 전차를 조각했다. 전차는 차체를 황금으로 주조하고 온갖 보석을 가득 박아 넣었다고 한다. 크세르크세스 1세는 이 대제국의 최고 통치자 자리에 오르는 데는 성공했지만 서자 출신이라는 태생의 약점을 극복해야만 했다. 가장 빠른 시일 내에 반드시 공적을 쌓아 자신이 아버지 다리우스 대왕만큼 위대한 군왕임을 증명해야만 했다. 그는 1차적으로 이집트의 반란을 평정했으며 이어 군대를 적극 확충해 그리스를 침략할 만반의 준비를 갖췄다. 그는 자신이 제작한 황금 전차에 앉아 그리스 정복 전쟁을 진두지휘했다. 전설에 의하면 바다를 건널 때 파도가 심하게 일어 부교浮橋 제작에 차질을 빚게 되자 온갖 독설을 퍼부어 바다를 위협하는가 하면

이란의 페르세폴리스 고성은 전쟁이 끊이지 않던 고대 페르시아 제국 시기에 건설된 4대 도성 중 하나였다. B.C. 520년, 고대 페르시아 제국은 자신들의 막대한 부를 자랑하기 위해 이 도시 건설을 시작했다. 그들은 금은보화들을 아낌없이 사용해 대량의 부조를 조각했으며 웅장한 건축물들을 장식했다.

손에 황금 홀을 들고 있는 다리우스 1세

부하들에게도 바다에 채찍질을 하라는 명령을 내렸다고 한다. 이런 행동들을 볼 때도 아시아, 유럽, 아프리카 3개 대륙을 사상 처음으로 통합한 대제국의 국왕이요, 페르시아 최고 번영기의 제왕이었던 크세르크세스 1세가 자신을 이미 신의 지위로 격상시켰음을 알 수 있다.

●●●

신의 육체

황금을 발견한 고대인들은 이제 더 이상 태양을 추구하지 않았다. 그 대신 미친 듯이 황금을 숭배했다. 그들은 황금이 바로 태양의 화신이며, 황금을 가진 자는 태양을 소유하고 지존무상의 권력과 재물을 가진 것이라 믿었다. 고대의 군왕들은 황금 두루마기를 입고 황금으로 장식된 궁전에 살며 자신이 태양처럼 온 세상을 비추어 세상을 통일하는 제왕이 되기를 갈망했다. 통치자들은 영원히 찬란한 황금이 신에 대한 가장 경건한 신앙을 대표하는 동시에, 자신들의 부와 권력을 가장 잘 과시할 수 있는 보물이라 여겼다.

람세스 3세의
황금 보좌

5,000여 년 전 고대 이집트의 파라오는 신권과 왕권을 한 몸에 가진 존재였다. 실제 그들은 고대 이집트의 최고 통치자였을 뿐 아니라 신전의 최고 제사장이었다. 당시 황금은 신의 육체로 여겨졌기에 역대 파라오들은 생전과 사후를 막론하고 가능한 최대의 황금을 동원해 자신의 몸을 치장하기에 바빴다. 순금 마스크, 순금 호신부, 순금 흉패, 손가락과 발가락에 착용하는 순금 호신반지, 팔에 채우는 보석이 박힌 금은 팔찌 등등, 자신을 신의 화신으로 여긴 고대 이집트의 최고 통치자들은 모두 황금이 자신에게 영생을 가져다주리라 믿었다.

물론 이 모든 황금 제품은 순금으로 만든 보좌에 비하면 아무 것도 아니다. 세계적으로 고대 이집트 제국만큼 자신의 보좌를 내세워 하늘의 왕권을 과시한 왕조도 없었으며 이집트의 파라오처럼 감히 신만이 앉을 수 있는 보좌를 자신을 위해 준비한 제왕도 없었다. 파라오가 황금 보좌에 앉아 세상을 향해 두 눈을 부릅뜬 위엄에 찬 모습이라면 상상만 해도 찬란한 영광과 함께 경배하고 싶은 지극한 경외심이 느껴지지 않을까?

아멘호테프 1세의 황금 보좌

파라오의 황금 보좌는 지존무상의 권세와 신과 동등한 지위라는 상징성을 가진 탓에 역대 왕조의 파라오들은 모두 자신만을 위한 황금 보좌를 하나씩 만들었다. 고대 이집트에서 가장 유명했던 파라오, 람세스 3세는 고대 이집트 역사상 가장 용맹하고 전쟁에 능했던 국왕이었다. 이집트 주변의 모든 대적을 정벌한 그는 자신의 보좌 양측 하단에도 각각 노예 두 명이 의자를 받치는 형상을 만들어 정복자의 위엄을 과시했다. 보좌 등받이 부분에는 파라오가 시녀의 시중을 받아 술과 과일을 먹고 마시는 그림을 새겼는데, 이는 람세스가 고대 이집트와 전국 각지에서 벌인 향락적이고 부패한 실상을 보여주고

말발굽 디자인의 고대 이집트 국왕의 황금 보좌

있다. 아멘호테프 1세는 아흐모세 1세Ahmose I와 아흐모세 1세의 누이인 아흐모세-네페르타리Ahmose-Nefertari의 세 번째 아들로서 즉위한 해에 리비아인들의 침략을 물리치기도 했다. 아멘호테프의 보좌는 신왕국 시대 이집트 황실 정원의 생활을 묘사하고 있다. 또 보좌의 하단에는 비밀 보석함이 교묘하게 감춰져 있어 개인금고 열쇠 등

중요 물품을 숨겨놓을 수 있어서 실용적으로 사용됐다. 아멘호테프 1세는 역사상 무한한 영광을 누린 왕으로 누비아에 원정전쟁을 벌여 누비아 내 이집트 전통 세력들을 회복시키기도 했다.

투탕카멘의 황금 보좌

한편, 고대 이집트의 말발굽 형 황금 대보좌는 고대 이집트인의 지혜를 종합적으로 보여주고 있다. 이 보좌는 겉으로 볼 때는 최신 스타일의 접이의자와 비슷하며, 접혀지는 부분과 등받이 나무의자 부분으로 구성돼 윗부분에는 금박을 입히고 보석을 박아 넣었다. 보좌에는 여러 가지 기하학적인 도형들로 이뤄진 도안이 새겨져 있는데, 이런 기하학적 도형들은 국왕의 이미지, 그리고 아톤과 아몬이라는 두 신의 이름 글자를 묘사하고 있다. 이 신성한 왕의 보좌는 종교의식을 거행할 때에만 사용되는 진귀한 보물이었다.

하지만 이집트의 모든 황금 보좌 중 가장 유명하고 진귀한 보좌로는 역시 투탕카멘의 보좌를 손꼽는다. 투탕카멘의 보좌는 100퍼센트 황금으로 만들어진 순금 보좌로 전체적으로 여러 동물의 디자인을 사용하고 있다. 의자의 네 다리는 사자 다리요, 팔걸이는 왕관을 쓰고 날개를 펼치는 신령한 뱀이 보호하고 있으며 좌우 팔걸이 앞쪽에는 황금 사자머리가 조각돼 있다. 특히 등받이 쪽에는 보좌의 주인인 투탕카멘과 그가 사랑한 아내와의 다정한 모습이 부조로 새겨져 있다. 두 사람은 모두 머리에 화려한 관을 쓰고 있긴 하지만 파라오는 매우 편안하고 생동감이 넘치는 모습을 하고 있다. 그는 보좌에 앉아 오른손은 뒤쪽의 의자 등받이에 걸치고 왕후와 한담을 나누는 듯 보이고, 왕후는 오른손을 뻗어 남편의 왼쪽 어깨에 얹고 있다.

등받이의 그림만 봐서는 따뜻한 분위기가 물씬 풍기지만 의자 자체는 다른 보좌와 마찬가지로 하늘같은 왕권의 위엄을 잘 나타내주고 있다.

고대 가나 제국

사하라 지대(사하라 사막 남단에서 서로는 세네갈 강 입구에서부터 동으로는 차드 호수 지대까지를 일컬음)에서 저 멀리 남쪽 삼림지대에 이르는 광활한 지역에는 과거 만데Mande 족이라 불리는 사람들이 살고 있었다. 현재는 아프리카의 소닌케Soninke 족이 사하라 지대에 분포하던 만데 종족의 일파로서 바로 지금부터 소개하는 고대 가나 제국의 주인공들이었다.

A.D. 8세기 말, 카야 마간이라는 소닌케인은 나라의 정권을 찬탈한 후 순수 소닌케 왕조를 건설한다. 9~11세기는 가나 제국의 최고 번영기로서 제국의 영토는 북으로는 사하라 사막 남단, 남으로는 나일 강과 세네갈 강 상류의 황금 생산지, 서로는 세네갈 강 중하류 지역의 타크루르Takrur 왕국, 실라Sillas 왕국과 접경을 이루고 있으며 동으로는 통북투Tombouctou 부근까지 이르렀다. 이 신비한 고대국가에서 국왕은 신성을 가진 인간으로서 국가의 최고 통치자가 됐다. 국왕은 소닌케 모든 부락의 대추장이자 군의 총수권자요 종교적 수장으로서 왕도 부근 성스러운 숲(왕릉)의 제사장들을 다스렸으며 소닌케 종족 모든 부락을 보호하는 신의 아들로 추앙받았다. 또한 왕궁에는 왕의 가까운 친척, 노비, 고위관리들로 구성된 대가족이 살고 있었다.

국왕은 짚으로 만든 원추형 궁전에 앉아 자기 백성들을 접견하고,

고대 가나 제국의 궁전

그들의 소송을 들으며 올바른 판결을 내려줬다. 궁전 주위에는 울타리가 쳐져 있었으며 정원에는 금제갑옷을 두른 전투마가 묶여져 있었다고 한다. 국왕은 '자신의 전투마를 무거운 황금 기둥에 묶어 놓음'으로써 자신이 가진 재력과 권력을 한껏 과시했다. 국왕의 뒤편에는 방패와 금으로 장식한 보검을 손에 든 10명의 시종이 왕을 보호했으며 오른편에는 가나 왕의 궁정에서 볼모생활을 하는 속국 국왕들의 자제가 도열했다. 그들은 모두 화려한 복장을 하고 머리카락 중간에는 금실을 섞어 땋아 내렸다. 왕도의 총독과 궁정의 수많은 대신은 국왕 맞은편의 땅에 앉아 국왕을 대면했다. 궁전 대문 앞에는 혈통이 훌륭한 개가 문을 지켰는데 심지어 이런 개들조차도 장식품이 달린 금제 목 띠를 두르고 있었다. 국왕이 왕림할 때는 북을 울려 왕의 입장을 알렸다. 이때 울리는 북은 속을 깎아낸 커다란 고목나무 북으로 '더파'라 불렸다. 북소리를 들은 부락민들은 모두 함께 왕궁으로 모여들었다. 그들은 국왕 앞에 함께 무릎을 꿇고 흙먼지를 자신의 머리에 뿌리며 국왕을 알현하는 예의를 갖추었다.

황금은 가나 부락의 권력, 지위, 부의 상징이었다. 가나의 금광채굴 역사는 14세기까지 거슬러 올라간다. 그 당시 황금 세공사들은 뛰어난 황금 주조기술을 가지고 있었지만 현재는 고대의 황금주조 공예품들은 모습조차 찾아 볼 수 없다. 대다수 제품이 재활용을 목적으로 다시 용광로에 들어갔기 때문이다. 그러나 오로지 황금 의자 하나만은 전쟁과 식민지 시대의 풍파를 거치면서도 완벽하게 보존

제1장 인류 역사상 가장 오래된 황금 숭배

돼 부락 정기의 상징으로 추앙받고
있다.

오랫동안 전승되어 온 말에 의하
면 이 황금 의자는 가나 부락의 첫
번째 추장인 오세이 투투가 하늘에
기도하여 마법을 통해 얻은 것이라
한다. 황금 의자는 보통 추장의 의
자 곁에 두며 위에는 황금 종이 가
득 달려 있었다. 전해 내려오는 말
에 따르면 국왕의 보좌에 덧입힌

황금 의자는 가나인의 정기로 받들어지며 추장을 막론한 어떤 사
람도 사용할 수 없는 신성불가침의 물품이다.

금은 본래 15킬로그램짜리 천연 황금 덩어리였다고 한다. 가나인들
에게 신으로 받들어지는 이 의자는 어떤 사람도 함부로 사용할 수
없었다. 심지어 추장도 예외가 아니었다. 1896년 가나 부락이 영국
과의 전쟁에서 패배하여 영국의 식민지로 전락하자 황금 의자는 그
후 20여 년 동안 가나인들의 손에 숨겨졌다가 1921년이 돼서야 다
시금 빛을 보게 됐다.

가나의 황금은 오직 가나 왕실에만 귀속될 뿐이다. 또한 모양이
다른 장식품은 서로 다른 신분을 표시한다. 손에 황금 지팡이를 든
왕실 대변인은 추장의 참모이며, 지팡이 머리에 달려 있는 다른 모
양의 장식품은 특별한 의미를 내포하고 있다. 예를 들어 손과 열쇠
의 모양은 "신은 모든 문을 열 것이다."라는 뜻을 지니고 있다.

● ● ●   ## 권력의 상징, 솔리더스 금화

고대 로마는 과거 지중해 지역의 대국이었다. 로마는 지중해 지역

국가 중 탄생연대가 제일 늦었지만 유럽과 세계 역사에 있어서는 상당히 중요한 지위를 차지하고 있다. 고대 로마인들은 마치 부지런한 꿀벌처럼 동방의 문명을 서방에 가지고 들어왔으며, 고대 그리스 문명의 정화를 배워와 그 기초 위에서 독특하고 개성적인 로마 문명을 창조했다. 고대 로마 문명은 고전 문명의 중대한 구성요소일 뿐 아니라 중세기 르네상스에도 핵심적인 역할을 담당했다.

강력한 고대 로마 제국은 휘황찬란한 고대의 로마 문명을 창조했다. 후대 비잔틴 제국은 로마 제국에서부터 전해져 내려온 우수한 선진문명을 계승해 본래 고대 로마 제국의 영토를 보존할 뿐 아니라 중동과 그리스 지역까지 차지하는 데 성공했다. 비잔틴 제국은 완벽하고 엄격한 행정관리 제도와 매우 우수한 과학기술을 구비했으며 전 지중해 지역을 장기 통치하는 데 동력이 된 정예부대를 보유하고 있었다.

비잔틴 제국은 7세기 전까지 물물거래가 존재하기는 했지만 기본적으로 화폐경제가 유지되고 있었고, 특히 대도시의 상업은 화폐거래를 위주로 이뤄졌다. 당시 콘스탄티노플의 왕실 화폐주조 공장에서는 한 가지 특수한 화폐를 발행했다. 바로 순금으로 제작된 금화 솔리더스solidus 다.

비잔틴 제국에서 솔리더스는 돈일 뿐 아니라 국가 정치무대에서도 중요한 역할을 담당했다. 솔리더스에는 보통 통치자의 두상과 기독교의 상징, 액면가를 표시하는 기호가 새겨졌다. 화폐에 새겨지는 제왕의 모습은 당시 황제 본인이 결정했다. 예를 들어 포카스Phocas(602~610년) 황제는 4~5세기 금화에 통상적으로 새겼던 황제의 이미지를 단번에 갈아치우고 자신의 초상을 화폐에 정면 배치했다. 왕위 계승자의 두상이 금화에 새겨지면서 솔리더스 금화의 광고 효과도 배가됐다. 화폐가 유통됨에 따라 제국 내 각 지역과 계층의

백성들은 자연스레 황제가 선정한 왕위 계승자의 이름과 얼굴을 알 수 있었기 때문이었다. 이런 식으로 미래의 통치자는 아직 왕위에 오르기도 전에 제국의 화폐를 통해 자신의 지위와 합법성을 확실히 선포할 수 있었으므로 역사가들은 비잔틴 화폐를 '권력자의 초상화'라 부른다.

비잔틴 화폐 연구학자 필립 그리샴Philip Grisham은 《비잔틴 화폐학》이라는 저서에서 솔리더스의 기능을 다음과 같이 설명했다. "화폐는 국가 권력기관에 의해 발행되며 오직 여기에서만이 적당한 중량과 외관의 금속을 법률이 공인하는 각종 액면가의 화폐로 전환시킬 수 있었다. 사람들 사이에서 화폐가 광범위하게 유통되자 황제를 상징하는 수단으로 활용되고 그 외에도 왕위계승에 관한 정보 등 제국의 정책을 전달하는 수단으로도 이용됐다. 화폐에 새겨진 글 역시 같은 역할을 하고 있었지만 문맹이 심각했던 사회에서 글은 그림만큼 쉽게 이해되진 못했다."

●●●   ## 로마 문명의 상징

솔리더스는 비잔틴 왕권뿐 아니라 동시에 전체 비잔틴 문명을 대표하는 상징물이었다. 당시 강력한 비잔틴 왕조는 발칸반도 전체와 시리아, 팔레스타인과 이집트를 통치하고 있었으며, 이 지역들은 발달된 경제를 바탕으로 수많은 민족의 다양한 문화를 융합하고 있었기 때문이다. 솔리더스는 당시 가장 광범위하게 유통되던 화폐였

'권력자의 초상화'가 새겨진 비잔틴 금화

기 때문에 비잔틴 제국의 백성들에게 동로마 황제의 권위를 나타내는 소리 소문 없는 사자와 같았다.

그 외에 솔리더스는 제국 밖에서도 명성이 드높았다. 비잔틴 제국의 황제 유스티니아누스Lustinianus 통치기간에 비잔틴의 탐험가 코스마스Cosmas는 자신의 저서 《그리스도교 지지학地誌學》에서 비잔틴 금화와 관련해 해외에서 일어난 다음과 같은 흥미로운 에피소드를 소개했다.

인도양 중부에 위치한 시엘레디바Sielediba(현재의 스리랑카 지역)는 과거 비옥한 옥토로 히아신스(고대인들의 보석으로 자수정이나 사파이어로 여겨짐—옮긴이)가 많이 생산되기로 유명했으며 당시 각 국가들과 활발한 무역거래를 하고 있었다. 그러던 중 소파트로스라는 로마인이 이곳에 도착했고, 페르시아에서 온 상선 역시 그곳에 함께 머무르게 됐다.

시엘레디바의 세관원은 평소와 같이 멀리서 온 여행객들과 각각 인사를 나눈 뒤 그들을 국왕에게 데리고 갔다. 시엘레디바 국왕은 잔치를 베풀어 그들을 정성스럽게 대접하며 공손한 문안인사도 받았다. 잔치가 무르익자 국왕이 물었다.

"경들의 나라와 특산품은 어떠한가?"

소파트로스와 페르시아 상인이 각각 대답하자 국왕은 또 물었다.

"그렇다면 두 나라 국왕 중 누가 더 강하고 더 큰 권력을 가졌는가?"

그러자 페르시아인이 벌떡 일어서며 말했다.

"저희 국왕이야말로 가장 강력한 권력을 가졌고 가장 부유하십니

제1장 인류 역사상 가장 오래된 황금 숭배

다. 그 분은 왕 중의 왕이며 원하는 것은 무엇이든지 다하실 수 있습니다."

동로마 제국 시대의 금화는 통상적으로 황제의 모습을 새겨 넣어 권위를 과시했다.

이때 소파트로스는 아무 말도 하지 않고 잠잠히 있었다. 그러자 국왕은 그에게 물었다.

"그런데 자네는 왜 아무 말도 하지 않는가?"

소파트로스는 천천히 몸을 일으키며 입을 열었다.

"페르시아 상인이 제가 할 말을 이미 다했으니 무슨 할 말이 더 있겠습니까? 그래도 폐하께서 진위를 알고 싶으시다면 폐하 앞에 두 나라 국왕이 계시니 누가 더 강력한지 스스로 비교해보시기 바랍니다."

그 말을 들은 국왕은 어리둥절하여 다시 물었다.

"그게 무슨 말인고? 내 앞 어디에 그 두 국왕이 있다는 것인가?"

소파트로스는 대답했다. "폐하께서 가지고 있는 두 나라의 화폐를 말씀드리는 것입니다. 우리나라의 솔리더스와 페르시아의 드라크마를 보시면 폐하께서는 두 나라 국왕의 모습을 비교해보실 수 있고, 진위를 판단할 수 있으실 것입니다."

국왕은 이 제안에 매우 흡족해하며 시종을 명하여 두 나라의 화폐를 즉각 대령해오도록 했다. 솔리더스는 순금으로 만들어져 반짝반짝 아름다운 빛을 발했다. 특별히 잘 만들어진 금화만 엄선하여 유통했던 까닭이다. 그러나 드라크마는 간단히 말해 은조각일 뿐 로마의 금화와는 비교자체가 불가능했다. 국왕은 두 화폐를 이리저리 뒤집어보며 한참동안 주의 깊게 관찰하더니 조금도 주저하지 않고 말했다.

"이제 알겠네. 로마인들은 정말 강하고 지혜로운 사람들이군."

그리하여 시엘레디바의 국왕은 소파트로스를 국빈에 해당하는 예우로 대접하는 한편, 그가 큰 코끼리를 타고 온 성을 도는 동안 큰 북을 울려 그에 대한 경의를 표시하도록 명했다.

이 얘기는 당시 비잔틴 제국 이외의 지역에서 솔리더스가 단순히 화폐의 역할을 하는 것을 넘어섰으며 하나님의 권리를 부여받아 이 세계를 다스리는 황제의 초상을 세계 만민에게 알리고 있음을 잘 보여주고 있다. 이 기독교 제국은 지중해 동안에 굳건히 자리 잡아 서방과 북방 이민족들의 침략으로부터 유럽을 보호하는 방패역할을 했고 페르시아 사산 왕조Sasan(208~224년에 아르다시르 1세가 세워 637~651년 아랍인들에 의해 멸망한 고대 이란 왕조—옮긴이)와 함께 천하를 이끈 쌍두마차였다. 한마디로 솔리더스는 수세기 동안 찬란했던 동로마 문명의 상징물이었다.

••• 돌궐 칸의 권력의 상징, 황금 옥새

초원 민족에게는 항상 황금 숭배의 전통이 내려왔으며, 이는 돌궐突厥, Turk인에게도 예외가 아니었다. 돌궐 문화에서 황금이 차지하는 의미는 매우 특별하다. 《주서 돌궐전周書 突厥傳》에서는 5세기 중엽, 돌궐에서 황금을 사용하던 상황을 기록하고 있다.

"아문의 깃대에는 황금으로 만든 늑대 머리를 달았으며, 시위병은 부리附離라고 불렀는데 이 역시 하夏나라 말로는 '늑대'라는 의미다. 무릇 자신들은 본래 늑대의 후예로서 그 출신을 잊지 않겠다는 뜻이다. 병마를 징발하거나 세금 납부 시에도 바로 나무토막에 숫자를 새겨 기록하고 황금 화살촉 하나와 함께 밀랍으로 봉인을 하여, 이로써 증표를 삼았다."

제1장 인류 역사상 가장 오래된 황금 숭배

늦대는 돌궐 민족의 토템으로서 돌궐인들의 전설에 의하면 돌궐 칸의 지배 부족인 아시나Ashina 족은 바로 인간과 교합한 암 늑대가 수태하고 키운 자손이라고 한다. 그러므로 돌궐 문화 중 늑대는 최고의 지위를 차지한다. 돌궐인들이 황금 늑대 머리를 만들어 군기에 걸어두었다는 사실만 보아도 황금이 얼마나 존귀한 대접을 받았는지 알 수 있다. 그 외에도 문헌을 통해 군대의 파견과 과세 역시 칸이 부락을 관리할 때 반드시 필요한, 핵심적인 권력 부분임을 알 수 있다. 황금으로 만든 화살촉을 칸의 명령과 함께 봉인해 증표로 삼았다는 사실로 금화살촉이 칸의 권력을 나타내는 상징물임을 알아차릴 수 있다.

칸의 아장牙帳 안에 있는 황금은 비잔틴 제국이 서돌궐에 파견한 첫 번째 사절 저마쿠스에게 깊은 인상을 남겼다. 568년 저마쿠스는 서돌궐의 칸 시르지브로스(室點蜜, 또는 葉護可汗, 이스테미—옮긴이)를 세 차례 알현했는데, 처음에 시르지브로스는 황금 의자에 앉아 있었고, 두 번째 알현 때는 순금으로 만든 차 칸에 앉아 있었으며 아장 안에는 황금으로 만든 수많은 잔이 놓여 있었다. 세 번째는 회견 장소에 금으로 장식한 나무기둥 넷이 서 있고 시르지브로스는 여전히 순금 침대에 누워 있었으며, 침대의 네 다리를 대신해 순금 공작이 침대를 지탱해주고 있었다. 건물 밖에 있는 큰 차에는 은판과 은제 동물상이 가득 실려 있었다.

저마쿠스는 서돌궐 칸을 자기 눈으로 목격한 첫 번째 로마인으로서 앞의 내용은 전부 그가 직접 체험한 기록이다. 이것을 통해서 칸의 아장에 있는 모든 기물은 황금으로 만들어졌고, 은제 기물은 아무리 아름답게 세공을 했어도 모두 아장 밖의 큰 차에 실려 있을 수밖에 없다는 사실도 알 수 있다. 황금은 항상 칸의 권위와 밀접한 관계를 가졌음이 분명하다. 저마쿠스가 보고서에서 칸의 영주지를 '금

산金山'이라 부른 것도 전혀 이상한 일이 아니다.

6~7세기 초기, 투멘(土門, Tumen, 혹은 일리그 가칸―옮긴이) 칸과 시르지브로스 형제가 세운 돌궐 한국汗國은 유럽의 초원을 제패하여 동서양 고대 제국들이 함부로 얕볼 수 없는 정치ㆍ군사 세력을 확보했다. 이런 상황 속에서 돌궐 귀족의 손에 공물의 형태로 입수되던 솔리더스는 풍부한 상징적 의미를 지니고 있다. 이것이 돌궐의 오랜 황금 숭배 전통과 결합하자 돌궐 칸이 주변 민족에게 권위를 과시하기 위한 용도로 '황금 옥새'가 창조됐다.

돌궐체 회골문, 위구르 문자가 적힌
동물 모양 손잡이가 있는 황금 인장

●●● 황색, 제왕의 색깔

중국에서 황금은 역사적으로 고대 제왕의 권세를 과시해주는 물품으로 취급받았다. 서양과 마찬가지로 황금은 제왕과 귀족들에게 독점되거나 신들의 '소유물'이 돼 신들을 섬기는 제기나 장식물이 됐다. 하지만 일반인들에게 있어 황금이란 사치와 희귀품을 상징하는 대명사일 뿐 감히 범접할 수 없는 대상이었다.

금색은 중국 고대 황궁 색채의 주요기조이자 지고지상한 권세, 영원한 휘황함을 상징했다. 《구당서舊唐書》에는 다음과 같은 구절이 나온다.

"경종敬宗은 방종하고 법도가 없어, 궁중에 청사원淸思院 신전新殿을 지을 때 청동거울 3,000개와 황금과 백금 금박 10만 번蕃을 사용했다."

황금뿐 아니라 '황색'은 중국 고대 제왕들만의 전유물로 왕권을

상징했다. 이세민李世民이 왕세충王世充의 반
란을 평정하고 장안으로 돌아올 때도 온몸에
황금 갑옷을 두르고 뒤쪽에는 25명의 대장과 철기 1
만 필이 따르며 앞뒤에 선 군악대는 개선가를 연
주한 채 기세등등하게 입성했다고 한다. 이 광경
에 대해 《구당서》는 이렇게 기술하고 있다.

건륭황제의 어제 황단 12 조룡 용포

"태종太宗은 친히 황금 갑옷을 입고 철마와 갑
옷을 입은 병사 3만인을 거느렸으며 앞 뒤에 선 부
대가 북을 두드리고 나팔을 불었다. 두 가짜 왕을 포로로 잡고 수나
라의 기물과 황제의 마차를 태묘太廟에 바치니 고조高祖는 매우 만족
해하며 예의를 갖춰 술을 마시며 기쁨을 나누었다."

황금 갑옷이 정말 황금으로 만든 것인지 사실 여부는 확인할 수
없지만 어떤 시대든지 황금색이 특수한 의미를 나타낸다는 것만은
확실하다.

중국 역대 황제들은 황색을 거의 독점하다시피 했다. '황제의 곤
룡포 역시 밝은 황색이었으며 청나라 때 총애를 받은 신하 역시 황
금색 마고자를 하사 받았고, 황제의 외출 시에는 복숭아 빛이 도는
황색 깃발을 사용했다' 는 사실 등이 그 예다. 곤룡포는 황색 옷감을
바느질해서 만들며 황제가 사용하는 침상도 황색이었고 심지어 방
석이나 받침, 쿠션 역시 황색을 아낌없이 사용했다. 청나라 시절, 황
제가 내리는 황색 마고자를 하사 받았다는 것은 자손대대로 영광스
러운 일이요 신하들에게는 최고 영예나 다름없었다. 황제를 열외로
놓으면 조정의 중신이라도 함부로 황색을 사용할 수 없었으니 평민
들은 더 말할 나위도 없었다.

당나라 고조 무덕武德 연간에는 당시의 문무백관, 평민들에게 황
색 의복을 금지하는 법을 실행했다. 이로써 황색 곤룡포는 철저히

황제만의 전용 의상으로 자리 잡게
된다. 《구당서》 24권, 《거복지車服誌》
에는 이렇게 기술하고 있다.

"지극히 높으신 당 고조께서는 붉
은색과 황색 곤룡포, 머리두건, 허리
띠를 평상복으로 삼으신다. 천자의
두루마기로 붉은색과 황색을 사용하
기로 하니 신하와 백성들은 입지 못
하도록 금지했다."

또한 다른 관원들의 의복 색깔도
규정을 두었는데, 3품 이상은 보라
색, 4~5품은 주황색, 6~7품은 녹색, 8~9품은 청색으로 했다. 황금
의 색깔인 황색은 부의 상징일 뿐 아니라 신성불가침의 지위를 대표
하는 색깔이었음을 알 수 있다.

황금 관인-권력과 등급의 상징

옷 색깔이 다르다는 것 외에 권력과 등급을 가장 잘 나타내주는 물
건이 바로 관인이다. 진시황은 6개 나라를 통일하자마자 정부의 인
장부터 통일하는 제도를 확립했다. 그는 서로 다른 등급의 관원들이
서로 다른 규격의 인장을 사용하도록 분명한 규정을 정하고, 인장의
재료, 인장의 손잡이와 끈까지 엄격히 구분했다. 공경公卿(3공 9경—
옮긴이) 중 1급에 해당하는 사람들은 순금을 만든 황금 인장을 썼으
며 이 제도는 수나라 전까지 계속 이어졌다.

중국 고대 제왕들은 모두 황금 옥새를 사용했다는 기록이 전해진

다. 서한西漢시대 남월국南越國 제2대 국왕 조호趙胡가 생전에 사용하던 '문제행새文帝行璽'는 무게 148.5그램으로 서한 사상 최고의 황금 옥새였다. 동한東漢 초기 광릉왕廣陵王 유형劉荊의 전용 도장인 '광릉왕새' 역시 순금으로 주조된 황금 옥새다. 사각형 모양에 무게는 123그램, 거북이 손잡이 모양에 음각으로 전서가 새겨져 있다. 외관은 마치 금방 만들어낸 것처럼 찬란한 빛을 발한다. 옥새를 찍어보면 단정하고 엄격한 글자체가 매우 가지런하게 배열돼 있다.

청나라 때에 이르면 고대 관인은 황금 인장과 금 장식을 한 은인장, 동인장 등 여러 가지로 나뉘었다. 물론 등급이 높을수록 황금의 함유량도 많고 색깔도 더욱 순도 높은 황금빛을 띠었다.

고대 황금 옥새는 황제가 대신이나 뛰어난 업적을 이룬 이들을 책봉할 때 쓰는 물건이었다. 1652년, 제5대 달라이 라마 아왕 나상가략은 3,000명의 사절단을 직접 이끌고 북경의 순치順治 황제를 알현해 달라이 라마로 정식 책봉을 받았다. 그 다음 해 4월, 순치 황제는 예부상서 각나랑구覺羅朗球 등을 티베트로 보내어 황금 서책, 달라이 라마 황금 인장 등을 하사했다. 달라이 라마의 인장은 비교적 큰 편이라 8,500그램에 달했다. 도장 면은 사각형이며 순금으로 제작돼 만주어, 중국어, 티베트어 3종의 문자 26자가 새겨져 있다. 이 황금 인장이 하사되자 달라이 라마의 봉호와 정치적인 지위도 더불어 확립됐다.

가경嘉慶 황제가 당시 황태자에 불과하던 도광제를 지친왕智親王으로 책봉할 때 수여한 '화석和碩 지친왕' 황금 인장은 용의 머리, 거북이의 몸, 용의 발톱과 꼬리를 가진 비희라는 상상의 짐승을 인장 손잡이에 조각했다. 무게는 무려 10킬로그램, 정방형 순금 인장으로 그 면은 한자와 만주어로 기록돼 있다. 이 정방형 황금 인장은 황권을 상징하는 매우 진귀한 물품이므로 일반적으로 새긴 글은 똑같지만 재질이 다른 상비용 인장을 따로 만들어 사용했다고 한다.

황금 옥새는 정방형이며 손잡이는 거북이 모양이다. 옥새에는 '광릉왕새'라는 네 글자가 음각으로 새겨져 있다. 글자 획의 간격이 매우 가지런하며, 필체는 곧지만 부드러워 풍성한 느낌과 호방하고 조화된 느낌을 준다. 거북이 손잡이는 일반 거북이 손잡이보다 더 정교하고 완벽하게 주조됐으며 등 부분에는 벌집 모양의 회(回)자형 도안이 음각돼 있다. 가장자리와 다리에는 동그란 구슬 모양이 장식돼 있고 거북이는 네 다리로 땅을 떠받치고 있다. 목을 늘인 듯 움츠린 듯한 거북이의 귀여운 모양이 웃음을 자아내는 이 옥새는 한나라 인장 중 명품으로 평가받고 있다.

서한 문제 행새 황금 인장. 정방형의 용 모양 손잡이 황금 인장으로 몸체는 높이 1.8센티미터, 모서리 길이는 3.1센티미터이고 무게 148.5그램, 순금 함량 98퍼센트에 달한다. 도장 표면에는 밭 '전(田)'자 같은 테두리가 쳐져 있고 그 안에 '문제행새'라는 네 글자가 음각돼 있다. 서체는 소전(小篆)체로 똑바르고 강하며 힘 있는 필체를 자랑한다. 손잡이는 용이 구불구불 감긴 모양으로 용머리와 꼬리를 비롯한 용의 두 다리는 각각 인장의 네 귀퉁이에 배치돼 있어, 마치 용이 막 하늘로 치솟아 오르려는 듯한 강렬한 인상을 준다.

옹정(雍正)황제가 달라이 라마에 하사한 황금 인장

황제들의 호화생활

황금은 대부분 황제들에게 독점됐기 때문에 각 왕조의 제왕은 모두 황금을 자신의 선전 수단으로 최대한 이용했다. 15세기 막시밀리언 1세Maximilian I는 유럽 역사상 가장 넓은 통치 영역을 다스렸던 합스부르크 왕가에서 중요한 역할을 했다. 그는 뭇 사람들의 존경과 주목을 받기 위해 특별히 마리아 테레지아 거리 끝에 위치한 한 건물의 지붕을 황금을 덧칠해놓았다. 전해지는 바에 의하면 3.7미터 높이의 금 지붕을 만들기 위해 총 2,738매의 도금 청동판을 사용했다고 한다. 이 건물은 현재 오스트리아 인스부르크Innsbruck의 저명한 랜드 마크가 됐다. 햇빛이 쏟아질 때면 금빛이 찬란하게 반사돼 마치 동화 속 황금 궁전 같은 느낌이 물씬 피어오른다.

또 세기의 미녀로 알려진 이집트의 클레오파트라는 황금을 특히 사랑했다. 이 유명한 이집트 여왕은 매일 저녁 황금으로 팩을 만들어 얼굴을 관리하며 청춘을 영원히 붙잡아두기를 소망했다. 중국 청나라 시대에 서태후西太后 역시 황금으로 여의봉을 만들어 피부를 안마하며 항상 젊은 피부를 유지하기를 원했다고 한다.

당 현종은 만년에 호화롭기 그지없는 생활을 했다. 황제의 호화로운 만찬과 방종한 생활 속에서 각종 황금 제품들은 환락의 주인공이 됐다. 그중 대표격이 바로 무마함배舞馬銜杯 무늬의 은주전자다. 이것은 연회에서 사용되던 술 주전자로 그 양쪽에는 당 현종 시대에 유명하던 준마, 즉

인스부르크의 황금 지붕

이 황금 잔은 황제 전용 술잔으로 건륭 연간에 제작됐다. 잔은 다리가 세 개 달린 전통 향로 형식이며 원형에 똑바로 위로 트인 입을 가지고 있다. 입구 주위에는 회골문이 새겨져 있고 앞쪽 중간 부분에는 전서로 '금구영고(金甌永固) 황금잔이 영원히 견고함—옮긴이)', 뒤쪽에는 '건륭년제(乾隆年制)' 라는 네 글자가 보인다. 바깥쪽에는 보석을 꽃처럼 박아 넣었으며 꽃술에는 진주와 루비, 사파이어로 장식했다. 양쪽에는 각각 용 모양을 변형한 손잡이가 있고 용의 머리 위에는 구슬이 달려 있었다. 세 다리는 모두 코끼리 머리 모양인데 귀가 비교적 작은 코끼리 얼굴에 상아가 달리고 코가 말려 있으며 이마와 두 눈 사이에는 보석이 상감돼 있다. 건륭 연간에 청나라 궁궐의 조판처(造辦處)에서는 각종 술잔을 제작했다. 그중 용 모양 손잡이 작품은 적지 않게 생산되고 디자인도 다양하지만 코끼리 코 모양의 다리를 가진 작품은 찾아보기 힘들다.

이 금탑은 몸체에 녹송석, 청금석, 산호 등 보석이 장식돼 있으며 탑의 기단은 허리를 동여맨 연화형의 정방수미좌(正方須彌座)이며 위아래 양 층의 연꽃 잎 무늬 사이에는 삼 층의 금강권이 보인다. 정면 안환문(安歡門)에는 동제로 도금한 무량수불이 자리 잡고 있다. 천지판 아래에는 녹송석 구슬 다발이 늘어져 있고 천지판에는 해와 달의 모양이 있으며 '대청 건륭년 경조(大淸乾隆年敬造)' 라는 글이 새겨져 있다.

'춤추는 말舞馬'이 새겨져 있다. 매년 음력 8월 5일, 당 현종의 생일 때마다 이 말들은 연회에 나와 금과 은 장식을 두르고 음악과 하나 돼 덩실덩실 춤을 추었다. 그리고 음악이 끝날 때면 술잔을 입에 문 채 땅에 무릎을 꿇고 엎드려 황제의 생신을 축하드렸다.

훗날 건륭乾隆 황제의 호화생활은 당 현종보다 더하면 더했지 전혀 뒤지지 않았다. 건륭 황제가 여든 살이라는 경이적인 기록으로 생일을 맞자, 세계 각국의 사신들도 너도 나도 북경에 몰려들어 공물을 올렸다. 그러자 건륭 황제는 황가의 존귀함과 부유함을 과시하기 위해 과거 어떤 시대보다 더 큰 순금 편종을 만들어 자신의 생일 연회에 사용하기로 결정했다. 황궁에서 직접 제작한 이 황금 편종의 손잡이는 두 마리의 용이 또아리를 튼 채 편종을 타고 하늘로 오르고 있으며, 파도와 구름과 바다가 황금 편종을 둘러싸고 있어 제왕의 존귀함을 한껏 과시하고 있다. 더욱 신기한 것은 보통 청동 편종은 음색 차이를 위해 크기를 조절하는 것에 반해 이 황금 편종은 종의 얇고 두꺼움의 차이로 음색을 정했다는 것이다. 실로 세상에 흔하지 않는 보물이 아닐 수 없다. 이 황금 편종은 건륭 황제의 생일 연회 때마다 태화전太和殿에 놓여져 전 세계에서 오는 사신들에게 '건륭 황제의 태평성세'를 뽐내었다.

건륭 황제는 또한 어머니인 숭경崇慶 황태후가 생전에 남긴 머리카락을 보관하기 위해 내무부內務府에 명을 내려 아름답고 화려한 금발탑金髮塔을 만들도록 했다. 이 탑의 제작을 위해서 황금이 무려 3,000여량이나 사용됐다. 탑 중간 부분에는 무량수불無量壽佛이 모셔져 있고 속에는 머리카락을 담은 금합이 보관돼 있다. 건륭 황제는 금발탑 제작 시 무게가 무겁고 기백이 있으며, 라마교의 금탑과 똑같이 만들어야 한다는 명령을 내렸다고 한다.

제2장

황금과 종교
신성함과 순결의 화신

The Age of Gold

황금은 귀금속일 뿐 아니라 전 세계 공통의 문화요, 통역이 필요 없는 세계 공용어다. 황금은 놀라운 생명력 덕분에 역사적으로 어떤 민족이나 종족의 배격을 받은 적도 없었다. 심지어 욕망의 절제를 강조하는 종교마저도 황금을 통해 종교의 순결성과 정통성, 신성함을 더욱 부각시켜 황금과 불가분의 관계를 맺게 됐다. 즉 인간이 신에게 싫증을 낼 날은 온다 할지라도 황금에 대한 숭배는 절대 사라지지 않을 것이다.

• • •

황금이 곧 종교

황금 숭배의 역사는 인류의 황금 발견과 함께 시작돼 지금까지 이어
지고 있다. 종교를 가진 사람이 많다고 해도 황금을 숭배하는 사람
만큼 많지는 않다. 황금에 대한 사랑은 세계 모든 민족, 문명인과 문
맹인, 선진국과 후진국, 가난한 사람과 부자, 어떤 피부 색깔을 가졌
든지 상간 없이 기가 막히게 동일하기 때문이다. 사람들은 황금을

성 마르코 성당 뒤편에는 황금으로 제작한 제단이 설치돼 있다.

애지중지 여겼을 뿐 아니라 황금을 소유하길 원하며 최고의 예를 다해 섬기고 있다. 즉 인간이 신의 존재를 의심하는 날은 온다 할지라도 황금에 대한 마음은 한결 같을 것이다.

인류의 황금 숭배 역사는 매우 유구하며, 심지어 욕망의 절제를 강조하는 종교마저도 황금을 떠나서는 생각할 수 없었다. 종교는 오히려 황금을 통해 자신의 순결성과 정통성, 신성함을 더욱 부각시키려 했다. 과거 지극히 높은 로마 천주교 교황은 막대한 양의 황금을 가졌으며, 교부인 신부는 길고 가느다란 열 손가락에 보석 박힌 금반지를 한 개 이상 끼고 있었다. 네덜란드의 이슬람 사원에는 각 문마다 금은 보석들이 가득 장식돼 있다. 특히 2미터 높이의 동문東門은 커다란 황금덩어리로 주조됐으며 사원의 모든 문 중 가장 뛰어난 자태를 자랑한다. 천주교 역시 황금과 보물로 신성한 성물들을 장식하곤 했다. 황금 십자가, 황금 보석, 성찬용 황금 잔은 물론 예수의 수난상과 황금 브로치 등도 보석으로 화려하게 장식돼 있다. 밀라노의 두오모 대성당은 세계 최대의 고딕식 성당이며 바티칸의 성베드로 대성당에 이어 세계에서 두 번째로 큰 규모를 자랑한다. 성당의 중앙 탑 꼭대기에 위치한 성모 마리아 조각은 높이 4.2미터, 무게 700여 킬로그램에 3,900편의 황금으로 감싸 만들었다고 한다.

인류의 의식 세계 속에 황금보다 더 순결함과 신성함을 잘 나타낼 수 있는 물건은 없었다. 황금은 가히 종족과 문화, 심지어 통치 영역을 넘어선 일종의 종교라고 할 수 있다.

● ● ●   《성경》 속의 황금

황금은 《성경》에서 가장 고귀한 용도로 사용되고 있다. 즉 성물을 만

전설 속의 황금 언약궤

이 성경책 함은 모스크바 궁정에서 가장 뛰어난 황금장인이 세공한 것이다.

들고 장식하는 것이다. 《성경》에서 말하는 수많은 성물 가운데 최고의 지위를 차지하는 것이 바로 언약궤다. 하나님께서 시내산에서 선지자 모세에게 내린 '십계명'을 적은 돌판이 바로 이 언약궤 안에 담겨져 있었다. 하나님은 또한 모세에게 일종의 법전인 율법들을 내려 이스라엘 민족이 때마다 이를 준행하며 살도록 했다. 모세는 하나님으로부터 십계명을 받은 후 솜씨 좋은 장인 두 명에게 궤 하나를 만들도록 명했다. 이것이 바로 황금으로 만들어진 '언약궤' 다. 언약궤가 놓인 지성소는 유대교의 제사장이 1년에 한 번씩 속죄제를 드리러 들어갈 때 외에는 아무도 출입을 할 수 없었다.

전설 속의 '언약궤' 는 매우 아름다웠다. 싯딤 나무로 정교하게 만들어졌으며 정금으로 안팎을 둘러쌌는데, 겉에는 황금 장식품이 달려 있고 안에는 네 개의 순금 고리가 설치돼 있었다고 한다. 그 밖에도 언약궤를 운반하는 데 사용하는 싯딤 나무 채까지도 황금으로 감쌌다. 언약궤 위에는 정금으로 만든 두 그룹이 그려져 있는데, 하나님은 이 두 그룹 사이에서 이스라엘과 만나겠다고 약속했다.

제2장 황금과 종교─신성합과 순결의 화신

한편, 이스라엘 사람들은 언약궤를 자신들을 지켜주는 방패요 승리의 상징으로 여겼다. 그래서 전쟁 때마다 언약궤를 앞세우고 전쟁터로 향했다. 그들은 하나님이 자신들과 함께하면 기적처럼 승리를 할 것이라고 확신했다. 당시 애굽을 탈출한 이스라엘 민족은 가나안 정벌 시 언약궤를 군대의 제일 첫 줄에 세웠고, 그 후 실로 성소의 엘리 제사장에게 맡겨 지키도록 했다.

그러나 철기 제작에 능한 블레셋인들과 전쟁을 치르던 중 언약궤를 빼앗겼다. 블레셋인들은 언약궤를 아스돗에 있는 다곤 신전의 다곤 신상 곁에 놓아두었다. 다곤 신은 머리는 사람이고, 몸은 물고기 모양으로 블레셋인들의 신이었다. 그런데 블레셋인들이 전혀 예상치 못한 일이 발생하고 말았다. 이튿날 다곤 신상이 얼굴을 땅에 댄 모양으로 언약궤 앞에 쓰러져 있었던 것이다. 깜짝 놀란 블레셋인들은 얼른 신상을 일으켜 원래의 자리에 모셔두었다. 그런데 다음 날 새벽이 되자 이번에는 다곤 신상이 언약궤 앞에 깨어져 박살이 나 있었다. 신상은 옛 모습을 찾아볼 수 없이 망가지고 잘려진 두 손과 머리는 다곤 신전의 각 곳에 흩어져 있었다. 다곤 신을 섬기던 성도들 역시 징벌을 받아 얼굴에 온통 고름과 진물이 나는 독종을 앓게 됐다. 이 재난을 수습하기 위해 블레셋인들은 방백들의 동의를 얻어 언약궤를 가드로 옮겨갔으나 그곳 사람들 역시 죄다 독종에 걸리는 바람에 언약궤는 다시 에그론으로 옮겨가야 했다. 그러자 에그론 사람들 역시 동일한 재난을 맞게 됐다. 에그론 성 사람들은 모두 겁에 질려 언약궤를 에그론에서 옮겨가 달라고 부르짖었다. 결국 블레셋인들은 제사장과 복술가들의 건의에 따라 어쩔 수 없이 언약궤를 이스라엘의 벧세메스로 반환했다. 그러던 중 호기심이 발동한 벧세메스 사람 70명이 멋대로 언약궤를 열어보았다가 하나님의 진노를 사 죽고 만다. 벧세메스 사람들은 언약궤를 신속히 기럇 여아림으로 보

약 B.C. 1000년 경, 다윗 왕은 언약궤를 성소 예루살렘으로 옮겨갔다. 언약궤의 존재로 이 고성은 이스라엘의 정치·종교의 중심지로 바뀌었으며 다윗 왕이 유다 전 부족을 통일하는 데 도움을 주었다. B.C. 957년, 다윗의 아들 솔로몬은 이곳에 예루살렘 성전을 건축했다. 언약궤는 성전 안에서 가장 신성하고 은밀한 장소, 대제사장이 속죄제를 지낼 때만 들어갈 수 있는 지성소에 모셔졌다. 그러나 B.C. 6세기 무렵, 언약궤가 실종됐고 그 존재는 신비로움에 싸인 채 아직까지 모습을 드러내지 않고 있다.

유대인들은 황금 언약궤를 자신을 지켜주는 방패로 여겨 출정 때마다 전장에 메고나가 승리를 기원했다.

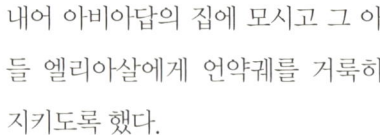

내어 아비아답의 집에 모시고 그 아들 엘리아살에게 언약궤를 거룩히 지키도록 했다.

수년 후 다윗은 언약궤를 시온 성으로 모셔 들이는 성대한 의식을 거행했다. 소와 양으로 드리는 제사뿐 아니라 다윗 자신도 직접 춤을 추며 하나님이 기뻐하도록 애쓴 것이다. 한편 다윗 왕의 아들 솔로몬이 즉위한 후에는 언약궤를 예루살렘 성전 안에 모셔두고 지키며 항상 제사를 드렸다.

황금은 성물을 만드는 데만 사용됐던 것이 아니라 제왕과 제사장들의 복장에도 반드시 사용됐다. 예를 들어 제사장이 입는 옷인 에봇은 황금실로 짜서 만들었다. 제사장의 어깨에 다는 보석 역시 황금 테를 물린 후 황금실로 매달았다. 흉패는 황금실과 다른 색깔의 실을 함께 사용하여 짰으며, 위에 달린 보석 역시 금테를 물려 황금 고리, 황금 사슬을 사용해 어깨띠와 에봇이 서로 이어지도록 했다. 에봇의 아랫단에는 황금 방울을 달아 제사장이 걸어 다닐 때마다 맑은 소리를 내도록 했다. 또

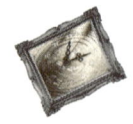

한 제사장이 머리에 쓰는 관에는 '여호와께 성결'이라고 쓰인 황금
패를 달았다고 한다.

불교에서는 황금색을 신성한 색깔로 여겨왔다. 그래서 불교의 성물
은 어떤 물건을 막론하고 전체 표면을 황금색으로 칠했다. 예를 들
어 불상, 가사, 신령한 부적, 불기까지 모두 황금색으로 표면이 장식
돼 있다. 소위 말하는 '불상은 금장식'을 해야 영험해지는 것이다.
불교가 황금을 신성한 색으로 사용한 전통은 훗날 역대 중국 왕조들
에 의해 계승됐다. 중국 당나라 이후의 황궁 건축에서부터 황제의
곤룡포, 옥좌, 침상, 조서 등 황제가 사용하는 물건이라면 모두 황금
색으로 장식됐다.

　불교에서 황금은 '진상眞常(여래불이 깨달은 열반의 경지—옮긴이) 불
변', 때 묻지 않은 순결, 장애가 없는 통달함, 영원한 부귀공명 등 특
별한 의미를 가지고 있다. 그러므로 불전에서 부처의 몸은 항상 '오
묘한 색깔의 몸, 황금색의 몸'으로 형용된다. 불교에서 말하는 '진짜
금은 불의 연단을 두려워하지 않는다.'라는 일설이 바로 여기서 나
오게 된 것이다. 서방 극락세계에는 7가지 보배가 있는데 그중 제일
으뜸이 황금이라 한다. 황금은 일종의 건강을 상징하며, 가정에서
모시는 불상을 금으로 만드는 것 역시 '황금으로 만든 몸이 사람의
몸을 보호하고 어떤 병의 침입도 막아준다.'는 건강장수의 속설을
반영한 것이다. 그 외에도 황금은 '왕성한 재물복'을 상징하기도 한
다. 사람들은 부처에 소원을 빌어 그것이 이뤄지면 답례로 부처의
몸에 황금을 입히곤 했다.

중국에서 황금은 불교와 깊은 관련이 있다. 불교 성지 구화산九華山 상에 있는 황금도금 지장왕地藏王 보살부터 수많은 불교 관련 금제 그릇에 이르기까지, 중국인들은 황금을 통해 마음 속 숭고한 신앙에 더 거룩한 색채를 덧입히길 원하는 것 같다. 당나라 때에 불교는 이미 중국에서 매우 흥성하여 황제는 불교 종사들의 설법을 듣기 위해 국고나 자신의 사고에서 황금을 꺼내 불교용품을 제작하거나 사원에 직접 전달해 사용하도록 했다. 당시 불교는 매우 존귀하며 융숭한 대접을 받았다. 예를 들어 당 의종懿宗은 수차례 조서를 내려 중국 고대의 수공업 부서인 문사원文思院에서 법기들을 전문적으로 제작하게 했다. 그중 대승불교 밀종파에서 부처를 상징하는 '은금화 십이환 석장銀金花十二環錫杖'이 포함돼 있다. 석장이란 불교의 승이 몸에 지니고 다니는 물품으로 현종顯宗 종파에서는 문을 두들겨 탁발을 하거나 호

당나라 천보(天寶) 원년(742년) 풍마동 연화좌 유금 불상

신용으로 사용되고, 밀종 종파에서는 부처의 상징으로 삼았다. 석장의 머리 부분에는 바깥쪽에서 원형을 이루며 수직으로 서로 만나는 네 개의 부채꼴 형 살이 있고, 각 살에는 세 개씩 모두 12개의 둥근 고리가 달려 있다. 둥근 고리는 불교의 4제四諦 12인연을 상징한다.

황금은 역사적으로 귀중한 물품으로 공인받았으며, 불교에서도 사악함을 막아주는 물건으로 여겼다. 그런 까닭에 불교 용품은 대부분 황금으로 제작됐으며 대표적인 것이 보산寶傘이라 불리는 일산日傘이다. 전하는 바에 의하면 석가모니가 뭇 제자들을 위해 설법을 할 때마다 범천梵天(하늘 신의 주신으로 우주의 창조자)이 황금 손잡이가 달린 하얀 우산으로

태양을 가려주고 후에는 석가모니에게 선사했다고 한다. 고대 인도에서 우산은 권세자와 부귀한 자들의 의장 도구로서 지고지상의 권위를 상징했기에 보산의 형태도 자연히 일반 백성들이 사용하던 평범한 우산과는 달랐다. 황금으로 제작된 또 다른 불교물품으로는 금륜金輪을 들 수 있다. 금륜은 법륜法輪이라고도 하는데, 사실 고대 인도에서는 일종의 무기로 쓰였다. 8개의 빗살은 석가모니가 일생동안 불법을 설파하며 겪은 8가지 큰 사건들을 상징한다. 당시 석가모니가 녹야원鹿野苑에서 설법을 할 때 우주의 창조신인 범천이 이 보물을 석가모니에게 선물했다고 한다. 절의 지붕 중앙에 있는 법륜 휘장을 유심히 살펴본 적이 있다면 좌우에 한 마리씩 누워있는 사슴을 보았을 것이다. 이는 석가모니가 당시 녹야원에서 처음으로 법륜을 돌리던 상황을 상징하는 것이다. 티베트 지역의 장식품 중 법륜은 연꽃에 받쳐지거나 다른 칠보七寶와 함께 나타나는데, 어떤 때는 상서로운 기린과 함께 '상린법륜祥麟法輪'을 만든다. 물론 그 외에도 여러 가지 독특한 법륜 휘장 디자인이 있다.

그밖에 불교를 신봉하는 여러 국가에서는 황금으로 불교 사원도

황금은 칠보 중의 으뜸_구마라습(鳩摩羅什)이 번역한 《아미타경(阿彌陀經)》에서 말하는 '칠보'란 황금, 은, 유리광석, 파리(玻璃), 거거(옥 다음가는 보석같이 아름다운 돌―옮긴이), 산호, 마노를 가리킨다. 현장법사가 번역한 《칭찬정토경(稱讚淨土經)》에서는 황금, 은, 폐유리(吠琉璃), 파지가(頗胝迦, 수정과 같은 보석―옮긴이), 모사락게납파(牟娑落揭拉婆), 적진주, 아습게납파(阿濕摩揭拉婆)라고 말하고 있다. 또한 《반야경(般若經)》에서는 황금, 은, 유리, 산호, 호박, 거거, 마노, 《법화경(法華經)》에서는 황금, 은, 유리, 거거, 마노, 진주, 매괴(玫瑰), 아미타경에서는 황금, 은, 유리, 파리, 거거, 흑진주, 마노를 일컫는다.
같은 불경이라도 다른 시대에 번역된 서로 다른 판본의 경우 칠보는 각각 달랐지만 그중 황금을 으뜸으로 삼는다는 데에는 변함이 없다. 불계에는 '불(佛), 법(法), 승(僧)'이라는 삼보(三寶)가 있다. 이 세 가지 보물을 얻으면 나라가 평안해지고 7가지 보물을 얻으면 백성들이 평안해진다는 속설이 전해진다.

지장왕 보살의 황금신상. 머리에는 세 개의 나뭇잎으로 된 보관(寶冠)을 쓰고 있고 오른손은 무외인(無畏印)을 맺고 있으며 왼손에는 마니보(摩尼寶)와 밀 이삭을 들고 있다. 상체는 몸을 드러내고 목걸이와 팔뚝 장식, 팔찌를 차고 있으며 앞가슴에는 성스러운 끈을 길게 늘어뜨리고 꽃잎이 위 아래로 탐스럽게 벌어진 연꽃 보좌 위에 앉아 있다. 원형 후광은 아랫쪽만 남아 있다. 외부를 감싸고 있는 동제 도금 불감(佛龕)은 앞쪽에 유리문을 설치했고 감실의 문인방에는 '지장왕 보살' 이란 글자를 새겼다. 뒤쪽에는 '나무(南無) 지장왕 보살 모가실(摹訶薩), 건룡 17년 6월 초아흐레에 대이익(大利益) 범동리마(梵銅祢馬) 지장왕 보살을 모셨다. 함풍(咸豊) 3년 8월 초하루, 이 감실에 부처를 공경하는 맘으로 모셔 들여 만대를 섬기며 최고의 경건한 예로써 공경하며 의지하려 한다. 고해에 고통당하는 중생들을 구원하여 함께 극락에 오르기를 바라노라. 황제 기록' 이라는 명문이 적혀 있다. 이 글귀를 통해 건룡, 함풍 두 황제들이 이 불상을 친히 모셨음을 알 수 있다.

상린법륜. 사원 궁전 대들보와 문 위를 장식하던 법물로 좌우에는 각각 암수 상린, 중간에는 법륜이 자리 잡고 있다. 법륜은 항상 돌아가는 형통함과 평안, 상서로움과 아름다움을 상징했으며 보통 동으로 만들어 도금했다.

장식한다. 예를 들어 방콕 에메랄드 사원
에는 무려 5.5톤이나 되는 대형 금탑이 세
워져 있는데 금탑 꼭대기에는 1.25톤의 순
금으로 만들어진 보산이 자리 잡고 있으며
우산의 꼭대기에는 5,440개의 다이아몬드
와 2,347개의 루비, 에메랄드가 박혀 있는
거대한 금공이 있다. 그 외에도 탑의 처마
에는 1,065개의 금종이 매달려 있으며 탑
신은 순금으로 감싸져있다. 중국 티베트의
포탈라 궁에는 금동, 은동 불상만도 20만
개에 달하며 전부 금과 은을 주조하여 만
들었다. 제5대 달라이 라마의 릉은 금은과
보석들로 꾸며졌는데, 사용된 금만 해도

태국 에메랄드 사원의 황금탑

4,281톤, 묘의 꼭대기에 장식된 보석은 25만 개에 달한다고 한다.

● ● ●   황금 숭배의 도시

인도는 불교의 고향으로 예부터 황금 숭배로 유명한 도시였다. 전설
속의 인도는 '황금으로 된 뿌리와 백은으로 된 줄기, 유리로 된 가
지, 수정으로 된 가지 끝, 호박으로 된 잎, 옥으로 된 꽃, 마노로 된
열매를 맺는' 보물 나무가 자라는 곳으로 '모든 고통과 괴로움이 없
고 즐거움만 가득한' 서천西天의 낙원이었다. 사실 인도인들이라면
누구나 황금을 각별하게 사랑한다. 황금은 인도사회에서 중대한 역
할을 했으며 매우 특수한 종교적인 의미를 가졌다.

　　인도는 세계에서 가장 종교성이 강한 국가 중 하나다. 힌두교는

머리에 금관을 쓴 아름다운 목소리의 인도 여신, 라크슈미.

인도의 보편적인 종교로 이를 신봉하는 신도들은 전체 인구의 80퍼센트를 차지한다. 황금에 대한 힌두인의 신앙 역시 이런 국가의 문화와 종교적 전통에 깊이 뿌리내리고 있다. 황금은 힌두교에서 부와 번영의 상징이다. 부와 풍요, 번영의 신으로 추대 받고 있는 라크슈미 Lakshmi 여신은 황금으로 온몸을 장식한 매우 아름다운 여인이다. 황금 테두리를 두른 붉은 옷을 입고 손에서는 끊임없이 황금이 흘러나오며 항상 깨끗한 물을 가득 담은 황금 그릇으로 목욕을 하는 이 여신은 신봉자들에게 부를 가져다준다고 한다.

인도인들은 황금이 행운을 가져다준다고 믿었다. 그래서 종교행사 기간 동안 황금을 선물하거나 장식품으로 사용한다. 매번 아크사야 스리시야 절이 되기만 하면 인도인들은 열성적으로 황금 장식품을 구입한다. 이 절기에 황금을 구입하면 행운을 얻게 된다는 민간신앙 때문이다.

인도에서는 여성들이 장식품을 두르지 않은 채 문밖에 나서는 것이 예의가 아니라고 생각한다. 각종 재질의 머리 장식들 중 인도 여성들이 가장 좋아하는 것은 뭐니 뭐니 해도 황금 장식이다. 황금은 '여성들의 재물'이라는 애칭이 붙을 정도였으며 신부들은 황금을 비상금으로 지참했다. 인도에서는 도시든 시골이든 간에 모두 황금과 관련된 민간풍습을 가지고 있다. 한 사람이 태어나서 결혼과 죽음의 과

제2장 황금과 종교 — 신성함과 순결의 화신

정을 겪는 동안 황금은 인간의 곁에서 늘 함께하고 있다. 예를 들어, 금제 장명쇄長命鎖, 황금 목어, 황금 땅콩은 어린아이가 평안하고 부귀하며 장수하기를 비는 상서로운 축복의 상징으로 지금까지도 수많은 인도 아이가 목에 걸고 있다. 고대 인도 여성들은 만 열다섯 살이 되면 머리를 쪽지고 비녀를 꽂아 결혼이 가능한 성년이 됐음을 표시했다. 이때 부유한 집안의 여성들은 대개 황금으로 만든 비녀를 사용했다. 이 전통풍습은 근대 혼인에서는 신부가 출가하는 날 여성들이 황금 장신구나 보석 세트를 장식하는 풍속으로 탈바꿈했다. 이는 경축의 뜻 외에도 여성들의 집안 재력과 지위를 상징하는 수단이 됐다.

　인도인들이 황금을 사용한 역사는 고대 로마시대까지 거슬러 올라간다. 비단과 향료 교역이 시작됐던 고대 로마시대에 이미 인도에서 황금이 발견됐다는 기록이 그 증거다. 역사상 첫 번째 금화는 베니스 조폐공장에서 제조돼 지중해의 레반트Levant 지역을 통해 인도로 유입됐다. 17세기 네덜란드와 영국은 동인도 회사에서 황금과 백은을 무역의 지불 수단으로 삼아 서로 필요한 물품을 거래하기 시작했다. 고대 인도에서 제왕의 생활은 매우 사치스러웠다. 국왕이 사냥을 할 때 국왕 곁에는 무장을 한 여자 사냥꾼들이 따랐다. 그녀들은 전차를 몰거나 말, 또는 코끼리를 타고 출정할 때처럼 삼엄한 기세를 유지했다. 종교제전이

아차리야(Acharya) 관음. 불교 밀종의 신으로 한국불교에서는 '아사리'라고 하는 뜻으로 불린다. 특히 남조(南詔, 당나라 시기 현재의 윈난雲南 지방에 있던 티벳·버마 족이 세운 왕국 — 옮긴이)와 대리국(代理國, 937년에 단 사평이 남조를 대신해 윈난 지방에 세웠던 나라 — 옮긴이) 밀종 불교에만 존재하는 신이다. 밀종은 현종 불교와 상대적인 교파로서, A.D. 7세기 고대 인도 데칸 고원에서 대승불교와 바라문교가 혼합되는 과정에서 발생했다.

열릴 때면 인도 궁정에서는 황금과 백은으로 장식한 코끼리와 전차, 귀금속이 가득 담긴 각종 상자를 든 시종, 수많은 들소와 길들인 사자, 표범 등이 퍼레이드를 벌였으며 국왕은 보통 스물네 마리 코끼리들의 호위를 받았다. 인도인들의 황금에 대한 사랑은 사치스러웠던 고대 인도인들이 남긴 흔적을 통해 알 수 있다.

그리스의 황금 신상들

고대 그리스는 다신론을 신봉했으며, 원시시대에 이미 다양한 신에 대한 사상이 존재했다. 또 씨족 부락 시대에 들어서는 부락마다 자신들만의 신을 모셨다. 그리스인들의 상상 속에서 뭇 신들은 올림포스 산 꼭대기에서 살고 있었다. 그중 주신主神은 12명으로 구체적인 이름과 주관한 분야는 다음과 같다.

신들의 왕 제우스, 제우스의 왕후 헤라, 바다의 신 포세이돈, 농업의 신 데메테르, 태양의 신 아폴론, 달의 신 아르테미스, 불(대장장이)의 신 헤파이스토스, 지혜의 여신 아테나, 전쟁의 신 아레스, 사랑과 미의 여신 아프로디테, 신의 전령 헤르메스, 부뚜막(가정)의 신 헤스티아. 이 열두 신들은 각각 자연계의 한 영역과 역할을 맡았다.

다른 민족과 마찬가지로 고대 그리스인 역시 황금을 가지고 자신들이 생각하는 신의 모습을 조각하기 좋아했다. 대략 B.C. 457년 경, 그리스 올림포스 성에는 피디아스Phidias라는 걸출한 조각가가 한 명 있었다. 그가 남긴 필생의 걸작이 바로 황금 제우스 상이다. 그리스 신들의 왕이었던 제우스에 대한 경외심을 표현하기 위해 조각된 이 신상은 당시 세계에서 가장 큰 실내 조각상이었다. 이 조각은 한때 거대한 제우스 신전에 놓여졌다.

거대한 제우스 신상은 신전 정중
앙에 우뚝 서 있었는데, 피디아스
는 상아로 신상의 몸통을 만든 후
다시 황금으로 신상의 두루마기를
완성했다고 한다. 제우스 신상은
머리에는 올리브 나뭇가지로 엮은
관을 쓰고 오른손에는 상아와 황금
으로 만든 승리의 여신상, 왼손에
는 황금 홀을 들고 있으며 황금 홀
의 위쪽에는 독수리 한 마리가 앉
아 있었다. 제우스의 보좌는 사자
의 몸에 인간의 얼굴을 한 승리의
여신을 비롯해 갖가지 신화 속 인
물들로 장식됐다. 보좌를 제외한
신상만 따져도 현대의 4층 건물 높
이에 해당했으며 보좌에 앉은 제우
스는 머리가 거의 신전 꼭대기에
닿을 정도였다고 한다.

전설 속의 제우스 신상

파르테논 신전

　파르테논 신전은 B.C. 432년에
건축가 사모스와 잘스푸논, 그의
아들 메이타지에나스에 의해 처음 설계됐으며 이오니아 기둥 방식
의 대리석으로 건축을 지지했다고 한다. 파르테논 신전은 그리스의
최고 번성기 건축과 조각을 대표하는 문화유산이다. 이 신전은 피디
아스와 칼리크라테스 등 당시 유명한 예술가들에 의해 조영됐으며,
황금·동·은·상아로 외부 부조를 조각하고 중앙의 제단에는 사람
들이 예배할 수 있도록 아테나의 조각상을 배치했다고 한다.

티베트 불교 속의 황금

티베트 불교에서는 "황금은 관음보살이 내린 선물"이라 말한다. 저명한 역사서 《한장사집漢藏史集》에는 이런 글이 기재돼 있다.

칭하이靑海 고원의 바닷물이 물러가고 육지가 나온 후 관음보살은 법과 지혜가 없는 설산 고원을 교화시키려면 우선 인간으로 변할 수 있는 부처의 화신을 보내야만 하겠다고 생각했다. 이때 합노만타라哈努曼陀羅라는 원숭이 한 마리가 앞으로 나섰고, (곧이어) 그를 땅으로 보냈다. … 이 원숭이가 바위의 마녀와 교합해 부모와 달리 털도 꼬리도 없는 아들을 낳았다.… 1년이 지난 후 첫 아이와 비슷한 모습의 아기들이 400명까지 불어났다.… 이 후대를 번성시키기 위해 관세음보살은 설산에 오곡, 황금과 각종 보물들을 흩뿌려 주었다. 이런 은혜를 누린 덕에 인간으로 변한 원숭이의 새끼들은 점점 더 번성하게 됐다.

또 다른 티베트 문헌을 살펴보면 황금은 티베트에 밀법을 전파하러온 밀종대가 연화생蓮花生이 전래한 것이라는 소개가 있다. 티베트인들의 마음 속에 있는 연화생 대가는 위대한 능력을 가진, 무엇이든 가능한 보살이다. 지하의 신령인 '용왕'도 그의 감화를 받으면 모든 재물을 헌신할 수 있을 정도다. 그는 수많은 재물, 황

밀종대가 연화생

금과 '지하 보물'들을 설산 각 지역
에 매장시키고 인연이 있는 사람이
와서 이것을 꺼내가기를 기다리고
있다고 한다. 티베트 족의 유명한
서사시 《꺼사얼格薩尔왕 전》에서도
아리阿里 지역에 황금이 많이 나는
원인이 연화생 대가가 황금굴을 매
장해 놓았기 때문이라고 말한다.
또한 연화생 대가가 '수사자 대왕'
꺼사얼이 강림해야만 아리의 황금
굴이 열리고 이 황금을 꺼내갈 수
있다는 예언을 남겼다고 한다. 《꺼
사얼 왕 전》은 고대 티베트 지역의
사회생활을 반영하는 위대한 서사
시로서, 꺼사얼 왕 같은 영웅의 사
적을 통해 고대 부락시대 티베트
지역의 사회생활 면면을 살펴볼 수
있다.

현존하는 가장 오래된 불전인 '취제차부(曲傑査布)' 불전에 그려
진 1,300여 년 전의 벽화는 지금까지도 화려한 색채를 뽐내고 있
다. 티베트 부녀들은 불상, 불교고사뿐 아니라 '원숭이가 인간으
로 탈바꿈한 전설'을 잘 알고 있다. 포탈라 궁의 벽화에는 문성공
주가 티베트 왕국으로 시집온 일, 제5대 달라이 라마가 북경을
방문하여 순치 황제를 알현한 일 등, 중대한 역사적 사건들이 표
현돼 있다.

특히 그중 티베트 지역의 문물과 특산품이 적지 않게 기록돼 있
다. 꺼사얼이 아리를 정복한 이야기를 담은 《꺼사얼 왕 전》의 또 다
른 이름은 《아리의 황금굴을 열다》이다.

● ● ●

황금빛 포탈라 궁

티베트에서 가장 대표적인 건축물이 바로 포탈라 궁이다. 티베트 토번吐藩(중국 고대 소수 민족의 하나로 칭짱青藏 고원에 분포. 7~9세기에 융성했으며 당나라와 경제 · 문화적으로 교류가 활발했음——옮긴이) 국의 국왕 손챈감포가 A.D. 7세기경에 건축한 궁전이다. 포탈라 궁에 들어서면 이곳이야말로 황금이 제일 흔한 곳이란 생각이 들지도 모르겠다. 고승들의 유해를 안치해두는 황금 보탑寶塔, 황금 불상, 황금 경문, 황금 제단, 황금 보좌, 황금 기구 등, 황금으로 만든 물건들이 손에 꼽을 수도 없이 많아 눈이 어지러울 지경이기 때문이다. 번쩍이는 황금이 너무 흔해 황금 자체는 깊은 인상을 남기기 어렵지만 위엄 가득한 존재가 저 높은 곳에서 각 사람의 마음속을 꿰뚫어보고 있다는 느낌만은 아주 강렬하다. 포탈라 궁은 황금과 보석으로 만든 종교의 전당으로 황금 신상, 황금 신단, 황금 주물로 만든 역대 달라이 라마와 판찬의 보탑에는 각각의 영험과 위엄, 신성불가침, 엄숙함이 잘 나타나 있다.

손챈감포의 상은 진흙에 채색으로 제작됐으며, 높이는 1.5미터, 머리에는 본존 관세음보살의 두상이 얹혀 있으며 표정이 매우 장엄하다.

과거 티베트에 살던 장족藏族 백성들은 수입의 70퍼센트 이상을 모두 사원에 시주했다. 때문에 불교사원은 막대한 부를 축적할 수 있었다. 그렇게 모인 대량의 황금과 보물들은 종교지도자들에게 절대적인 위엄을 나타냈으며 신도들에게는 최상의 경배를 드리고자 하는 마음을 불러일으켰다.

보탑은 포탈라 궁에서 가장 화려하고 신도들이 가장 많이 불공을 드리는 곳이다. 그중 제일 큰 보탑은 제5대 달라이 라마 나왕 롭상 갸초

Ngawang Lobzang Gyatso의 보탑이다. 탑신은 약 5층짜리 빌딩만한 높이로 전부 금박으로 둘러싸였으며 형태는 베이징 베이하이北海 공원의 백탑白塔 과 비슷하다. 이 보탑을 건축할 당시 황금 3,721킬로그램을 사용했으며 1 만 5,000여 개의 다이아몬드, 진주, 비취와 산호를 박아 넣었다고 한다. 보탑 내부에는 제5대 달라이 라마의 유해 외에도 단향목檀香木, 주단, 보 석과 매우 진귀한 경서 등이 담겨져 있다.

포탈라 궁에는 대량의 경서들이 소장돼 있다. 특히 인도에서는 이미

금박으로 완전히 둘러싸여 있는 제5대 달라이 라마 나왕 롭 상 가초의 보탑. 이 보탑의 건축을 위해 총 3,721킬로그램의 황금이 사용됐다.

전해지지 않는 패엽경貝葉經, 금분으로 쓴 대장경 《감주이甘珠尔》와 여러 가지 금은보석으로 필사한 대장경 《단주이丹珠尔》등이 원형 그대로 보관돼 있다. 궁전 내에는 청조에서 달라이 라마를 책봉할 때 사용했던 황금 인장, 황금 책서 등이 티베트와 한족의 관계를 반영하는 역사 문물자료로 보관돼 있다. 이 모든 역사 자료는 천금을 주고도 살 수 없는 진귀한 자료들로 보는 이의 감탄을 자아내고 있다.

●●● 죽음을 불사한 서약—황금을 마시는 맹세

황금의 특수한 상징성 때문에 고대 몽고인들은 신용을 지키고 약속을 소중히 여기는 불변의 미덕을 찬미하는 데 황금을 사용했다. 그래서 몽고족들에게는 중대한 맹세를 할 때마다 금가루 술을 마시는 풍습이 있었다. 이는 황금의 영원불변하는 속성을 빌어 맹세를 한 쌍방은 맹세와 약속을 굳게 지키겠다는 상징이었다.

몽고인들은 계약을 맺을 때 맹세를 아주 좋아했다. 금가루를 마시는 맹세 방식은 칭기즈칸 시대부터 존재해온 오랜 전통이다. 서하西夏(11~13세기에 중국 서북부의 오르도스Ordos와 간수甘肅 지역에서 티베트 계통의 탕구트족이 세운 나라—옮긴이)의 대신 곡야겁률曲也怯律이 몽고 귀족과 맹세를 할 때도 "금가루를 술에 섞어 마시는 것으로 맹세를 삼았다屑金和酒, 飲以爲盟"고 기록하고 있다.

원나라 초기, 카이두海都(칭기즈칸의 아들 오고타이의 손자, 오고타이한국의 실제 건국자—옮긴이)는 킵차크한국의 멩구—티무르Mengu-Timur칸과 연합한 험난한 동서정벌이 끝나자 한때 동아시아의 패주로 군림했다. 그러자 쿠빌라이 칸은 점차 커지는 카이두의 세력을 저지하기 위해 중앙아시아 지역에서 차카타이한국의 칸인 바라크와 맹약을

맺고 카이두에 쉴 새 없는 협공을 벌였다. 1269년 봄, 오고타이한국, 킵차크한국, 차카타이한국은 중앙아시아 쟁탈로 인해 벌어진 갈등을 해소하기 위해 탈라스 대평원에서 부족장들이 모여 쿠릴타이 회의를 열었다. 대회에는 카이두, 바라크가 직접 참석했으며 멩구-티무르 역시 자신의 숙부 바르카를 대리자로 파견했다. 이곳에서 그들은 유쾌하지 못했던 과거는 모두 잊어버리고 각자의 세력판도를 다시금 결정하기로 뜻을 모았다. 오고타이한국과 킵차크한국은 차카타이한국에 일정 정도 양보를 했다. 사료에 따르면 그들은 다음과 같은 협의에 동의했다고 한다. "여름의 목초지와 겨울의 목초지를 재분배한다. 황하 중류지역 중 3분의 2는 바라크가 관할한다." 또한 "내년에 바라크가 부대를 이끌고 아무르 강Amur River(헤이룽 강黑龍江―옮긴이)을 건너 이란을 공격하므로 일한국 아바카Abaqa 칸의 영토 일부를 넘겨줘 바라크 군대가 목장과 토지, 가축 등을 확보하는 데 편리하도록 한다." 이 회의 결과는 바라크에게 매우 유리했다. 그러자 바라크는 여세를 몰아 유리한 상황을 공고히 하기 위해 맹세를 제의했다. "만일 여러분들이 회의 내용에 진심으로 찬성한다면 맹세로 서약합시다." 그래서 중앙아시아를 호령하던 몽고 칸들은 몽고의 습관과 의식에 따라 '금을 씹으며 맹세'를 했고, '이후 산지와 초원으로만 이동하며 도시 주위에는 절대 머무르지 않는다. 목축하는 동물들을 논과 밭으로 몰지 않으며 다시는 농민들을 불합리하게 징발하지 않는다.'라는 약정을 맺었다. 이 결의가 끝나자 칸들은 맹세에 순응해 각자 자신의 영지로 돌아갔다.

나라와 나라 간, 그리고 중대 정치세력 간에 황금가루를 마시며 맹세를 하지만 보통 사람들의 일상생활에서도 자주 이뤄진다. 물론 후자의 경우에도 전통적인 신성성은 조금도 변함이 없다. 쿠빌라이의 시대에 운남雲南 도원수 보합정寶合丁이 그의 아들 운남왕 홀가적忽

毌赤, 후커츠를 독살하자 왕실의 문학文學(몽고왕실 문서 업무 담당, 비서장—옮긴이) 장립도張立道가 보합정을 반격하기 위한 비밀 결사조직을 조직했다. 당시 일촉즉발의 상황 속에서 비밀결사 요원들은 반드시 서로가 믿을 수 있는 동지임을 확인해야 했다. 서로 간의 충성을 보여주기 위해, 장립도 등 비밀결사 요원들은 금가루를 마셔 죽음을 불사한 맹세를 했다.

황금을 마시며 맹세하는 습관은 17세기에도 여전히 일부 몽고민족 가운데 전해지고 있었다. 1634년, 러시아의 차르 황제는 외몽고 할카 지방에 있던 알탄 칸에게 투하쳅스키Tukhachevskii를 대표로 하는 사절단을 보내 러시아에 대한 충성을 맹세하도록 종용했다. 알탄 칸은 직접 맹세하는 것을 거절하는 대신, 부락의 귀족에게 권한을 위임해 알탄 칸과 부락을 대표해 라마승에게 절을 하고 러시아 사자에게도 맹세를 시키자는 제의를 했다. 하지만 러시아 사절단은 이 제안을 거절했다. 그들은 몽고 귀족들이 최고의 위엄을 갖춰 맹세하기를 원했다. 즉 황금가루가 든 술을 마시길 원한 것이다. 그러자 몽고 귀족들은 러시아의 사절단도 자신들과 같이 황금가루가 든 술을 마셔야지 그렇지 않을 경우 그들에게 마법을 걸겠노라고 위협했다. 러시아의 사절단들도 이쯤에서 의견을 굽혀 황금가루가 든 술을 마시기로 타협했다.

1635년, 차르 황제는 알탄 칸에게 다시금 사자를 파견했다. 이 방문의 목적 역시 알탄 칸이 러시아에 충성하도록 맹세를 종용한 것이었다. 그러나 알탄 칸은 또다시 러시아의 요구를 거절했다. 동시에 지난번 서약문에서 사용했던 '종' 이라는 표현을 '신하' 로 고쳐줄 것을 요구했다. 그 가운데 쌍방은 절충안을 찾아냈다. 즉 부락에서 존경을 받는 몰컨 라마와 두라라타번을 칸의 대표자로 삼아 선언을 하도록 했다. 당시의 서약문은 이러했다.

제2장 황금과 종교―신성함과 순결의 화신

"알탄 칸, 그의 가족과 전체 부락은 차르 황제 미하엘 페드로비치 전하와 알렉세이 미하이로비치, 이반 미하이로비치 두 황태자의 신하입니다."

이 서약의 진실성을 보장하기 위해 선서자는 황금가루가 든 술을 마셨다.

1650년에도 이와 비슷한 상황이 벌어졌다. 당시 몽고 텔렝구트 부락의 왕인 코카는 러시아에 복속 선서를 했는데 그는 황금이 든 술을 마시며 이렇게 말했다.

"이 말이 표리부동한 거짓이라면 하나님께서 분노의 검으로 저를 내리쳐 이생과 저승에서 비참한 결말을 맞게 해주시기를 원합니다. 이 황금도 제 목에 걸려 오장육부를 찢어놓기를 원합니다. 또한 대군주이신 차르 알렉세이 미하일로비치 대공께서 그 보검으로 제 머리를 치기 원합니다!" 텔렝구트 부락은 칼미크 몽고에 속해 있었으므로 '하얀 칼미크인'이라는 별칭을 가지고 있었다. 코카의 맹세를 통해서도 서몽고 일부 부족에는 황금을 마시며 맹세하는 풍습이 있음을 알 수 있다.

근대에 이르러 황금을 마시며 맹세하는 풍속은 몽고인들의 삶 속에서 거의 사라진 것처럼 보인다. 오르도스 지역 몽고 남성들은 의형제를 맺을 때 동전을 술잔에 넣어 건배하기도 하는데 어쩌면 이것이 황금가루를 마시던 풍습의 변형인지도 모르겠다.

제3장

고대의 연금술
근대 화학과 의학의 기원

The Age of Gold

황금의 역사는 원시시대부터 현대시대, 비문명
시대부터 문명시대, 무지한 시대부터 지혜로운
시대까지 인류 역사시기마다 존재하던 생산 활
동의 단면을 보여준다. 황금은 물질세계와 정
신세계에서 영원히 부패하지 않는 물질로 여겨
졌기에 자연스럽게 불멸의 상징이 됐고, 그에
따라 연금술도 탄생됐다.

물론 당시 연금술사들은 자신의 모든 행동이
근대 화학에 초석이 돼 화학사에 발전과 촉진
작용을 했다는 사실은 알지 못했을 것이다. 그
들은 단지 불로장생과 수명연장, 회춘을 통해
조물주와 동등해질 수 있는 방법을 얻기 바랐
을 뿐이었으니까.

유구한 역사를 가진 연금술

사람이라면 누구나 불로장생을 꿈꾼다. 그래서 과학이 발달하지 않았던 시대에도 사람들은 불로장생할 수 있는 비법을 찾기 위해 온갖 노력을 기울였다. 고대인들이 갖가지 실험을 시도하는 가운데 연금술이 탄생하게 됐다. 연금술은 다수의 문명과 민족에게 공통적으로 발견되는 특징이다. 그러나 서방의 연금술이든 중국의 연단술이든, 목적은 단 두 가지뿐이었다. 첫째는 일반 금속을 황금으로 만들려는 것이고, 둘째는 선단仙丹을 복용해 장생불사하려는 것이었다. 사실 현대 사람들의 상식으로 볼 때 이는 너무 황당무계해 웃음밖에 안 나오지만, 이런 연금술의 오랜 토양이 있었기에 근대 화학도 발전할 수 있었다. 다시 말해 호랑이 담배 피던 시절의 연금술이 바로 화학의 전신이 된 것이다.

과거 고대 이집트, 나일 강 주변에는 연금 가마가 우후죽순처럼 들어서 수백, 수천 명의 연금술사들이 두문불출하며 황금 연단에 몰두했다. 연금술사들은 불을 때고 또 때며 평범한 금속을 황금으로 변화시키기 위해 온갖 노력을 기울였다. 그들의 모든 작업은 보안이 필수

기독교가 성행하던 서양에도 A.D. 12세기부터 아랍어와 그리스어로 된 저작들이 번역되기 시작했는데 그중 연금술에 관한 문헌도 포함됐다. 바로 이때부터 연금술이 유럽에 전파되기 시작했다.

연금술은 12세기 유럽에서 시작됐으며 중국 고대의 연금술은 '연단술'이라 불렸다. 연금술의 처음 목적은 황금이 아닌 불로장생약을 발견하는 것이었다. 연금술사들은 신기한 선단은 만들어내지 못했지만 근대 의학과 화학의 발전을 이끄는 역할을 했다.

였기에 연금술은 때로 '비밀공장'이라고도 불렸다.

중국의 연금술사는 본래 금이 아닌 선단을 연단했다. 즉 황제와 귀족들이 먹을 불로장생약 개발에 참여한 셈이다. 당시 중국 연단술煉丹術의 방대한 규모와 신속한 발전 속도는 세계적으로도 찾아보기 힘든 예로 남아 있다. 특히 진시황, 한무제 시기에 제왕들을 위해 일하던 연단술사들은 무려 수천여 명이나 됐다.

중세기의 유럽, 특히 르네상스시기에 들어서 연금술은 전 세계적으로 유행했다. 서양 연금술의 목표는 신비한 '현자의 돌'을 정련해내는 것이었다. 연금술사들은 '신성한 예술가'로 불렸으며 그들은 자신들이 '위대한 일'이라 부르는 연금 실험에 완전히 빠져 헤어 나오지 못했다. 그들은 다른 금속들을 순금으로 만들어주고 사람들을 장생불사하게 만드는 '돌이 아닌 돌'을 정련하여 허황된 상상에 사로잡혀 있었다. 지금까지도 유럽에서는 '현자의 돌'과 위대한 연금술사들에 관한 셀 수 없이 많은 신비로운 전설이 전해져 오고 있다고 한다.

● ● ● 서양의 연금술

서양의 연금술은 그리스 시기까지 거슬러 올라간다. 역사적 기록에 의하면 초기 연금술의 대표주자는 조세모스Zosemos였다. 약 A.D. 350~420년 사이에 생존했던 조세모스는 이 세상에 사람이 원하는 대로 금속의 성질을 바꿔주는 마법과 같은 물질이 존재한다고 믿고 있었다. 그가 이 물질을 부른 이름은 아라비아로 전해졌다가 다시 라틴어에 편입된 후에는 '불로장생약'이라 불렸다. 즉 중국인들이 말한 '사람을 병들지도 죽지도 않게' 하는 '우수한 선약'인 '금단金

丹'이 바로 동일한 물질이다. 다른 연금술사로는 A.D. 3세기에 활동했던 헤르메스 Hermes Trismegistos가 있다. 이집트의 교사였던 그는 많은 발명으로 사람들의 존경을 받았으며 이집트의 달신과 교통할 수 있는 존재로 여겨졌다. 훗날 그는 점차 신격화돼 '신보다 세 배나 위대한 헤르메스'로 불렸으며 결국에는 헤르메스라는 말 자체가 '연금술'을 뜻하는 단어로 바뀌게 됐다.

아리스토텔레스 역시 연금술사 중 한 사람이었다. 그는 물질은 어떤 자연법칙을 통해 합성된 것이라 믿었다. 그의 학설에 따르면 세계는 '물, 흙, 불, 공기' 네 가지 원소로 구성돼 있으며, 물질사회의 모든 물질은 이 네 원소가 각각 다른 비율로 결합해 생겨난 것이었다. 그러므로 그는 외부의 힘과 촉매를 더해주기만 한다면 진흙도 황금으로 변할 수 있다고 주장했다.

간단히 말해 연금술사들은 세계의 모든 물질은 전부 '생명이 있어' 성장하며 대지의 어머니에게 양육된다고 믿었다. 대지의 어머니가 금속을 양육해내는 비밀을 알아낸다면 인류가 금속을 만들어내는 것은 식은 죽 먹기가 된다.

그래서 그들은 평범한 금속을 제련해 황금을 만드는 연금술을 '죽음에서 부활해

황금 정련은 유럽 연금술사들의 주요 목표였으며 이를 위해 수차례의 실험을 반복했다. 이를 통해 얻게 된 대량의 지식은 화학의 탄생과 발전에 큰 공헌을 했다.

아리스토텔레스는 세계 고대사에서 가장 위대한 철학자, 과학자, 그리고 교육자였다. 또한 그는 연금술사이기도 했는데, 황금을 포함한 모든 물질은 어떤 자연규칙에 의해 합성된다고 믿었다.

연금술은 화학철학 사상의 정수요 산물로서 화학의 초기 형태였다.
연금술의 목적은 평범한 금속을 황금으로 전환시키며 만병통치약과 불로장생약을 제조하는 것이었다.

완벽해지는 과정'에 비유했다. 납, 동 같은 일반 금속이 어떻게 황금이 될 수 있을까? 연금술사들은 납이나 동이 황금처럼 고귀하고 영구할 수 없는 것은 성질상의 결함 때문이라고 말한다. 그래서 다른 물질들을 보충해 결점을 보완해줘야 한다. 일부 연금술사들은 아리스토텔레스가 주장한 네 가지 원소 외에도 수은, 유황, 소금이 가장 흔한 공통원소라고 믿었다. 이 세 가지 원소의 배합비율이 어떻게 달라지느냐에 따라 납이나 동, 또는 황금을 얻게 된다는 것이다. 그래서 연금술사들은 각종 방법과 비율로 세 가지 원소를 서로 혼합하거나 다른 일반 금속 한 가지를 더해 황금을 만들어낼 수 있는지 실험했다.

그 외 일부 사람들은 불가사의한 힘을 가진 '성스러운 돌'이 있다고 믿었다. 이 돌은 연금술사가 마음먹은 대로 납을 금이나 은으로 바꿔줄 수 있다. 이런 '성스러운 돌'이 과연 어디에 있는 것인지 알 길은 없었지만 황금을 만들어내려는 사람은 반드시 이 돌을 찾아내야만 했다. 그들은 '성스러운 돌'을 '현자의 돌' 또는 '지혜자의 돌'이라 불렀다.

● ● ●   고대 중국의 연단술

연단술은 중국 고대철학, 신선 신앙, 공예기술과 의학의 결정체로서, 역사적으로 아라비아 제국을 거쳐 중세 유럽에 전해졌고, 이 과정에서 중세 연금술의 탄생에 매우 큰 영향을 끼쳤다. 연단술은 처음에는 금속으로 황금을 만들어내겠다는 목적에서 출발했지만 자신의 몸을 귀하게 여기는 도교철학의 '귀신貴身 사상'과 황금을 복용하면 젊음을 유지할 수 있다는 믿음을 근거로 점차 불로장생약인 '금

단' 제련 쪽으로 방향을 바꾸게 된다. 예부터 황금은 물질세계와 정신세계에서 영원히 부패하지 않는 물질이었기에 자연스럽게 불멸의 상징이 됐다. 그래서 고대 중국 사람들은 황금을 복용하기만 하면 영원불멸의 몸을 가질 수 있다고 생각했다.

신선과 불사약에 관한 전설도 장생불사를 추구하는 사람들의 욕망을 자극했다. 특히 영원한 권력을 갈망하는 제왕들에게 큰 인기를 끌었다. 전국시대 중기, 제齊 위왕威王, 제 선왕宣王과 연燕 소왕昭王은 모두 바다를 건너 신선과 선약을 구해오도록 신하를 파견했다. 후대의 제왕 중 진시황과 한 무제 역시 불사약의 열렬한 추종자였다.

진시황은 육국을 통일한 후부터 제왕의 자리에서 영원히 물러나지 않고 옥체를 보존할 환상에 빠져 있었다. 낮에는 불로장생약만 생각하고 밤에는 부귀영화를 꿈꿨다. 그래서 온갖 영험하다는 도사들을 불러서 금단을 제련하도록 시켰다. 이런 연단술사들은 진사辰砂, 황화수은과 웅황雄黃, 황화비소 등의 원료로 연단을 시작했다. 그들의 소망은 먼저 선단을 만든 뒤 그것으로 다시 황금을 만들어내는 것이었다. 그들은 선단을 복용하거나 금기나 은기를 사용하면 영생불사를 누릴 수 있다고 믿었다.

한 무제는 신선과 장생불사약에 집착했다. 《사기 · 봉신서史記 · 封神書》에는 방사方士 이소군李少君이 한 무제에게 한 말이 기록돼 있다.

"연단을 하면 물건이 생기고 그 물건에 주사朱沙를 더하면 황금으로 변합니다. 황금으로 그릇을 만들면 불로장수합니다. 그러면 바다 가운데 봉래산蓬萊山의 신선도 만날 수 있습니다. 신선을 만나 신으로 봉해지면 영원히 죽지 않고 살 수 있습니다."

그래서 한 무제는 "친히 연단을 하며 바다로 건너가 봉래산의 안기생安期生(진한 시대 황로철학과 방선도方仙道의 대가—옮긴이)의 친속을 만나기 위해 방사를 파견했다. 또한 주사와 각종 약제를 혼합해 황

금을 만들려 했다." 이는 연단술에 관한 가장 오래된 기록이다. 여기서 말하는 '황금'이란 일반적인 황금이 아니고, 진사辰砂를 원료로 해 각종 약제를 혼합, 화학작용을 통해 연단해낸 '황금'임을 알 수 있다. 이런 특수한 '황금'만이 수명을 연장할 수 있는 효능을 가지기 때문이다. 물론 진시황과 한 무제의 불로장생의 꿈은 결국 물거품이 됐다.

동한東漢 시기에 이르자 연단술은 급속하게 발전했다. 이 시대를 배경으로 출현한 연단술사가 유명한 위백양魏伯陽이다. 그가 쓴 《주역참동계周易參同契》는 세계 연단 역사상 최초의 이론 서적으로 알려져 있으며 역대 연단술사들은 그를 '단경왕丹經王'이라고 불렀다.

위백양의 뒤를 이은 진晉나라 갈홍葛洪 역시 중국 역사상 저명한 연단술사였다. 그는 연단 역사의 맥을 잇는 중요한 인물로서 초기 연단술의 이론과 실제를 계승해 후대의 국내외 연단술에 큰 영향을 끼쳤다.

진대 이후 황제들은 불로장생약 얘기에 큰 관심을 보였다. 예를 들어 북위北魏의 도무제道武帝 척발규拓跋珪는 수도 안에 선단을 만드는 공방을 설치했으며 태무제太武帝 척발자拓跋燾 역시 위문수韋文秀를 불러 방사의 황금 연단술을 자세히 묻고 신하들을 산속으로 파견해 신선을 찾아오도록 했다. 서건徐謇도 효문제孝文帝를 위해 금단金丹을 제조하며 '생명연장의 꿈'을 실현하려 했다.

연금술을 통해 불로장생을 하고 황금을 만들어보겠다는 고대인들의 꿈은 물론 100퍼센트 실현불가능한 백일몽이었다. 오히려 수많은 황제는 단약을 먹다가 그 안에 함유된 독극물로 몸이 망가졌다. 진나라 애제哀帝가 그 대표주자이며, 당나라 시대에도 태종太宗, 헌종憲宗, 목종穆宗, 경종敬宗, 무종武宗, 선종宣宗도 단약을 복용하다 허망한 죽음을 자초했다.

고대 중국에서는 연금술을 '연단술'이라 불렀다. 연단술의 목적은 불로장생약을 제조하는 것이었다.

연단술은 동한(東漢) 이후 장생불로 단(丹)을 찾으려는 방편으로 탄생됐다. 하지만 중국인들의 무기화학 지식은 이로 인해 비약적으로 증가됐으며, 주사(朱砂)도 점차 화학적인 방법으로 생산해낼 수 있었다. 천연 진사와 구별하기 위해 고대인들은 인위적으로 만들어낸 황화수은을 '은주(銀朱)' 또는 '자분상(紫粉霜)'이라 불렀다. 인공 진사의 주요 원료는 유황과 수은이며, 특별히 제작된 용기 안에서 특정 세기의 불로 제련해야만 만들 수 있었다. 이것이 중국 연단술사들이 화학적인 방법으로 안료를 제련하는 가장 기본적인 방법이다. 인공 진사는 한때 고대 중국의 중요 수출상품으로 일본 등 멀리 해외까지 수출됐다.

신비한 연금술사

중세기 유럽은 암흑과 무지에 둘러싸여 있었다. 고소苦笑를 금치 못할 사실은 연금술사들은 이런 역사적인 상황 덕에 더욱 당당히 자신의 활동에 임할 수 있었다는 것이다. 중세기 대다수 연금술사들은 매우 신비한 방식으로 집에서 작업했다. 그 덕분에 연구비용도 절감되고 다른 사람들의 방해도 받지 않아서 일석이조의 효과를 누릴 수 있었다. 어떤 이들은 부엌에서 일했고(화덕 안의 뜨거운 불을 이용할 수 있었기 때문에) 어떤 이들은 실험실을 아예 다락방으로 옮겨 호기심 많은 이웃이 저녁에 찾아와 작업을 방해하지 않도록 원천봉쇄 했다.

자그마한 연구공간에는 항상 각종 모양의 기괴한 도구들이나 친필 원고, 두개골, 동물표본 등이 어지럽게 널려 있고 실험실 한 구석에는 연금술사가 영혼의 기도를 올리는 작은 제단까지 마련돼 있었다.

일반적으로 연금술사들은 작은 성의 보루 등 은밀한 곳에서 일하기를 즐겼다. 중세에는 중해 연안국의 국왕에서 발틱 해의 시골 촌부까지, 누구나 연금술이야말로 대박을 터뜨리는 지름길이라고 생각했다. 그러나 탐욕은 항상 부패를 낳기 마련이다. 학자들 중에는 정통적으로 공부한 학자와 사이비가 섞여 있었으며 수단이 뛰어난 사기꾼들도 간혹 찾아볼 수 있었다. 아무튼 모두의 희망과는 달리, 연금술사의 노력은 대부분 헛수고로 돌아갔다. 만일 연금술사가 황금을 만들어내겠다는 언약을 지키지 못할 경우 치러야 할 대가는 교수형이었다. 성격이 난폭했던 프레드릭 2세Frederick II의 경우, 운 나쁘게도 거짓말이 들통 난 연금술사들을 처형하기 위해 연금술사용 전문 교수대까지 제작했다. 이런 문제들이 중세기 연금술사들의 명성에 먹칠을 했다. 그들은 자신의 목숨을 보호하기 위해서라면 떳떳

중세기 연금술사들은 비밀스럽게 부엌에서 작업을 즐겼다.

치 못한 수단을 사용하는 일도 서슴지 않았다. 그래서 15~17세기 연금술에 관한 서적은 점점 더 많아졌지만 내용은 더 복잡해지고 말도 안 되는 어려운 부호와 공식들이 남발했다.

　서양의 국왕들 역시 중국의 황제들과 마찬가지로 연금술을 이용해 불로장생하기를 소망했다. 예를 들어 영국 국왕 헨리 6세, 프랑스 국왕 찰리 7세, 찰리 9세, 스웨덴 국왕 찰리 12세, 프로이센Preussen의 국왕 프레드릭 윌리엄 1세, 프레드릭 윌리엄 2세는 모두 둘째가라면 서러워할 연금술 애호자였다. 그중 흥미로운 사실은 영국 여왕 엘리자베스 1세의 경우, 그 어떤 연금술사들보다도 존 디John Dee를 각별히 총애해 궁중에서 연금작업을 하도록 특별히 허락을 해줬다는 것이다. '연금술 센터'로 불렸던 프라하에서는 신성로마 제국의 황제 루돌프 2세가 연금술사 미카엘 마이어를 백작으로 책봉하기도 했다.

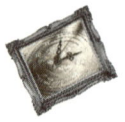

엽기 살인마 질 드 레 남작

질 드 레(Gilles de Rais, 질 드 라발) 남작에 관한 얘기는 아주 오랜 옛날로 거슬러 올라간다. 질 드 레 남작은 젊은 시절 프랑스의 성녀 잔 다르크와 함께 전투에 참여하기도 했고, 사람들에게는 영웅이라 불렸다. 그는 조부의 거대한 영지와 성을 물려받은 후 날마다 사치와 향락에 빠져 살았다. 그는 과거에 함께 전투를 벌이던 잔다르크를 매우 사랑했지만 신의 정의를 외치며 싸우던 그녀가 결국 화형에 처해지자 비참한 죽음에서 그녀를 구원하지 않은 신에게 회의를 느껴 신앙을 잃은 채 자포자기한 삶을 살았다는 얘기가 전해지기도 한다.

훗날 그의 영지에서는 괴이하게도 소녀들이 자주 실종되는 사건이 일어났다. 심지어 어떤 이는 질 드 레 남작의 성채 안에서 소녀들이 울부짖는 비명소리를 들었다는 의문을 제기하기도 했다. 결국 실종된 소녀들의 부모들이 고소하고 교회도 계속 압력을 가하자 법정도 마침내 질 드 레 남작의 체포령을 내렸다. 그런데 수색 차 성 안에 들어갔던 사람들은 성 안의 광경에 그만 사색이 돼버렸다. 성 안은 고문을 당한 혈흔과 이미 백골이 된 무수한 소녀들의 시체로 가득 차 있었던 것이다.

제3장 고대의 연금술 – 근대 화학과 의학의 기원

법정에서 질 드 레는 소녀들을 유혹해 성 안으로 끌어들인 뒤 잔혹하게 유린하고 목 졸라 죽였으며 소녀들의 가슴은 도려내고 피범벅이 된 내장을 끄집어냈다고 자백했다. 곁에서 이 얘기를 듣던 사람들은 너무나 놀라 어떤 이는 그 자리에서 기절하기까지 했다. 법관이 그런 잔혹한 범죄를 저지른 이유를 묻자, 질 드 레는 '황금' 때문이라는 두서없는 대답만 했지만 결국 사건의 진상을 하나하나 털어놓았다.

질 드 레는 과거 이탈리아에서 온 악마숭배자 프랑소와 프레라디를 우연히 만난 뒤 그의 영향으로 연금술과 흑마술에서 빠졌다. 플레라디는 그에게 소녀들의 신선한 피가 있어야 황금을 연단해낼 수 있다고 꾀었다. 황금의 주인은 악마로, 소녀들의 신선한 피를 악마가 제일 좋아한다는 말에 질 드 레 남작은 자신의 영지 사방을 쏘다니며 소녀들을 사냥했던 것이다. 그는 목표물을 찾아내면 납치하여 잔인하게 살해하고 그 선혈을 마귀에게 바쳤다.

그 후 질 드 레 남작은 일반 법정과 종교 법정에서 유죄선고를 받았다. 그는 살해죄, 마법시행죄, 신성모독죄, 이단 등의 죄명으로 전 재산을 몰수당하고 화형에 처해졌다. 남작은 황금을 풍족하게 가지고 있었지만, 화형을 받는 나무 형틀에 매달려 있는 순간까지도 연금술의 유혹에서 헤어나지 못했다고 한다.

그 후 500여 년 후인 1925년, 생각지도 못한 기이한 일이 발생했다. 프랑스 질 드 레 성의 폐허 속에서 진짜 석영 금광맥이 발견됐다는 것이다.

● ● ● 최초로 황금 연단에 성공한 사람

니콜라스 플라멜Nicolas Flamel은 위대한 지성인인 빅토르 위고, 아이작 뉴턴마저 연금술의 세계에 빠져들게 한 연금술사였다. 이 신비한 연금술사는 세계 최초로 황금 연단에 성공해 불로장생한 사람이라고 공인되고 있다. 기록에 따르면 니콜라스 플라멜은 책을 필사하는 일을 하는 매우 평범한 사람이었다. 그런데 스페인의 산티아고 대성당에 성지순례를 하고 파리에 돌아온 후부터 순식간에 갑부로 둔갑했다. 끊임없이 기부를 하던 그는 어느 날 소리 소문 없이 사라졌다. 출처를 알 수 없는 거액의 유산과 비밀 문자로 쓰인 괴이한 유서를 남겨놓은 채 말이다.

어떤 이는 니콜라스 플라멜이 황금 연단에 성공했다고 추측했다. 그의 쥐꼬리만 한 월급만으로는 거액의 재산을 남길 수 없기 때문이었다. 또 어떤 이는 니콜라스 플라멜이 《유태인 아브라함의 책》을 입수해 수 년 간의 연습과 실험을 반복한 끝에 연금술의 모든 비밀을 밝혀냈다고 주장했다. 그가 몇십 년간의 연구 끝에 드디어 1382년 4월 25일 저녁 5시, 붉은색 마법의 돌을 만들어냈으며 이것을 이용해 세 번이나 황금 연단에 성공했다는 얘기다. 연금술에 빠져 있던 당시 유럽 사회에는 이를 두고 무성한 소문이 퍼졌다. "니콜라스 플라멜이 황금 연단에 성공했다. 연금술로 황금을 만들어냈다!" "니콜라스 플라멜이 마법의 돌을 연단해냈다. 이 돌만 있으면 황금을 얼마든지 원하는 대로 만들 수 있다!"

1471년을 전후로 니콜라스 플라멜과 아내는 잇달아 세상을 떠났다. 전하는 바에 의하면 마법의 돌은 자신의 무덤에 가지고 들어갔다고 한다. 그래서 당시 세계 각지에서 황금을 연단하던 수많은 연금술사가 니콜라스 플라멜의 집에까지

니콜라스 플라멜의 생가

몰려와 집 안을 발칵 뒤집어 놓았지만 결국 아무 것도 찾지 못했다. 오직 그의 집 지하창고 기둥에 새겨져 있던 난해한 부호만 발견했을 뿐이었다. 그 후 플라멜이 발견했다고 여겨지는, 마법의 돌을 만들 수 있는 유일한 재료인 붉은 가루도 하녀가 방을 청소하다가 쓰레기라 생각하고 강물에 버렸다고 한다. 한편, 니콜라스 플라멜과 그의 아내의 무덤을 도굴한 사람도 있었지만 텅 빈 무덤만 발견하고 아연실색했다고 한다.

니콜라스 플라멜이 살던 프랑스의 집

더욱 신기한 일은 18세기 초의 모험가 폴 루카스가 터키에서 니콜라스 플라멜을 보았다고 공언한 것이다. 또 한 터키인은 불가사의한 미소를 지으며 "니콜라스 플라멜은 아직 살아 있으며, 그와 그의 아내 모두 죽지 않았고 지금까지도 아라비아 반도에서 은밀한 수행을 하는 대가들과 함께 생활하고 있다"고 말했다. 만일 그 말이 사실이라면 니콜라스 플라멜은 삼백 살이 다 되가는 노인이어야 했다.

600여 년 동안 이 황당무계한 개인의 역사는 소문과 소문을 거치며 불멸의 전설로 만들어졌다. 인류 역사상 가장 뛰어난 두뇌를 가졌다는 엘리트들을 비롯해 심지어 뉴턴, 빅토르 위고, 예이츠, 칼 융, 조앤 롤링까지 그 매력에 흠뻑 빠져들었다. 지금까지 700여 년의 세월이 지났지만 이 소문은 아직 끝나지 않았다. 현재 니콜라스 플라멜의 얘기는 역사상 가장 유명한 수수께끼로 남아 있다.

남인도 삼림에 전해지는 8가지 불변의 능력

어떤 이는 신이 니콜라스 플라멜에게 황금을 연달할 수 있는 능력을 부여한 후 이를 인류에 전파하도록 명령했다고 주장한다. 전설에 의하면 요정의 숲에는 니콜라스 플라멜이 남긴 8가지 불변의 능력들이 있다고 한다. 요정들은 이것을 싯다(Siddhis)라고 불렀으며, 그 뜻은 '깨우침을 주는 완전자'이다. 이 8가지 싯다는 다음과 같다.

• 아니마Anima : 자신의 몸을 원자 하나로 축소시킬 수 있는 능력
• 마히마Mahima : 자신의 몸을 태산과 같이 크게 할 수 있는 능력
• 라히마Lahima : 자신의 몸을 공기처럼 가볍게 만들 수 있는 능력
• 카리마Karima : 자신의 몸을 황금처럼 무겁게 만들 수 있는 능력
• 프랍디Prapthi : 만물을 부릴 수 있는 능력
• 바싯수얌Vasithuyam : 모든 사람을 끌어당길 수 있는 매력
• 브락카미얌Brakamiyam : 윤회에 정통할 수 있는 능력
• 에사수밤Eesathuvam : 자신의 모든 소원을 성취해 즐거움을 누릴 수 있는 능력

과학의 과도기가 된 연금술

유럽의 중요 연금술사들 중에는 수도승들도 포함돼 있었다. 왜냐하면 당시는 교회가 각종 연금활동을 엄격히 관리했기 때문에, 교회는 연금술사들이 주로 활동하는 장소가 됐다. 그래서 상위 계층의 수도승들은 연금술의 기술적 비밀의 열쇠를 쥐고 있었다.

독일의 스콜라 철학자이자 신학자인 알베르투스 마그누스Albertus Magnus(1193~1280)는 레겐스부르크의 주교였지만 연금술 연구를 비롯해 천문학과 과학에 조예가 깊어 《연금술론》이라는 책을 저술하기도 했다. 이 책에서는 백반, 사산화삼납(납이나 산화연을 공기 속에서 400℃ 이상 가열하여 얻은 붉은 빛의 가루—옮긴이), 비소, 가성알칼리(부식성을 가진 알칼리금속 수산화물 총칭—옮긴이), 주석 등 물질의 변화를 기록했

으며 증류병 등 설비에 대해서도 묘사했다. 그 책의 마지막 판본은 무려 38권이나 됐다. 내용은 신학, 물리학, 자연사에 관한 토론을 위주로 하고 있다. 그러나 만년에는 연금술의 허위성에 대해 깊이 깨닫고, 이븐시나Avicenna(중세 이후 서양에서 라틴어 이름인 아비세나로 더 알려짐)의 '물질은 함부로 변하지 않는다.'라는 이론을 받아들여 《광물론》이라는 저작에서 연금술의 속임수를 속속들이 파헤쳤다.

로저 베이컨Roger Bacon은 옥스퍼드 대학을 졸업한 뒤 1236년에 파리에서 신학을 연구하는 가운데 스콜라 철학의 영향을 깊이 받았다. 그는 독서를 매우 좋아했으며 과학실험을 숭상했다. 베이컨은 수은과 유황이 기본물질로서 수은은 금속의 아버지, 유황은 금속의 어머니이고 연금술은 효험 있는 영약을 만드는 과학이 돼야 한다고 생각했다. 또한 영약을 금속과 불완전한 물체에 주입하면 완전한 물체로 탈바꿈하게 된다고 여겼다.

그는 연금술을 두 종류로 분류했다. 첫째 사변적 연금술로 아리스토텔레스와 라틴어 저자들이 모르는 금속,

마그누스는 연금술사였으며 역사상 처음으로 비소를 발견한 과학자였다.

르네상스 시대의 연금술은 세 가지 방향으로 발전했다. ① 다른 물질을 통해 황금을 만들어내는 전통연구 계승 ② 연금술 지식을 의학에 응용한 의약화학 운동 전개 ③ 연금술 지식을 광물 야금 방면에 응용하는 조기 광물학 개척. 스위스의 유명한 의학자 파라셀수스(Paracelsus)는 의료화학파(이아트로케미스트)의 시조가 됐다.

광물, 소금 등을 포함한 여러 요소들이 각종 물체들을 구성하는 방법을 논하는 연금술, 즉 우주 만물의 기원과 구성, 변화를 탐구하는 연금술이었다. 둘째 실천적 연금술로 인위적인 방법을 통해 어떻게 천연물질보다 더 완벽한 물질(물론 황금을 포함한)을 만들어내는지, 증류, 승화 등의 방법으로 물질을 정제해 어떻게 효과적인 약제와 각종 안료를 만드는지 연구하는 연금술이었다. 그는 연금술은 의학에 사용돼야 하며 효과적인 약물을 만들어낼 수 있어야 한다고 강조했다. 1267년 《대서大書, Opus majus》라는 책에서는 자신의 견해를 상세히 설명했다. 베이컨은 유럽의 연금술이 의학으로 발전하는 과도기를 촉진한 선구자라고 할 수 있다.

중세기 연금술의 정화

스페인에는 매우 신비로운 경력을 가진 전문 연금술사가 있었다. 그는 약 1310년경에 라틴어 저작들을 편찬했는데, 당시에 상당한 반향을 불러일으켜 많은 사람이 필사본을 소장했다. 그러나 작자는 자신의 본명 대신 '자비에르 이븐 하얀Jābir ibn Hayyān' 이라는 이름의 라틴어명인 '게벨Geber' 을 가명으로 사용했다.

이 가짜 '게벨' 의 저작으로는 네 권의 책이 전해진다. 《금속 완성술 연구》《금속 완성술 개요》《감춰진 진리의 탐구》《화로불 이론》 등이 그것이다. 이 저작들은 연금술의 중요 내용에 대해 매우 상세한 설명을 하고 있으며, 당시 공인된 금속구성 이론을 해설했다. 유황(여기서는 황화비소를 말함)과 수은은 아리스토텔레스가 말한 연기와 증기로 구성돼 있다. 황금 외에 다른 금속은 모두 '불완전' 하거나 '병적인 상태' 다. 하지만 '현자의 돌' 만 있다면 이런 금속들도 황금

으로 변화시킬 수 있다.

이 몇 권의 책에서 황금을 연단하는 과정에 대해서도 설명하고 있다. 물론 전혀 허무맹랑한 소리지만 그래도 실용적인 면에서는 가장 높은 평가를 받고 있다. 신비에 쌓인 이 전문 연금술사는 이 책에서 각종 실험기구와 조작 방법에 대해 정통한 지식을 잘 보여주고 있다. 그는 또한 연금 가마와 기타 설비에 대한 상세한 묘사와 각종 제제의 정제방법, 화학적 제

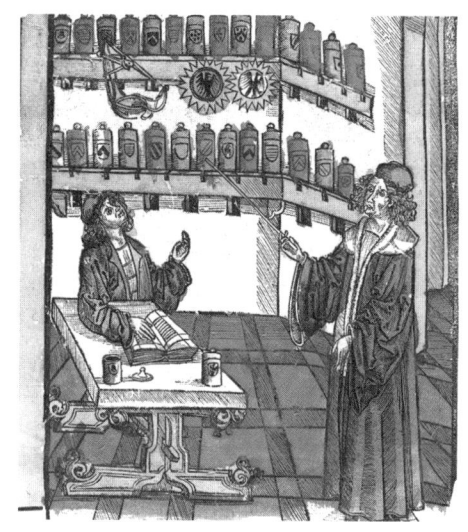

유럽인들의 초창기 연금술 연구는 근대 화학 탄생에 토대를 마련했다.

조방법을 자세하게 설명하고 있다. 예를 들어 식염 정제법, 사이프러스 반(담반)과 초석을 함께 증류해서 초산(당시는 '용해수'라고 불림)을 제조하는 방법과 불을 이용한 시금법에 대한 설명은 너무나 일목요연해 신비주의적인 색채는 도무지 찾아볼 수 없다. 이 책은 중세기 유럽 연금술의 정화일 뿐 아니라 연금술이 근대 화학으로 가는 길을 열어준 중요 저작이다.

중세 유럽의 연금술은 과학적인 기초가 부족한 탓에 만병통치약인 '현자의 돌'이나 인조황금도 만들어내지 못했다. 거듭되는 실패로 사람들은 절망했고 연금술은 결국 흐지부지 사라져버렸다. 15세기와 16세기에 이르자, 연금술에서 얻게 된 지식들이 다른 영역에 응용되기 시작했다. 특히 의학과 야금술은 큰 영향을 받았으며 화학은 연금술을 기초로 신속한 발전을 이루었다. 이 시기 의료 화학파의 대표인물은 파라셀수스와 헬몬트였다. 야금화학 면에서는 게오르기우스 아그리콜라Georgius Agricola 등이 있다. 그들의 연구 성과는

근대화학이 당당히 나아갈 대로를 닦았다.

최후의 연금술사

연금술은 17세기에 들어서자 점차 사라졌다. 하지만 니콜라스 플라멜의 얘기는 당시 가장 위대한 과학자들의 사고까지도 전환시켰다. '납이 금으로 변할 수 있다.'는 가설뿐 아니라 현재는 '초자연적 학설'로 치부될 사상까지도 현실로 받아들여졌다. 연금술을 믿었던 과학자 중에 가장 저명한 인물이 바로 뉴턴이다.

뉴턴은 생전에 신학과 연금술에 관련된 친필원고를 100만 자 이상 남겼다. 때문에 일부 과학사가들은 이성의 화신인 뉴턴이 생각만큼 그렇게 이성적이지 않으며, 이성에 기초해 연구하는 과학자라기보다 '마지막 연금술사'에 가깝다는 평을 내리기도 한다. 뉴턴의 친필원고를 대량 소장했던 영국의 유명 경제학자 존 메이너드 케인John Maynard Keynes은 뉴턴을 이렇게 평가했다. "뉴턴은 이성시대의 제1인자가 아니라 역사상 최후의 연금술사다."

뉴턴의 동료였던 로버트 보일Robert Boyle은 일생 동안 다른 금속을 황금으로 변화시키기 위해 노력한 과학자였다. 더욱 흥미로운 사실은 오랫동안 학계에서는 보일이 1661년에 저술한 《회의하는 화학자》를 연금술에 대해 원색적인 비난을 한 책이라고 여겼다는 점이다.

보일은 뉴턴과 당시 연금술에 관한 정보를 자주 교환했다. 1691년에 보일이 세상을 떠나자 뉴턴은 보일이 알고 있었던 모든 지식을 손에 넣길 간절히 원했다. 그는 보일이 쓴 수많은 저작을 황급히 훑어봤으며 보일의 친구였던 존 로크John Locke까지 속여 붉은색 약품 표본 하나를 손에 입수했다. 뉴턴은 이 재료가 자연적인 형태인 '마법

제3장 고대의 연금술—근대 화학과 의학의 기원

1667년 봄, 뉴턴은 화학실험을 시작한 지 얼마 안 돼 더욱 흥미를 끄는 연금술 영역을 발견했다. 1669년 말, 뉴턴은 연금술 실험을 시작한다. 그 후 30년 동안 뉴턴은 많은 시간과 정성을 들여 연금술 연구와 실험에 몰두했다. 뉴턴이 숨을 거둘 때 그가 소장했던 책들 중 169권이 화학과 연금술에 관한 서적이었다. 또한 그는 연금술에 관해 100만자가 넘는 원고를 남겼다.

의 돌'이라고 생각했다. 존 로크가 보일의 실험 방법을 알려준 후, 뉴턴은 한동안 정신착란 증상을 보였다. 이에 대해 일부 역사가들은 뉴턴이 보일의 실험을 모방하려고 수은증류수 실험에 몰두하다 병을 얻게 된 것이라고 추측한다.

연금술사들 대부분 이해하기 어려운 용어를 써가며 글을 쓰는 것으로 악명이 높았지만 뉴턴도 그들에겐 전혀 뒤지지 않았다. 심지어 자신만의 부호와 체계까지 발명할 정도였다. 그래서 뉴턴은 과학계에 큰 명성을 떨치긴 했지만 그의 수많은 친필원고는 아직까지도 정확한 해석을 하지 못하고 있다.

뉴턴의 장서 중, 10분의 1은 연금술에 관한 것이었다. 역사가들은 뉴턴이 연금술에 심취하게 된 이유가 완전히 추상적인 철학과 종교 때문이라고 말한다. 연금술에 연루된 괘씸죄 때문에 뉴턴의 과학적인 명성이 어느 정도 타격을 입은 것은 사실이다. 미국의 역사학자 베티 뎁스Betty Debs는 뉴턴의 연금술 관련 저작에 혹평을 내린 첫 번

영국의 화학자 보일은 화학과 연금술의 영역을 넘나들던 과학자로서, 화학을 처음으로 과학의 경지에까지 끌어올린 것으로 알려져 있다. 그가 1661년에 쓴 《회의하는 화학자》는 화학사 상 보기 드문 '기서(奇書)'다. 이 책의 글들은 대부분 은유적이며 복잡하고 대단히 긴 어구들로 짜맞춰져 있어 책 전체가 마치 한편의 컴퓨터 프로그래밍 언어를 보는 듯한 착각을 불러일으킨다.

째 인물이었다. 뎁스는 '뉴턴의 연금술은 근본적으로 정신적인 관심
일 뿐'이라는 결론을 내렸다. 왜냐하면 기독교에 대한 뉴턴의 관점
이 비정통적이었기 때문이다. 그는 삼위일체를 반대했으며 예수 그
리스도는 하나님께서 창조한 인간이지 하나님의 아들이 아니라고
생각했다. 그 외에도 뉴턴은 일부 신학서적에서 언급한 《성경》의 예
언에 큰 관심을 가지고 있었다.

뉴턴의 연금술 저작에서 강렬한 종교적 색채가 느껴진다 하더라
도 크게 놀라운 일은 아닐 듯싶다. J. H. 뉴먼Newman도 뉴턴에 대해
이렇게 평가했기 때문이다.

"뉴턴은 화학의 모든 주요 성분을 섭렵했다. 화학 기술, 야금술 방
면의 그의 저작과 연금술 방면의 연구들은 그의 다른 관심거리들에
더욱 균형 잡힌 기준을 제공해주고 있다."

••• 연금술과 근대 화학, 의학의 관계

연금술의 탄생이 과학의 발전 과정에서 필수불가결 했음은 분명하
다. 연금술은 근대 화학과 의학의 발전에 직접적인 영향을 끼쳤기
때문이다.

아라비아 시대의 저명한 연금술 대가, 자비에르 이븐 하얀이 창시

한 연금술은 전통 연금술의 신비주의를 내던지므로 근대화학의 선구자가 될 수 있었다. 또 다른 연금술의 대가 알 라지(Al Razi, 약 850~925년)는 자비에르 연금술의 전통을 계승했다. 그러나 그가 중시한 것은 화학실험이었지 결코 순수 연금술이 아니었다. 아라비아 연금술은 화학 역사상 가장 중요한 부분을 차지했으며 근대 화학의 초석을 이뤘다.

근대 실험과학의 선구자 로저 베이컨은 과학 실험운동을 적극 주장했을 뿐 아니라 실질적인 모범을 보여줬다. 그는 관찰과 실험이야말로 진정한 지식을 얻을 수 있는 유일한 방법이라고 여겼다. 그도 연금술사들처럼 모든 금속을 황금으로 변화시킬 수 있는 '현자의 돌'을 찾으려 한 적이 있었고, 그 과정에서 가치 있는 수많은 과학적 성과들을 얻어냈다. 로저 베이컨의 실험과학적 관점은 자연과학의 발전에 큰 영향을 끼쳤다. 또한 그가 제창한 실험과학은 비약적인 발전을 거듭해 과학연구의 중요 요소로 자리매김했다.

반 헬몬트 역시 연금술이 근대화학으로 발전하는 과도기에 공헌한 대표적 인물이다. 그는 17세기 네덜란드의 의사요 화학자로서 의료화학파의 창시자였다. 그는 아리스토텔레스의 4원소 설을 부인하고 물이야말로 만물의 원소라 주장했다. 또 고대의 전통사상들을 맹렬히 비판하기도 했다.

사실 아라비아 제국은 고대 그리스 연금술의 전통을 계승, 발전시킨 기초 위에서 중국의 영향을 받았기에 연금술의 재료를 무기물에서 유기물, 금속광물에서 동식물로 확장시킬 수 있었다. 이 과정에서 연금술 연구는 단순한 금속의 변이실험이 아닌 의학적인 영역으로까지 발전해갔다. 이븐시나는 이 시기를 대표하는 인물이다. 그는 아라비아 의학의 아버지로서 연금술과 의학의 상관관계에 대한 해박한 지식을 가지고 있었다. 노화에 관해서도 매우 합리적인 해석을

아라비아인들은 A.D. 8세기부터 신비로운 연금술의 매력에 빠져들었다. 그들 대다수가 마이더스의 손과 같은 비방을 찾아내는 것을 자신 일생의 최대의 목표로 삼았다. 무슬림들의 연금술 연구 역사는 이미 7,800년이 넘었다. 무슬림 연금술 연구 초기에는 이라크가 핵심 장소였으나 후에는 스페인으로 바뀌었다. 연금술은 그들의 손을 거쳐 화학으로 발전됐으며, 중세 후기 유럽에서 화학 발전에 큰 공헌을 했다. 연금술 대가였던 알 라지 역시 당시 유명한 명의 가운데 한 명이었다.

내리며 다음과 같이 설명했다. "체내의 수분은 신체의 기름과 같다. 마치 등잔불의 기름처럼 불꽃을 만들어낼 수 있다. 만일 체내의 수분이 완전히 연소되면 체내의 열도 사라지게 된다. 그러므로 노화한 신체는 점점 더 춥고 말라붙게 된다. 노화는 체내의 열을 잃게 되면서 나타나는 현상이다."

로저 베이컨의 노화에 대한 해석은 이븐시나의 해석과 완전히 일치한다. 그는 실험을 통해 자연과학, 의학, 연금술을 비롯해 이 세상에 있는 모든 사물의 이치를 밝혀내야 한다고 주장했다. 또한 중국 고대의 의학자 갈홍葛洪처럼 노화방지에 탁월한 효능이 있는 수많은 약물을 공개했다. 진주, 산호, 로즈마리, 알로에, 독사의 살, 고래, 황금, 성년이 된 수사슴의 간 등이 대표적인 약물이며, 이 중 일부는 실제 현대과학에서 실험을 통해 분명한 노화방지 효과가 확인됐다.

● ● ●   ## 연금술을 이용한 속임수

역사적으로 사람들은 귀금속 제련에 깊은 관심을 보였다. 그러나 허장성세로 속임수를 쓰는 술사들이 자신의 '기술'을 이용해 짭짤한 수입을 올린 것 외에는 연금술이 인류사회에 가져다 준 도움은 극히 미미했다. 오히려 수많은 사기꾼을 양산해 사회질서를 어지럽히고 혼란만 가중시켰을 뿐이다. 예를 들어 292년 로마 황제는 연금술사들의 사기행각 때문에 아예 연금술을 폐지하라는 명령을 내렸다. 14세기 초, 프랑스 아비뇽 주교는 연금술사가 위조지폐를 만들어 시장에 유입시키자 연금술사들의 추방령을 내렸다.

그러나 연금술의 꿈은 여전히 사람들의 가슴을 부풀게 했다. 20세기에 이르러서도 일부 사기꾼들은 연금술을 이용해 속임수를 쓰곤 했다. 어처구니 없는 일은 황당무계한 속임수를 믿는 사람은 여전히 존재했다는 것이다.

1925년, 프란츠 도슨이라는 가마솥 수리공이 납과 주석을 같이 녹여 황금을 만들어낼 수 있다고 떠벌리고 다녔다. 또 자신의 관계망을 이용해 제1차 세계대전의 명장 엔리히 루돌프를 찾아내고 자

중세기 연금술사들은 대중연설로 사람들을 미혹시켜 연금술의 진실성을 믿도록 했다.

신의 발명을 소개하며 구입을 권유했다. 이에 혹한 루돌프는 양아들을 보내 조사를 시켰다. 그 결과 이 속임수를 굉장한 사업기회로 확신하게 된 그는 이 가마솥 수리공에게 독일의 전쟁배상금 문제를 해결할 모든 희망을 걸었다. 루돌프는 군 시절의 옛 동료들과 귀족들을 전부 동원해 자금을 모집하고 1927년에 도슨을 사장으로 하는 연금회사를 성립했다. 회사 수익은 루돌프가 75퍼센트를 갖고, 다른 투자자에게는 20퍼센트를, 도슨에게는 5퍼센트의 수익만 분배하기로 결정했다. 도슨은 거액의 투자를 받아 연금회사까지 차릴 수 있었다. 처음에는 수익배당금이 회사 주주들에게 분배됐다. 하지만 회사가 정말로 황금을 만들어 돈을 벌었다는 소문을 퍼뜨려 더 많은 사람의 투자를 끌어들이려는 속셈일 뿐이었다. 실제로 도슨은 아무 일도 하지 않고 있었다. 그저 투자금의 일부분을

독일인 연금술사 하인리히 코르사겐

수익 배당금으로 나눠주며 생색을 내었을 뿐이다. 그러던 어느 날, 도슨은 12만 5,000프랑의 거금을 들고 이탈리아로 도주했다. 그가 그곳에서 성 두 채를 사들이고 호화로운 생활을 하고 있다는 소식을 듣고 나서야 투자자들은 비로소 의심하기 시작했다. 조사 끝에 도슨의 엄청난 거짓말이 드러났다. 1931년 도슨은 이탈리아에서 체포돼 독일로 다시 압송됐으며 사기죄로 3년 8개월 동안 감옥에 수형됐다.

황금을 판 또 다른 사기꾼으로는 독일인 하인리히 코르사겐이 있다. 그는 모래 속에서 황금뿐 아니라 심지어 금속 우라늄도 제련해낼 수 있다고 허풍을 떨며 자신의 실험실에서 투자자들에게 직접 실험 과정도 보여줬다. 투자자들은 코르사겐이 끓는 병 속에 모래와 물을 혼합한 후, 전기충격을 가해 황금을 만드는 과정을 두 눈으로 똑똑히 목격했다. 코르사겐은 이렇게 실험 과정을 보여준 덕분에 약 1만 파운드의 투자금을 끌어들일 수 있었다. 심지어 미국의 한 백만장자는 5만 달러의 입찰금을 약속하며 그의 기술을 사고 싶다는 의사를 표시했다. 물론 이 속임수도 결국 백일하에 드러났다. 끓는 병 속에 담겨진 모래에는 이미 금가루가 섞여져 있던 것이다. 그러니 당연히 황금을 제련할 수 있었던 것이다. 1930년, 코르사겐은 법정에 끌려가 18개월의 형을 선고받았다.

제4장

피로 얼룩진
역사를 만든
황금 약탈 게임

The Age of Gold

인류 역사상 황금은 전쟁을 유발하는 원인을 제공했다. 즉 황금을 약탈할 목적으로 전쟁이 시작됐던 것이다. 황금은 국가를 부귀영화로 이끌기도 했으나 또 이들을 하루아침에 멸망하게도 만들었다. 고대 카르타고인, 아즈텍인, 잉카인들도 황금을 통해 찬란한 고대문명을 창조했으나 동시에 황금 때문에 파멸의 길을 걸어야 했다. 한편, 고대 로마인들은 대량의 황금과 수백만 명의 피를 맞바꾸길 서슴지 않았다. 제2차 세계대전 기간 동안 독일과 일본이 약탈한 황금의 양도 백만 톤에 달했다. 이렇듯 인류의 엄청난 탐욕은 황금을 선혈로 얼룩지게 했다.

휘황찬란한 고대 이집트

3,000년 전 누비아, 즉 쿠시Kush 왕국은 이집트의 남쪽에 위치하고 있었다. 누비아에는 엄청난 황금이 매장돼 있었다. 누비아의 광산은 그야말로 써도써도 다 쓸 수 없는 황금을 보유하고 있었다. B.C. 1849년에 고대 이집트 왕조는 누비아와 네 차례나 전쟁을 벌였다. 고대 이집트가 군사적으로 훨씬 우세했기 때문에 해외 침략전쟁에서 왕족과 귀족들은 대량의 전리품과 노예를 얻을 수 있었다. 무엇보다 그중에는 알토란같은 몇백 개의 금광이 있었다. 람세스 2세는 누비아의 광산을 이 잡듯 뒤져 광산을 껍데기만 남겨 놓았다. 그 덕에 자신은 혁혁한 공과 무수한 재물을 쌓고 명예와 권력을 쟁취해냈지만 불행히도 평강은 영원히 사라졌다.

B.C. 1482년, 투트모세Thutmose 3세가 이집트의 파라오로 즉위했다. 그러나 즉위한 몇 주 후 그의 통치는 위기에 봉착했다. 미탄니Mitanni(메소포타미아 유프라테스 강 중류 연안에 후르리인이 세운 왕국—옮긴이)의 국왕이 현재 시리아 지역 도시국가들에게 반란을 일으키도록 선동한 것이다. 그들은 연합군을 형성해 남진해왔으며 현재 이스

라엘의 므깃도에서 집결했다. 므깃
도는 이집트가 아시아로 가는 길목
에 위치한 군사요충지였다.

반란의 지도자는 가나안의 국왕
으로 시리아의 왕족 330명을 집결
해 이집트 군대와의 결전을 준비했
다. 각 왕족들은 모두 황금을 덮칠
한 자신의 마차를 몰고 각기 부대
를 통솔해 므깃도로 치달았다. 작
은 마을에 불과했던 므깃도는 순식
간에 금빛으로 번쩍였다. 커다란
말들과 씩씩한 용사들, 금빛 찬란
한 마차들이 사방을 가득 채우고
있었다. 고귀한 신분을 자랑하는
왕족들은 마차에 앉아 거만한 모습

람세스 2세가 누비아를 정복하기 전, 부유한 누비아 왕국에는
황금이 넘쳐나 국민들은 다양한 황금 장신구들을 사용할 수 있
었다.

으로 번잡해진 도시를 바라보며 화려한 보석이 박힌 보검을 허리에
둘러찼다. 그들은 거액의 재산을 가진 거부들이었지만 조금의 망설
임도 없이 전쟁터로 달려왔다. 오직 자유를 위해 싸우겠는 굳은 결
의가 그들을 이곳으로 오게 만든 것이다.

투트모세는 자신의 제국에 위협을 가하는 반란 세력을 그대로 내
버려둘 수 없었다. 그는 대군을 이끌고 신속히 시나이 반도 북부 해안
선을 따라 동쪽으로 전진했다. 투트모세의 군대도 번개처럼 므깃도에
도착할 수 있었다. 그는 먼저 좌측 부대를 므깃도의 서북부로 이동시
켜 시리아 군대의 퇴로를 차단시킨 후 전투 개시를 명령했다. 우측 부
대는 도시의 남쪽에 위치해 있었으며, 약 1,000여 대에 육박하는 전차
부대가 도시 중심지역에 집결했다. 투트모세 자신은 부대의 최전방에

THE AGE OF GOLD

누비아는 고대 이집트에 정복당한 후 매년 공물을 바쳐야 했다. 고대 이집트는 이 황금으로 대량의 부를 축적할 수 있었다.

서 금은으로 화려하게 장식한 이륜마차를 올라탄 채 병사들을 솔선해 적군을 향해 돌진했다.

그 거만한 왕족들이 병마의 전열을 채 가다듬기도 전, 이집트 전차부대는 장대비 같은 화살을 쏘아대며 시리아군의 대오를 무너뜨렸다. 시리아군은 미처 손을 써볼 겨를도 없이 황급히 이집트 군을 맞이해야 했다. 이어 전차부대의 뒤를 바짝 따르던 이집트 보병들이 적군에게 표창을 던지고 도끼와 장검을 휘둘러대며 재빠르게 적진 사이로 파고들었다. 시리아군은 대오가 붕괴되기 시작하자 말과 마차, 금은을 버리고 삼십육계 줄행랑을 쳤다. 곧이어 이집트 대군은 므깃도를 겹겹이 포위해버렸다. 7개월 후 므깃도는 결국 투트모세에 백기를 들었다.

이때 투트모세는 승자의 너그러움을 베풀어 적들이 전쟁터를 무사히 떠나도록 허락했다. 그러나 단 한 가지 조건이 있었는데 바로 말과 마차는 반드시 남겨놓고 가라는 것이었다. 그들은 나귀를 타고

제4장 피로 얼룩진 역사를 만든 황금 약탈 게임

투트모세는 시리아의 반란 평정에 성공했으며 수많은 전리품을 획득했다.

길을 떠났다고 국왕은 자랑스럽게 얘기했다. "우리는 적들의 말과 백성, 그리고 재산까지 얻었다."

이 승리로 이집트인들이 챙긴 전리품은 마차 1,000여 대, 말 2,000여 필, 소 3,000여 마리, 그 외 동물 1만여 마리, 가나안 통치자의 자녀들과 1,000여 명의 병사들이었다. 이보다 더 중요한 것은 군사 요충지인 므깃도를 점령한 투트모세가 북부 팔레스타인과 남부 시리아까지 순조롭게 점령하고 거기에 속한 1,000여 개의 도시를 손아귀에 움켜쥐게 됐다는 것이다.

이것은 단지 고대 이집트 해외 정벌사를 장식한 한 장면에 불과하다. B.C. 1525년부터 A.D. 1465년까지 고대 이집트는 두 번의 전쟁을 통해 팔레스타인과 시리아의 무수한 황금을 약탈했으며, 이것을 기반으로 대규모 토목공사와 농업사업을 시작하고 호화로운 궁전과 왕릉을 건설했다. 외래 민족이 보는 고대 이집트는 항상 황금 같은 찬란함과 햇빛 같은 따뜻함을 가진 꿈의 나라였다. 그들의 눈에는 이런 곳에 사는 사람들은 평화롭고 행복한 삶을 누리고 있을 것이라는 부러움이 가득했다. 바로 이런 환상은 이집트를 찾는 정복자들마저 꼼짝없이 사로잡았다. 이 신비로운 토지에서 이집트인을 정복한 이들은 어느 누구 하나 예외 없이 이집트의 문화에 굴복했다. 힉소스Hyksos(고대 이집트 제15, 16대 왕조 때 108년간 이집트를 통치한 민족—옮긴이)인을 비롯해 다리우스 대왕, 알렉산더 대왕, 카이사르에 이르기까지 예외가 없었다.

●●● **카이사르의 전리품**

고대 로마인들은 트로이 전쟁에서 요행히 살아 남은 생존자들이었

다. 또한 그들은 자신의 영토에서 동서양 문명을 합쳐 새로운 문명을 탄생시킨 민족이다. 알렉산더, 콘스탄티누스, 카이사르 대제 등이 훌륭한 리더십을 발휘하여 로마인들은 쉼 없는 정벌을 통해 그리스, 이집트, 바빌로니아, 페니키아, 페르시아, 인도까지 차례로 정복했고, 마침내 유럽을 호령하는 고대 로마 제국을 건립했다.

로마 카이사르 대제가 전리품을 가득 실은 채 이집트에서 로마로 개선하고 있다.

강력한 국력을 자랑했던 고대 로마 제국은 세계의 황금을 모두 자신의 손아귀에 넣었기에 휘황찬란한 고대 로마 문명을 창조할 수 있었다. B.C. 47년, 고대 이집트가 로마 제국에 점령당했다. 로마 제국의 카이사르가 군대를 이끌고 로마로 개선할 당시, 로마 군대는 수많은 전리품을 가지고 로마 성문을 자랑스럽게 통과했다. 로마 시민들은 전부 거리로 쏟아져 나와 이 위대한 영웅의 귀환을 환영했다. 피로 얼룩진 군대의 깃발이 찬란한 햇빛 아래 바람을 따라 펄럭이고, 위풍당당한 카이사르는 전차 위에 높이 앉아 백성들의 환호와 경의에 화답했다.

그날 저녁, 전 로마군은 환락의 소용돌이에 빠져들었다. 그들은 마음껏 먹고 마시며 승전을 경축하는 퍼레이드를 벌였다. 의장대는 카이사르가 이집트에서 빼앗아온 2,822개의 황금 왕관을 들고 행진하며 로마시민들에게 위용을 자랑했다. 각 금관은 모두 약 8킬로그램으로 금관들의 무게 총합은 22.58톤에 달했다. 이 외에도 약 1,815톤의 은도 있었다. 카이사르의 뒤편에는 대규모의 보병, 기병이 뒤따르며 거대한 전쟁의 전투장면을 모방하는 눈요깃거리도 제공했다. 황금이 유럽의 정복자들의 눈앞에서 군침을 흘리며 호시탐탐 노리만한 약탈물로 탄생한 순간이었다.

　이 승리로 로마 제국의 국력은 크게 증강됐다. 로마는 황금으로 탄탄한 경제의 토대를 마련하자 고대 로마 제국은 역사적으로 휘황찬란한 업적을 남길 수 있었다.

● ● ●　　　　　　　　　　　　　　　　　　　## 사라진 황금의 도시

고대 카르타고Carthago는 흔히 '황금의 도시'라고 불렸다. 로마보다 61년 빠른 B.C. 814년에 페니키아인에 의해 건설됐던 도시국가 카

르타고는 당시 지중해 지역의 정치·경제·상업의 중심였다. B.C. 7세기, 페니키아의 두로와 시돈 두 도시가 아시리아 제국에 의해 멸망당하고 시민들 대부분 죽음을 맞았으며 요행히 목숨을 건진 사람들만이 간신히 카르타고로 도망칠 수 있었다. 페니키아인들은 뛰어난 장사수완을 발휘해 지중해의 항해권을 장악하고 황금 생산이 풍부한 북아프리카, 시실리 섬, 스페인을 점령했다. 또한 무역을 통해 대량의 황금, 백은을 사들여 마침내 카르타고에 황금의 도시를 건설했다. 세계적으로 유명한 카르타고의 아

B.C. 146년, 로마는 카르타고와 대규모 전투를 벌였다. 당시 카르타고는 완강한 저항을 벌였지만 결국 전투에 패배하고 말았다. 로마 군대는 카르타고에 광기어린 약탈을 벌여 카르타고 문명을 완전히 소멸시키고 말았다.

폴론 태양신전에 있는 아폴론 신상이 바로 2.6톤의 순금으로 만들어진 거대 신상이다.

B.C. 146년, 카르타고의 악몽은 시작됐다. 로마 군대가 이 '황금의 도시'를 완전히 점령해버린 것이다. 로마 군대는 카르타고에 광기어린 약탈을 벌였다. 카르타고에 더 이상 약탈할 물건이 사라지자 급기야는 큰 불을 놓아버렸다. 이 불은 정확히 보름 밤낮을 타오르며 도시 전체를 불태웠다. 잿더미가 된 카르타고는 한순간에 허허벌판으로 전락했다. 이 과정에서 카르타고인들은 대부분 죽임을 당하거나 아니면 산 채로 타죽었으며 구사일생으로 살아난 생존자들은 노예가 되거나 세계 각국으로 뿔뿔이 흩어져야 했다. 그 후 카르타고 민족은 자신의 문명과 도시와 함께, 이 세상에서 영원히 자취를 감추게 됐다.

●●●　　　　　　　　　　　　　　　　　유태인들의 황금색 피

황금은 전 세계 모든 민족의 사랑을 받았다. 그중 황금과 가장 밀접한 관계를 가진 민족은 아마 유태인일 것이다. 황금을 손에 넣고 활용하는 능력에 있어서 유태인들은 전 세계 어느 민족보다 훨씬 뛰어났다. 그러나 그 능력 때문에 유태인들은 타 민족의 원한과 질투를 샀고 결국 타 민족의 노예로 전락하거나 멸시와 학살의 대상이 됐다.

B.C. 10세기, 솔로몬 왕이 세상을 떠난 지 얼마 후, 그가 열정을 바쳐 건립했던 제국은 남북 두 왕국으로 분열되고 말았다. 북쪽은 이스라엘 왕국으로 사마리아에 수도를 두었으며 남쪽은 유다 왕국으로 예루살렘을 수도로 두었다. B.C. 721년, 아시리아 제국의 국왕 사르곤Sargon 2세가 이스라엘 왕국의 수도 사마리아를 함락시키고 3

바빌로니아 국왕은 유다 왕국이 이집트와 연합해 바빌로니아에 반기를 들고 공물을 바치지 않자 군대를 파견해 유다 왕국의 수도를 점령하고 잔혹한 보복을 실시했다. 성 안의 재물은 순식간에 사라졌고 예루살렘 성전은 전부 불타버렸으며 유태인 대부분 노예로 전락했다. 이것이 바로 역사상 유명한 '바빌론 유수'다.

만 명을 포로로 끌고 갔으며, 다른 지역의 주민들을 이스라엘로 강제 이주시켰다. 아시리아 제국의 공격을 눈앞에 마주하게 된 유다 왕국의 국왕은 두려움에 떨었다. 그는 비굴한 서신과 풍성한 예물을 보내 국왕의 자리만은 부지하게 해달라고 했다. 유다 왕국은 그 대가로 아시리아 제국의 속국이 돼야 했다. 그때 보낸 그 풍성한 예물이 바로 24톤의 황금이었다.

그러나 유다 왕국은 다사다난한 역사에서 벗어날 수 없었다. 고대 이집트, 신바빌로니아 왕국, 페르시아 제국, 알렉산더 제국, 서로마에 차례로 짓밟혀 식민지 신세를 면하지 못했다. B.C. 597~538년, 유다 왕국은 두 차례에 걸쳐 신바빌로니아 왕국의 국왕 느부갓네살 2세에게 정복당했으며, 느부갓네살 2세는 유대의 모든 귀족, 제사장, 상인, 기술자들을 포로로 끌고 가라는 명령을 내렸다. 유다 왕국에는 대규모 이주단이 구성돼 거의 모든 이가 바빌로니아로 압송되고, 예루살렘에는 극히 가난하고 힘없는 사람들만 남겨져 포도원 수리, 농지 경작 등을 책임졌다. 그 외에도 느부갓네살 2세는 유대 왕국에 있던 대량의 황금을 약탈해갔다. 그런데 이 황금은 후에 신바빌로니아 왕국을 정복했던 페르시아 왕국의 창립자 키루스 2세Cyrus II에 의해 기적처럼 유대인들에게 다시 돌아갔다. 이 보물들은 본래 느부갓네살 2세가 예루살렘 여호와의 성전에서 빼앗아 온 것으로 바빌로니아 신전 안에 보관됐던 것이다. 약탈한 유다의 성전 기물은 제사용 금은 그릇만도 무려 5,400여 점에 이르렀다고 한다.

● ● ●   **북아프리카 대륙에 상륙한 포르투갈인**

서방 식민주의자들이 북아프리카 대륙에 상륙한 것은 1,400여 년 전의 일이다. 그러나 그에 앞서 북아프리카에 처음으로 발을 디딘 사람들은 포르투갈인이었다. 그들이 상륙한 목적은 나라 밖으로 세력을 확장하고 돈이 될 만한 것들은 모두 약탈하여 부를 쌓기 위해서였다. 과거 한 아프리카의 사회학자가 이런 발언을 한 적이 있었다.

"서양인들이 우리에게 다가올 때는 항상 손에 《성경》이 들려 있고, 우리 손에는 황금이 들려 있었다. 그러나 나중에는 정반대가 됐다. 그들의 손에는 황금이, 우리의 손에는 《성경》이 들려 있었던 것이다."

1415년, 포르투갈 국왕 주앙 1세와 엔리케 왕자는 수천 명으로 구성된 선단을 이끌고 지브롤터 해협을 건너 북아프리카 모로코 왕국의 세우타Ceuta 지역을 침략했다. 화총의 위력을 앞세운 포르투갈 군대는 남아프리카 대륙에 유사 이래 최초의 유럽 식민지를 건설했다. 이에 만족한 후앙 1세는 엔리케 왕자를 세우타의 총독으로 임명했다.

아라비아 상인들은 오랜 옛날부터 낙타를 이용해 서아프리카 내륙의 황금, 상아와 기타 진귀한 보석들을 남에서 북으로 운송했다. 그들은 대사하라 사막을 넘어 북아프리카 입구까지 무역품을 운반했다. 엔리케 왕자는 현지인과 아라비아 상인의 입을 통해 사하라 사막의 남쪽에 황금이 많이 나는 가나 왕국과 유명한 거대도시, 팀북투Timbuktu가 있다는 얘기를 전해 듣게 됐다. 유럽 귀족들 사이에 몇 세기 동안 전해지던 남쪽 '황금의 나라'에 관한 소문이 사실로 입증되는 순간이었다. 이 야심만만한 왕자는 반드시 이 나라를 되찾겠다는 야망에 불타올랐고, 모로코처럼 자기 발 아래 굴복하도록 만들겠다는 굳은 다짐을 했다.

포르투갈 왕실과 엔리케 왕자의 지원과 격려 아래, '황금의 나라'를 발견하려는 꿈을 가진 포르투갈인들은 너도나도 선단을 구성해 아프리카 서해안을 따라 남하했다. 그들은 전설 속 황금의 왕국을

포르투갈인들은 '황금의 나라 발견'이라는 꿈에 자극을 받아 전설 속 황금의 땅을 찾기 위해 너도 나도 선단을 구성해 아프리카 대륙으로 몰려들었다.

찾는 데 혈안이 됐다. 이 무리에는 왕실의 귀족과 평민 백성을 막론하고 해군군관과 선원, 해적과 좀도둑들까지 합류했다.

　포르투갈인은 1418년에 금세 대서양의 마다가스카르 섬을 찾아냈다. 섬 상륙을 지휘한 두 선장 후안 곤잘레스 차커와 트리스탄은 섬을 발견한 공을 인정받아 국왕의 상을 받았다. 1425년 포르투갈인 페르디난도 디 카스트로가 카나리아 제도를 발견했다. 약 2년 후, 포르투갈 탐험 선대가 계속하여 남쪽 바다로 항해하던 중 또다시 아조레스Azores 군도를 발견하게 된다. 이렇게 새로운 발견이 계속 이어지자 포르투갈인의 야심은 극에 달했다. 그들은 이제 '황금의 나라'를 발견할 차례만 남았다고 확신했다. 1434~36년, 길 에안네스Gil Eannes가 이끄는 탐험 선대가 조심스럽게 녹색 육지 쪽으로 접근하던 중 보자도르 곶에서 멈추었다. 길 에안네스는 이곳이 엔리케 왕자가 찾아 헤매던 '황금의 강'이라 여겨 그곳의 이름을 '리오데오로Rio de Oro'('황금의 강'이라는 뜻)라 명명했다. 이때까지 아프리카 대서양 해안을 따라 항해하는 항로는 모두 포르투갈인들에 의해 장악됐다. 그

항해가 엔리케 왕자는 포르투갈을 세계대국으로 성장시킨 핵심적인 인물이다. 그의 지원 속에서 포르투갈의 선박들은 아프리카 서해안에서 기니아 일대까지 흑인과 황금, 상아를 미친 듯이 약탈했으며, 마데이라 군도(Madeira Islands) 등지를 잇달아 점령했다.

러나 실망스럽게도 포르투갈 사람들이 몇몇 지방 원주민 추장들을 속이거나 무기를 가지고 약탈해서 황금과 진귀한 보물을 얻어낸 것 외에 별다른 수확이 없었다. 그들이 꿈에도 그리던 '황금의 나라', 특히 탐험을 통해 발견하고 소유하길 원했던 거대한 부와 현실과의 괴리는 너무나 컸다.

　그러나 엔리케 왕자는 전혀 실망하지 않았다. 1441년 그는 해군 군관 안토니오 곤잘레스를 재차 파견해 계속 남쪽으로 탐험할 것을 명했다. 이 곤잘레스의 탐험대는 모든 이의 기대를 저버리지 않았다. 곤잘레스는 리오데오로 해안에서 한 흑인부락을 습격해 대량의 황금을 강탈했다. 또 남녀 각 한 명씩의 흑인을 포로로 잡아 포르투갈의 수도 리스본에 있는 자기 집으로 데려가 노예로 부렸다. 안토니오 곤잘레스의 '성공'은 포르투갈인들의 아프리카 서해안 탐험 욕망을 다시금 부채질했다. 얼마 후 엔리케 왕자는 안톤 곤잘레스와 누노 트리스탄을 또다시 아프리카로 파견했다.

　아프리카인들은 본 적도 없는 총과 대포를 가진 덕에 포르투갈인은 매우 수월하게 목적을 달성했다. 그러나 상황은 그다지 만족스럽

제4장 피로 얼룩진 역사를 만든 황금 약탈 게임

지 못했다. 먼저 인도양 연안에서 국부적으로 반항 세력이 나타났으며 대규모의 밀수도 이뤄졌다. 이로 인해 포르투갈인들이 독점하던 아프리카 내륙국가와의 무역활동은 큰 타격을 받았다. 그와 동시에 모노모타파Monomotapa 제국 같은 내륙 국가는 수십 년간 지속된 전쟁의 백열화白熱化로 황금 생산과 해외 수출에도 차질을 빚었다.

그러나 포르투갈인은 실망은커녕 더 큰 욕망을 안고 내륙을 향해 전진해갔다. 그들은 황금 생산지를 점령해 황금매매를 직접 주관하며 더욱 큰 이득을 취했다.

평화로운 방식의 탐험이 실패로 끝을 맺자 포르투갈인들은 무장 폭력으로 자신들의 목적을 이루려 했다. 그러나 광산을 무력으로 점령하긴 했지만 소위 '금이 엄청나게 많이 나는 산'이라는 곳은 이미 채굴할 수 있는 황금이 없었다. 얕은 곳은 남김없이 파헤쳐지고 오직 깊은 구멍들만 남아 있기 때문이었다. 황금은 지층 아래 깊은 곳에 파묻혀 있었기에 채굴은 거의 불가능했다. 그 외 광산 지역에서 캐놓은 황금조차 눈에 띄지 않았다. 포르투갈인들은 크게 실망하여 허무한 마음을 안고 해안으로 돌아와야 했다. 그러나 이럴지라도 1480년부터 1530년까지 포르투갈인들이 기니아 만에서 약탈한 황금은 당시 전 세계 황금 총량의 10퍼센트를 차지했으며 이는 10만 파운드의 가치에 상당했다.

● ● ●　　　　　　　　　　　　　　　**목테수마의 보물 창고**

유럽을 한동안 떠들썩하게 했던 《마르코 폴로 여행기》에서는 동양 각국은 어디나 황금이 널려 있고 보석들이 산처럼 쌓여 있는 인간낙원이라는 허황된 묘사를 해놓았다. 이 때문에 유럽 상인들은 동방에서 황금을 찾으려는 열망에 휩싸였다. 그래서 독일의 경제학자이며 정치가인 엥겔스는 이런 말을 하기도 했다.

"'황금'이란 말은 스페인인들이 대서양을 건너 미국까지 가게 한 신비한 주문이었다. 황금은 백인이 신대륙에 막 발을 딛는 순간 간절히 원한 첫 번째 물건이었다."

14세기 말, 목테수마Moctezuma 2세는 아즈텍 왕국의 왕위에 올랐다. 역대 왕들이 이미 큰 업적을 이루었기 때문에 그는 나라를 잘 지키는 일만 하면 됐다. 그러나 목테수마 2세는 겁 많고 우유부단하며 종교에 집착한 탓에 아즈텍의 모든 것을 수포로 돌아가게 만들었다.

1519년 4월, 스페인의 정복자 에르난 코르테스Hernán Cortés는 멀지 않은 내륙에 황금이 사방으로 널린 부유한 왕국이 있다는 소문을 듣게 됐다. 그는 탐욕에 눈이 멀어 즉각 원정대를 편성했다. 원정대는 돛대를 휘날리며 멕시코 만을 항해해 마야인이 거주하던 타바스코에 상륙했다. 그때 현지 원주민 추장은 수천 명의 부족민을 이끌고 코르테스의 원정군과 격전을 벌였다. 스페인 원정대는 첫 번째 싸움에서만도 70여 명이 목숨을 잃었다. 그러나 그들에게는 강철 칼과 갑옷, 화기가 있었으며 무엇보다도 말이 있었다. 인디오들은 말을 본 적이 없었기 때문에 말을 탄 스페인 기병을 '반인반수'의 천신으로 여기며 두려워했다. 코르테스가 기병을 이끌고 돌격해오자 인디오들은 하나같이 겁에 질려 결국 스페인 기병에게 완패하고 말았다. 이튿날, 마야인들은 어쩔 수 없이 코르테스에게 황금과 20명의 여성을 노예로 바쳐야 했다.

목테수마 국왕도 사자의 보고를 전해 들었다. 그들은 '영물'로 알려진 말을 가지고 있으며 천둥번개처럼 사람을 살상하는 금속관, 즉 화총과 화포도 가지고 있었다. 목테수마는 너무 두려워 정신이 아득해졌다. '하얀 피부의 신'(즉 깃털 달린 뱀의 신)이 드디어 강림하

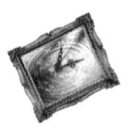

스페인 군대를 이끈 코르테스는 피비린내 나는 살육을 통해 아즈텍인들의 손에서 대량의 황금과 재물을 약탈해갔다.

신 것이리라. 현재의 상황이 염려스럽긴 했지만 이국에서 온 손님들을 만나기란 더욱 두려운 일이었다. 결국 그는 많은 예물을 바쳐 상대의 양해를 얻기로 했다. 예물을 받으면 그들도 만족하며 자기 나라로 돌아갈 거라는 착각에 빠졌던 것이다. 그러나 스페인인들은 목테수마 국왕이 보내온 성대한 선물을 보자 아즈텍을 약탈할 야심이 더욱 활활 불타올랐다. 목테수마가 사신을 통해 보내온 예물은 마차 바퀴만큼 커다란 대형 원판 한 쌍이었다. 한 쌍의 원판 중 하나는 금이었으며 또 하나는 은이었다. 그 각각은 해와 달을 상징하며 표면에는 정교한 부조가 조각돼 있었다. 그 외에도 황금으로 만든 20마리의 오리 조각과 투구 하나 가득한 금싸라기, 무수한 진주와 보석, 깃털과 면으로 정교하게 짠 아름다운 두루마기 한 벌이 있었다.

야심이 발동한 코르테스는 이 예물을 거들떠보지도 않고 원정대를 이끌고 계속 전진했다. 이 여행길 내내 스페인인들은 큰 대포와 보병용 총을 휘둘러 마야인들을 정벌했다. 11월 8일 새벽, 아즈텍인들의 수도, 테노치티틀란(현 멕시코시티) 근교까지 도착했다. 새벽 안개가 점점 걷히자 그들은 눈앞에 벌어진 황홀한 광경에 숨이 막힐 듯했다. 파란 물결이 일렁이는 텍스코코 호수 한가운데에 도시 하나가 환상처럼 우뚝 솟아 있었다. 거대한 종탑과 흰색 신전은 햇빛 아래 찬란한 빛을 발하고 있었다.

어리석은 미신에 사로잡혀 있던 목테수마 국왕은 코르테스가 왕궁으로 진격하는 길에서 부딪힌 마야인과 틀락스칼라Tlaxcala인들을 정복하고 거룩한 성 촐룰라Cholula를 불태웠다는 얘기를 전해 듣자 그들이 정말 무적의 '하얀 피부의 신'이라고 생각했다. 신의 진노를 살 수 없었던 그는 입성하는 코르테스를 지극히 정중하고 겸손하게 맞이했다. 목테수마 국왕은 보석을 박은 황금 가마에 타고 네 명의 시종들은 가마에 내려 쪼이는 햇빛을 가리기 위해 아름다운 깃털 양산을 들고 있었다. 성문 입구에서 목테수마 왕은 정중하게 가마에서 내려 그를 위해 예비된 붉은 양탄자 위로 걸어갔다. 목테수마는 몸집과 키가 매우 크며 약 마흔 살 정도로 보였고, 머리에는 황금관을 쓰고 몸에는 황금 두루마리를 입었으며 발에는 황금 신을 신어 왕의 위엄이 물씬 풍겨났다. 그러나 이때가 '신'의 귀환을 영접한 순간이 아니라 늑대를 집 안으로 끌어들인 순간이 됐을 줄이야 누가 상상이

한줌의 재가 된 잉카 그림문자_목테수마 왕은 왕궁 아래에 수많은 보물을 묻어두고 그 자리에 각종 그림을 그린 천을 가득 쌓아놓았다. 천 그림의 액자는 황금으로 상감 장식한 매우 진귀한 예술품이었다. 액자에 그려진 그림문자야말로 값을 따질 수 없을 만큼 진귀한 것이었다. 하지만 이 스페인 인들의 눈에 약탈할 가치를 지닌 것은 오직 황금뿐이었다. 그들은 황금 액자만 빼앗고 나머지 천 그림은 전부 불태워버렸다. 수만 자나 되던 잉카 그림문자는 한줌의 재가 돼 버렸다.

나 했을까?

코르테스는 호화로운 궁전에 살며 산해
진미를 먹고 마셨다. 그러던 어느 날, 갑자
기 그는 30명의 스페인 사병을 이끌고 왕
궁에 난입하더니 목테수마를 인질로 삼았
다. 이 갑작스러운 변고로 아즈텍인들은
머리를 잃어버린 용 무리 마냥 일대 혼란
에 빠졌다.

일신의 자유를 되찾기 위해 겁 많은 목테
수마는 아즈텍인들에게 코르테스가 원하는
모든 재물과 노비를 계속 바치도록 명령했
다. 그는 언젠가는 스페인인들의 욕심이 다

마야인을 정복한 코르테스

채워지면 다시 바다를 건너 자신들의 고향으로 돌아갈 날이 올 것이
라는 순진한 착각에 여전히 빠져있었다. 스페인 정복자들은 이 혼란
을 틈타 사방으로 황금과 보석을 찾아다녔다. 어느 날 그들은 화강암
으로 지은 목테수마 왕궁의 지하실에서 아즈텍인들의 보물들을 발견
했다. 가득 줄지은 귀중한 목 상자들 속에는 각양각색의 보석들, 금싸
라기가 가득 들어 있는 큰 주머니들, 눈부시게 찬란한 금 목걸이와 진
귀한 깃털 망토, 면으로 만든 갑옷 등이 들어 있었다. 이것이 바로 유
명한 '목테수마의 보물'이었다. 이렇게 많은 보석과 보물들을 목격하
자, 이 탐욕스런 강도는 눈이 뒤집혀 광란을 벌이기 시작했다. 그들은
아즈텍인들이 대를 이어 모은 재물들을 완전히 약탈해버렸다. 목테수
마는 그들을 두려워한 나머지 테노치틀란에 기독교 교회당을 건립하
도록 명하고 아즈텍인들이 기독교에 귀의하도록 했다. 테노치틀란의
신전에 서 있던 아즈텍인들의 신상을 전부 끌어냈고, 그 대신 성모상
이 그 자리를 차지했으며, 신전에는 십자가가 세워졌다.

목테수마는 코르테스 앞에 꿇어 경배하며 말했다. "제가 이 나라의 국왕이지만 이 도시는 모두 당신의 것입니다. 저와 제 백성들은 당신이 돌아오시기만을 고대하고 있었습니다. 우리 역대 국왕들께서는 모두 당신을 대신해 이 국토를 지키고 있었습니다. 당신이 다시 오셨으니, 이 모든 것들은 다시 당신의 소유가 됐습니다…."

150

자신들의 조국이 멸망당하길 원치 않았던 아즈텍인들은 기회를 엿보아 반란을 일으켰다. 그들은 목테수마를 살해하고 스페인 정복자들과 참혹한 혈전을 불사했다. 코르테스는 변변치 못한 재주마저 다하자 이판사판이었다. 야간습격을 감행해 포위망을 뚫으려 했다. 6월 30일 저녁, 그는 목테수마의 보물을 가리키며 병사들에게 말했다. "보물들을 다 가져가라. 가져가고 싶은 대로 뭐든지 다 가져가도 된다. 하지만 몸이 너무 무거워서는 안 된다. 그랬다간 탈출은 어림도 없을 거다." 그러나 절대 다수의 병사들은 보물에 미친 듯이 달려들어 주머니마다 보석들을 가득 쑤셔 넣고 목에는 금 목걸이를 잔뜩 걸었으며 심지어 가죽 장화에까지 금덩어리들을 가득 담았다.

황급하게 도망치던 스페인인들은 아즈텍인들의 공격에 추풍낙엽처럼 떨어져나갔다. 무거운 황금, 보석 때문에 텍스코코 호수의 천길 물속으로 떨어진 사람들도 부지기수였다. 또한 어떤 이는 포로가 돼 아즈텍인들이 전쟁의 신에게 바치는 제물이 됐다. 테노치틀란은 마침내 다시금 아즈텍인들의 손에 회복된 것이다. 그러나 아즈텍 왕국의 국력은 이미 과거와 비교할 수 없을 정도로 쇠약해져 있었다. 1년 후 코르테스는 권토중래했다. 아즈텍인들은 80일 간 밤낮을 가리지 않는 용맹스런 혈투를 벌였으나 테노치틀란은 끝내 함락되고 말았다. 오랜 역사를 간직했던 아즈텍 왕국은 이렇게 역사 속으로 사라졌다.

콜럼버스의 황금만능주의_콜럼버스가 1503년에 스페인 국왕과 왕후에게 쓴 편지에는 이런 대목이 등장한다. "황금은 정말 아름다운 물건입니다! 황금이 있는 사람은 누구나 자기가 하고 싶은 일을 다 할 수 있고 자신이 갖고 싶었던 모든 물건의 주인이 될 수 있습니다. 황금이 있는 사람은 천국에도 갈 수 있습니다." 당시 잉카 제국에 침입했던 스페인 침략자들은 콜럼버스의 황금만능주의를 맹신한 황금의 추종자들이었다.

황금의 제국에 뻗친 마수

16세기 초, 코르테스가 아즈텍인들에게서 대량의 황금과 보석을 약탈했다는 얘기가 스페인 전역에 퍼지자, 스페인인들은 자기 생명을 담보로 삼아 바다 건너 아메리카로 몰려들었다. 그들은 아메리카 대륙에서 꿈에도 그리던 황금을 찾아 약탈하려는 꿈에 도취돼 있었다. 이런 정복자들에게서 황금이 어디에 있느냐는 추궁을 받을 때면 인디오들은 항상 손을 들어 저 멀리 남쪽을 가리키며 말했다.

"아주 먼 남쪽, 무성한 삼림 뒤쪽에 황금이 산처럼 쌓여 있는 나라가 하나 있는데, 사람이 먹고 마시는 그릇조차 전부 황금 그릇만 사용한다고 합니다. 그곳의 국왕은 날마다 황금 조각이 가득 달린 두루마기를 갈아입어서 사람들은 그를 '황금을 온몸에 두른 왕' 이라고 하고요…."

남아메리카에 널리 퍼져 있던 '엘도라도' 의 전설은 백인 정복자들의 끝없는 탐욕을 불러일으켰다. 그들은 천지사방을 다니며 동화 속 얘기 같은 이 엘도라도를 찾으려 했다. 이곳이 바로 잉카 제국이었다.

이런 탐욕스런 식민 통치자들 중에는 프란시스코 피사로Francisco Pizarro라는 사람이 있었다. 쉰 살이 넘어서 낫 놓고 기억자도 모르던 이 악당 중 악당은 엘도라도의 꿈에 사로잡혀 118명의 보병과 62명의 기병, 대포 두 문을 실은 배 세 척을 타고 파나마를 출발해 1년여의 여정 끝에 잉카에 도착했다. 그는 여행 길 동안 약탈과 전진을 거듭하며 잉카 제국에 마수를 뻗쳤다.

1532년 11월 15일, 스페인인 피사로는 잉카 북부의 중요 도시 카하마르카Cajamarca를 점령했다. 그는 사절단을 보내어 당시 '태양의 아들' 인 아타우알파Atahuallpa와의 접견을 요구했다. 이 고귀한 '태양

프란시스코 피사로는 코르테스에 이어 또 다른 스페인 강도떼를 몰고 온 강도 두목이었다. 그들은 잉카인의 황금을 미친 듯이 약탈했다.

의 아들'은 스물 살이 갓 넘은 잘생기고 위풍당당한 청년으로 예리한 두 눈에선 지혜의 빛이 번득이고 있었다. 다음 날, 아타우알파는 목욕재계를 마친 후 황금 가마를 타고 무장을 하지 않은 귀족들과 함께 카하마르카를 방문했다. 그러나 피사로는 함정을 준비하고 태양의 아들이 방문하기만을 기다리고 있었다. 아타우알파가 세례를 받고 기독교에 귀의하라는 피사로의 무례한 요구를 거절하자 피사로는 기다렸다는 듯이 신호를 보냈다. 순간 사방에서 복병이 튀어나와 회의장을 덮쳤다. 스페인 기병의 난입, 화승총의 폭발음과 짙은 연기는 무방비 상태에 있던 잉카인들의 혼을 빼놓았다. 총탄에 맞아 죽거나 도망치려고 발버둥 치다가 밟혀 죽은 잉카인들이 회의장 입구를 가득 메웠다. 잉카 최후의 국왕 아타우알파는 불행히도 체포됐으며 피사로는 그에게 거액의 몸값을 요구했다.

인질을 석방하는 조건은 반드시 길이 7미터, 높이 2.7미터짜리 방을 황금으로 가득 채우고, 죄수실 옆에 설치된 작은 집 두 개는 은으로 가득 채우라는 것이었다. 자신들의 국왕을 구출하기 위해서 잉카인들은 사방의 황금을 찾아 밤낮을 가리지 않고 카하마르카로 수송해왔다.

석방 조건을 모두 들어줬음에도 불구하고 피사로는 왕을 풀어줄 생각이 없었다. 그 대신 도가니에 불을 지펴 잉카의 문화를 간직한 이 진귀한 보물들을 전부 녹이고 휴대하기 편한 금괴와 은괴로 주조해버렸다. 도가니는 꼬박 한 달 간 타올랐으며, 총 13만 265파운드의 금과 2만 6,000파운드의 은을 노략했다. 피사로는 먼저 이 금괴와 은괴의 5분의 1을 스페인 국왕의 몫으로 떼어놓고, 그 다음으로는 자신의 상사와 부하들에게 계급과 공로에 따라 나누어 줬으며, 자신의 몫으로 630파운드도 잊지 않았다. 과거 수십 년 동안 황금의 꿈을 꿔왔던 천하의 가난뱅이 피사로가 이 날 드디어 꿈을 이루게 된 것이다.

1533년, 피사로는 아타우알파와 한 언약을 어기고 그를 목 졸라죽이고 말았다. 얼마 후, 300여 명의 스페인 원군이 파나마에서부터 당도했다. 피사로는 즉각 부대를 이끌고 잉카의 수도 쿠스코로 진격했다. 1533년 11월 15일, 피사로는 아무런 저항도 하지 않는 인구 20만의 대도시 쿠스코에 무사 입성했다. 스페인 식민통치자들의 광기어린 약탈은 또다시 재현됐다. 왕궁, 신전, 화원의 진귀한 보물들은 하나도 남김없이 약탈당했으며, 태양 신전 안에 모셔져 있던 역대 '태양의 아들'의 미이라와 금은 장식품도 모두 약탈당했다. 태양 신상을 그린 신전의 금판 역시 스페인 강도들에게 빼앗겼다. 그러나 이 강도떼의 두목 피사로는 훗날 밤새도록 도박하다가 이 거대한 금 신상을 날려버리고 말았다. 이 사건으로 '하룻밤에 태양을 잃어버렸다.'라는 유행어까지 생겼다. 300년 역사를 자랑하던 잉카의 수도는

잉카 제국을 파괴하던 시절의 스페인 정복자 프란시스코 피사로의 초상

이렇게 순식간에 폐허로 전락했다.

　금수보다 못한 짓에 대한 인과응보였을까? 스페인 떼강도의 두목
피사로는 결국 비참한 최후를 맞이하게 됐다. 몇 년 후, 그는 약탈물
을 공평하게 나눠주지 않았던 탓에 내부다툼이 일어나 원한에 찬 상
대의 날카로운 칼에 찔려 죽고 말았던 것이다. 사람들은 이것을 두
고 마지막 '태양의 아들' 아타우알파의 망혼이 나타나 다른 사람의
손을 빌어 피사로에게 원한을 갚은 것이라며 두려워했다.

● ● ●
가장 위대한 해적

16세기 스페인이 해외에서 끊임없이 황금을 실어 나르던 바로 그때,
영국 해군은 '무적함대' 라는 별명을 가지고 있던 스페인 함대와는
비교도 안 될 정도로 뒤처져 있었다. 영국은 그저 해적무리들을 이
용해 금과 은을 싣고 오는 스페인 선박을 습격하거나 노략하는 해적
질로 떡고물을 조금 얻어먹는 수밖에 없었다. 16세기 후반에 출현하
게 되는 영국의 해적들은 사실 영국 정부의 공공연한 지원을 받으며

스페인의 독점무역만 방해했다. 그때의 유명한 해적으로는 존 홉킨스 경과 프랜시스 드레이크 경이 있었다.

프랜시스 드레이크는 영국 데본의 한 가난한 농민의 집에서 태어났다. 그는 견습 과정을 거쳐 정식 선원이 됐고 마침내 상선의 선장이 됐다. 그의 자금 후원자는 바로 엘리자베스 여왕이었다. 당시 영국은 생산력이 급속하게 발전한 자본주의 시대를 향해가고 있었지만 아직 원시적이며 축적된 재화가 많지 않아 해상대국으로 발돋

영국인은 프랜시스 드레이크를 국가 영웅으로 추대하고 엘리자베스 여왕은 그에게 작위까지 내렸다.

움하기 어려웠다. 당시 해상의 맹주는 스페인이었다. 1519년, 스페인은 전설 속의 엘도라도를 찾아냈고 마야인의 후손이 건설한 아즈텍과 잉카 두 문명을 멸망시켰으며, 남아메리카 대륙과 페루의 모든 금광을 완전히 장악했다. 아시아와 아메리카와의 무역을 완전히 독점하려는 스페인은 항해로를 완전 봉쇄하여 모든 타국 선박의 왕래를 엄격히 금지했다. 그래서 당시 영국, 프랑스 등은 노예무역이라도 해야 간신히 이득을 챙길 수 있었다.

1568년, 드레이크와 그의 사촌형 존 홉킨스는 다섯 척의 노예 매매선을 이끌고 멕시코로 건너가려 했으나 폭풍을 만난 탓에 배는 심각하게 파손되고 말았다. 스페인 총독은 처음에는 항구에 입항해 배를 수리해도 된다는 허락을 내렸으나 며칠 새 갑자기 생각을 바꿔 공격 명령을 발포했다. 영국 선원들은 전부 사형에 처해지고 드레이

크와 홉킨스만 호랑이 소굴에서 구사일생으로 도망쳐 나올 수 있었다. 드레이크는 스페인이 왜 무고한 상인들을 죽이려 하고, 왜 스페인인들만이 신대륙의 보물들을 독점해야 하는지 이해가 되지 않았다. 이 일을 계기로 그의 마음속에는 스페인에 대한 원한이 생겨났다. 그는 살아 있는 동안 반드시 스페인에 복수를 하겠노라고 굳게 결심했고 그의 인생 항로가 바뀌는 순간이었다.

1572년, 드레이크는 뜻이 통하는 사람들을 불러 모아 작은 배를 타고 몰래 대서양을 건너 파나마 해협에 은신했다. 남아메리카의 수풀 속에서 약 한 달을 매복한 끝에, 황금을 운반하는 노새 무리를 만날 수 있었다. 그들을 습격해 재물을 약탈한 드레이크는 곧이어 스페인의 대범선 몇 척까지 포획할 수 있었다. 영국으로 금의환향한 그는 일약 영웅이 됐다. 그의 행동은 단순히 황금을 약탈했다는 데에 의의가 있는 것이 아니라 스페인이 더 이상 신성불가침이 아니라는 사실을 입증한 것에 더 큰 의의가 있었다. 여왕을 알현한 후 그는

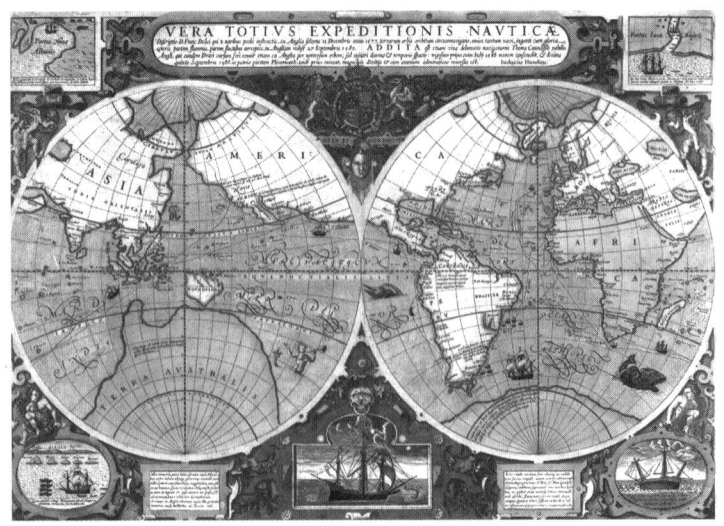

드레이크는 명실상부한 항해가로서 대부분의 시간을 바다에서 보냈다.

금세 여왕의 측근으로 부상했다.

1577년, 그는 또다시 '골든 디어' 기함을 타고 영국을 출발해 아 메리카 연안으로 곧바로 쳐들어가서 스페인 상선들을 잇달아 격파하 고 대량의 황금과 백은을 빼앗아 왔다. 그 후, 드레이크는 태평양을 가로질러 1579년 9월 26일에 포츠머스 항에 귀항하며 또 다시 '국민 영웅'으로 부상했다. 이번 항해는 마젤란을 이은 역사상 두 번째 세 계일주였다. 드레이크는 수 톤의 황금과 백은을 가지고 돌아와 여왕 의 금고를 가득 채워줬다. 더 중요한 것은 드레이크가 영국을 중심으 로 한 새로운 항로를 개척함으로써 영국의 항해술도 크게 발전하는 계기가 됐다는 것이다. 이후 태평양은 더 이상 스페인의 것이 아니었 다. 탐험가로서 드레이크의 업적은 여기에서 그친다. 그러나 해군 전 쟁 역사상 유명한 해전 전문가로서 그의 모험은 이제 막 시작됐을 뿐 이었다. 훗날 영국은 스페인을 대신해 해상의 맹주로 떠올랐다. 드레 이크는 잉글랜드 훈작으로 서훈돼 해적 역사상 최고의 위치에 오르 게 됐다.

●●● '황금 의자' 쟁탈전

고대 가나는 황금이 풍부하게 생산되던 제국이었다. 아라비아의 지리학자 모하메드 엘 야고우비Mohammed El Yaagoubi는 827년에 이렇게 기록했다.

"가나 국왕은 위대하다. 그의 영토에는 금광이 도처에 널려 있고 수많은 왕국도 그의 발아래 굴복하고 있기 때문이다."

고대 가나 제국의 경제적인 지주는 금광 채굴과 대외 무역이었다. 가나의 황금은 이미 8세기 경에 마그리브Maghrib(북서아프리카 3개국인 모로코, 알제리, 튀니지를 통틀어 일컫는 말—옮긴이) 지역으로 대량 수출됐다. 마그리브의 상인들은 가나의 황금 생산지역에 들어오면 현지인들과 함께 '벙어리 거래'를 하기도 했다. 당시 마그리브 상인들은 시질마사Sijilmasa(한때 북아프리카의 초일류 도시—옮긴이)에서 출발해 수단 변경 지역의 가나로 향했다. 매번 거래 때마다 마그리브인들은 천신만고 끝에 국경선에 접해 있는 금광 지역에 도착할 수 있었다. 그들은 우선 가지고 간 북을 힘껏 두들겨 현지 주민들이 어디에 있

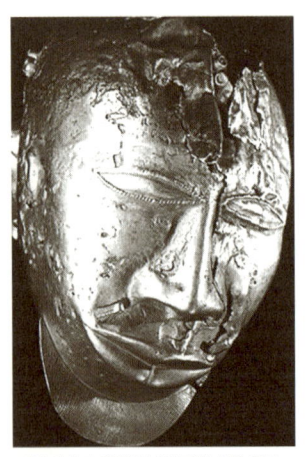
가나 아샨티 왕국에서 발견된 순금 두상

든지 북소리를 듣고 상인들의 도착을 알아차리도록 했다. 마을 사람들이 북소리를 들었다는 사실을 확인하면 자신이 가지고 간 물건들을 종류별로 잘 진열한 후 잠시 자리를 떴다. 그러면 수단인들은 황금을 가지고 이 노점에 와서, 자신이 사고 싶은 물건 옆에 황금을 놓아두고 사라졌다. 마그리브인들은 다시 돌아와서 황금을 챙겨 가져가고 물건은 남겨 뒀다. 그리고 떠나기 전 최후의 북을 울리고 그곳을 떠났다. 이것이 일명 '벙어리 거래'다.

'황금 의자'는 가나인들에게는 신으로까지 신봉됐다. 역대 가나인들은 이 의자를 보호하기 위해 여러 차례 완강한 투쟁을 벌였다.

　　17세기 가나는 영국, 포르투갈, 네덜란드와 스페인 등 식민주의 국가들의 광기어린 침략으로 쑥대밭이 됐다. 그들은 가나의 황금, 상아를 약탈했을 뿐 아니라 가나를 흑인 노예매매의 기지로 삼았다.

　　가나에는 각 부족들이 오랜 세월 동안 '황금 의자'를 지켜온 얘기가 전해지고 있다. '황금 의자'란 가나인들에게 최고 권력의 상징으로서, 가나 민족의 자유를 대표한다. 가나인들은 몇백 년 동안 자신들의 '황금 의자'를 보호하기 위해 수많은 전투를 용감하게 치뤘다.

　　영국 식민통치자들은 침입한 후 가나의 귀중한 광물 자원과 풍부한 농산품들을 닥치는 대로 약탈했다. 또 가나 해안에 군용보루를 설치해 흑인들을 대규모로 거래하기 시작했다. 격분한 가나 국민들은 영국의 침략 행위에 분연히 일어섰다. 1807~1901년까지 약 100년 동안, 가나인들은 영국에 여러 차례 항거운동을 벌였다. 영국 식민주의자들은 한두 번도 아닌 수차례나 강경하고도 무례한 태도로 가나인의 자유를 상징하는 그 '황금 의자'를 내놓으라고 협박했다.

용감한 가나인들은 침략자들에 저항하는 한편, 비밀리에 각 부족들과 연합해, 교대로 '황금 의자'를 보호하도록 조치했다. 그리하여 '황금 의자'는 이 지방에서 저 지방으로 옮겨다니며 계속 은닉될 수 있었다.

1873년에서 1874년 동안, 영국인들은 군사적인 우위로 가나의 전 영토를 점령하고 가나를 '황금 해안 식민지'로 선포했다. 그러나 영국은 가나 국민들의 자유를 향한 열망만은 무너뜨릴 수 없었다. 아무리 애를 써도 '황금 의자'만은 찾을 수 없었다. 1900년이 되자 영국 총독 허드슨은 또다시 쿠마시로 찾아와 '황금 의자'를 내놓으라는 협박을 했다. 그는 이렇게 위협했다. "나는 최고 권력을 대표하는 사람이다. 당신들은 왜 이 의자를 나한테 내놓지 않는가?" 그러나 이 총독에게 돌아온 대답은 가나 국민들의 분노에 찬 무장 봉기뿐이었다.

그 후, 영국인들은 '황금 의자'라는 말은 다시는 입 밖에도 내지 못했다. 1921년, 도로를 시공하던 인부 하나가 도로를 파헤치던 중 우연히 '황금 의자'를 발견하게 됐다. 가나인들은 그 즉시 영국 식민지당국과 연락하여, 만일 영국이 '황금 의자'를 강제로 강탈해간다면 가나에는 전국적인 전쟁이 다시 발발하게 될 것이라는 엄숙한 경고를 전했다. 영국 정부는 울며 겨자 먹기 식으로 화해문을 발표해야 했다.

"영국의 황제 폐하께서는 이제 더 이상 그 보좌에 앉기 원치 않으십니다. 가나인들이 자신들의 황금 의자를 영원히 간직하는 것이 합당합니다." 이렇게 '황금 의자'의 주권은 영원히 가나인들에게 귀속됐다.

나치의 메르케스 보물 창고

제2차 세계대전 기간 동안 독일은 전쟁을 벌이는 한편, 대량의 황금을 강탈했다. 이 황금의 가치는 현재로서도 예측이 어려울 정도로 어마어마하다. 전쟁의 패색이 짙어지자 나치당의 상층 관원들은 주도면밀한 나치 부흥계획을 세웠다. 그들은 전쟁에서 약탈한 부를 계획적으로 다른 나라에 숨겨 두기로 했다. 물론 당시 연합군 역시 빼앗긴 보물들을 다시 찾는 데 온 힘을 기울이고 있었다.

1945년, 연합군은 메르케스Merkez 부근에 위치한 윈스터쉘 광업회사의 한 칼리암염 광산에서 보물 창고를 발견했다. 미군 사병이 "이곳은 어떤 광산이냐?"고 묻자 한 여인이 그곳을 가리키며 말했다. "이건 바로 독일 사람들이 황금을 숨겨 놓은 갱도예요." 미국인들이 이 밀실에 들어서자마자 아라비안나이트의 보물 창고에 온 듯한 착각에 빠지고 말았다. 광산 안의 모습은 형용이 불가능했다. 그들의 눈앞에는 조명장치가 설치된 너비 23미터, 길이 45미터의 밀실이 펼쳐져 있었다. 안에는 각각 이름표가 부착된 7,000여 개가 넘는

⬆ 1945년, 연합군은 윈스터쉘 광업회사의 갱도에서 보물 창고를 발견한다. 이것이 바로 유명한 나치의 메르케스 보물 창고다.

⬆ 연합군은 이곳에서 고가의 미술품들을 대량 발견했다.

나치는 전쟁에서 강탈한 대량의 보물들을 수백 개의 자루에 넣어 보관했다.

자루가 줄과 열을 맞춰 가지런히 정리돼 있었다. 각 열과 열 사이는 약 1미터의 거리를 두고 적어도 20줄 이상의 자루가 진열돼 있었다. 방 한 구석에는 돈다발들도 발견됐는데 각 다발에는 '멜머Melmer'라는 글자가 인쇄돼 있었다. 이 상자들은 나치 친위대의 차명계좌에 속해 있던 게 분명했다. 이는 나치가 유럽에서 약탈한 재물에 관한 비밀을 푸는 첫 번째 실마리가 됐다.

연합군은 자루를 열어본 후 보관품목 리스트를 꼼꼼히 작성했다. 금괴 8,199개, 골드바 55상자(각 상자에 두 개씩 담겨 있으며, 각 골드바는 10킬로그램 중량), 황금 그릇과 황금 제품들 수백 자루, 마르크 금화, 프랑 금화, 파운드 금화 1,300자루 이상, 액면가 20달러의 금화 711자루, 15개 다른 국가에서 발행한 수백 자루의 금화와 은화, 외환 수백 자루, 진귀한 고대 금화 9자루, 독일 마르크화 2,380자루와 1,300상자(액면 가격 총액 27억 6,000마르크), 각각 중량 200킬로그램의 은괴 20개, 실버바 20자루, 은쟁반 63상자 및 55자루, 백은 한 자루(백은괴 6개 포함), 각 국에서 강탈한 보석과 다이아몬드 110 자루.

다른 갱도에서도 유럽 각국의 박물관과 개인소장품에서 약탈한

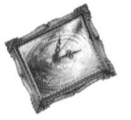

고가의 예술품들이 대량 발견됐다. 그중 유화, 판화, 연필 스케치, 조각, 골동품 시계, 사진첩 등이 포함돼 있었다. 한편, 이 보물 창고는 나치의 잔인성을 여과 없이 보여줬다. 금제품 중에는 포로수용소에 갇힌 유태인의 이빨에서 뽑은 금니까지 몇 자루 포함돼 있었기 때문이다.

훗날, 연합군은 이 보물 창고의 보물들의 중량을 재고 가격을 추정했는데 그중 황금은 2억 6,000만 달러, 백은은 27만 달러에 상당했다. 백금 한 자루와 희소가치가 높은 금화 8자루는 가격계산에 포함시키지도 않은 상태였다. 유럽에서 찾아낸 나치의 여러 보물 창고들 가운데 필적할 만한 곳이 없을 만큼 메르케스 보물 창고는 방대한 규모를 자랑한다.

● ● ●　　　　　　　　　　　　　　　## 나치의 무자비한 약탈

폴란드는 나치의 노략질을 피하기 위해 황금을 대피시킨 첫 번째 국가였다. 독일의 침약을 받기 전, 폴란드 중앙은행은 이미 황금을 루마니아로 옮겨 놓았다. 그러나 얼마 후 루마니아도 전쟁 도발국이 되면서 폴란드의 황금은 아주 손쉽게 나치의 손에 흘러들어가게 됐다.

다른 몇 개의 유럽 국가도 비슷한 방법으로 황금을 대피시켰다. 프랑스는 함락당하기 전날 밤, 프

독일 나치의 메르케스 보물창고

랑스 은행의 황금 2,229톤을 순양함에 실어 카리브 해에 위치한 프랑스령 마르티니크Martinique 섬에 대피시켰다. 노르웨이 중앙은행의 황금은 독일 침입 후 영국 구축함에 실어 런던으로 옮겨갔다. 네덜란드 정부는 독일에게 침입당한 지 한 시간도 못 돼 중앙은행의 황금 보유고를 배에 실어 잉글랜드로 피신시켰다. 그러나 불행히도 배 한 척은 해안선 가까운 곳에서 벼락을 맞아 침몰하고 말았다. 이 배에는 11톤의 황금이 실려 있었는데, 이 사실을 알아차린 나치는 훗날 대부분의 황금을 인양해갔다.

1939년 말, 벨기에 정부는 국가은행의 황금 300톤을 프랑스 은행에 위탁·보관하고 있었다. 독일인들이 침입한 지 얼마 후, 벨기에는 프랑스에 자신들의 황금을 영국으로 피신시켜 줄 것을 독촉했다. 그러나 프랑스는 이 황금을 서아프리카에 있던 프랑스령 다카르로 이전시켰다. 결국 독일이 비시Vichy정부와 담판한 후 이 황금을 넘겨받아 관리했다. 유고슬라비아, 그리스, 덴마크 등 국가는 미리 손을 써보기도 전에 황금을 전부 나치에 빼앗기고 말았다. 이렇게 프랑스, 노르웨이와 네덜란드의 일부 황금을 제외한 유럽 점령국 각 중앙은행에 보관된 대량의 황금은 모두 독일의 손아귀에 넘어가고 말았다.

독일의 국가은행은 다른 나라에서 약탈한 황금을 모두 자신의 황금보유고로 편입시켰다. 이는 나치 침략시기에 가장 확실한 돈줄이 됐다. 대다수 약탈당한 황금은 스위스 은행에서 돈세탁을 한 후 다른 나라로 흘러들어갔다. 이 과정에서 나치의 황금은 스위스 프랑으로 바뀌었고 이 돈으로 중립국에서 군수물자를 사들일 수 있었다.

황금 열차

1945년 5월, 미국 육군 제3보병사단 제15연대는 오스트리아의 작은 마을 베르펜 부근에서 버려진 열차 한 대를 발견했다. 열차 안에는 대량의 황금, 보석, 예술품, 가구, 고급 가죽제품과 고급 양탄자가 실려 있었으며 그중 깨진 벽돌과 자갈, 빈 통조림 깡통, 석탄 덩어리 등 어지럽게 쌓인 쓰레기더미도 널려 있었다. 이 열차는 헝가리에서 출발한 것으로 열차 속 물건들은 대부분 파시스트 당원들이 유대인에게서 빼앗아 온 것이었다. 파시스트들은 정권을 잡은 지 1년도 채 되지 않아 헝가리의 80만 유태인 중 60만을 살인해버렸다. 소련이 헝가리를 해방시키기 전날 밤, 일부 친나치 성향의 헝가리 고관들은 이 물품들이 적군의 손에 넘어가게 될까 우려해 44량의 열차에 실어 서쪽으로 이동시켰다. 그중 24량짜리 열차는 독일 서남부의 생 안톤St.Anton에서 프랑스에게 발견돼 포로가 됐으며, 나머지 20량 열차는 오스트리아에 남겨졌다. 열차를 호위하던 42명의 헝가리 군인들은 미군이 도착하기 전, 상세한 화물 리스트를 들고 도망쳐 버렸다.

이 유태인의 재산들은 훗날 잘츠부르크의 한 군용 창고로 옮겨졌

제2차 세계대전 후, 오스트리아의 작은 마을 베르펜 부근에서 버려진 '황금 열차' 하나가 발견됐다.

다. 2년 후, 여전히 이곳에 보관되고 있는 물건들에 대한 불완전한
보고서가 작성됐다. 당시의 리스트 내역은 다음과 같다.

황금 제품 10상자(각 상자 45킬로그램), 금화 한 상자(무게 100킬로그
램), 황금 장신구 18상자(각 상자 중량은 30~ 60킬로그램까지 통일되지 않
음), 황금 시계 32상자, 지폐 한 상자(안에는 4만 4,600달러, 5만 2,360스
위스프랑 등 각국의 화폐들이 섞여 있음), 은제 식기 1,560상자, 은괴 한
상자, 회화작품 200점 이상, 고급 양탄자 3,000개 이상.

그 외에도 수많은 고급 의류, 각종 모피, 구두, 사진기, 우표 수집
책, 레코드, 레이스, 도자기, 크리스탈 그릇, 손목시계와 회중시계,
완구, 촛대, 탁자, 의자, 안경테, 스탠드, 아마로 짠 테이블보와 침대
보, 오리털 이불 만여 점 등이 이리저리 뒤섞여 있었다고 한다.

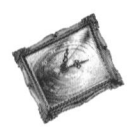

제4장 피로 얼룩진 역사를 만든 황금 약탈 게임

닥치는 대로 약탈한 일본인

제2차 세계대전 시기에 일본의 약탈은 나치와는 매우 다른 양상을 보여줬다. 독일은 유태인을 제외하고는 일반 사람들의 재산은 그다지 약탈하지 않았다. 그러나 일본의 약탈 대상은 한 국가뿐 아니라 점령지역의 개인(특히 화교), 교회, 사원, 은행, 회사, 범죄 집단 등 모든 계층을 망라했다. 일본이 동남아 지역에서 얻은 '전리품'은 당시 화폐 가치로 수백억 달러에 상당했으며 현재 시가로 따지면 수천억, 심지어 조 단위까지 가치가 상승한다. 그중 황금 하나만 해도 6만여 톤에 달했으며 그 외에도 가격을 헤아릴 수 없는 다이아몬드, 비취, 옥그릇, 보석, 불상, 고서화, 골동품 등 셀 수 없이 많은 보물을 갈취했다. 한 연구조사에 따르면 일본이 약탈한 재산 총액은 현재 화폐 가치로 100조 달러 이상이라고 한다.

나치는 친위대를 통해 '외환 보호부'를 특별 조직하고 유럽의 재산을 닥치는 대로 수탈했다. 일본 군 역시 나치를 모방해, '산 백합회'라는 비밀 조직을 두었다. 히로히토 일황은 황족의 일원인 죽전궁 츠네노리 친왕을 이 조직의 책임자로 임명하고 아사카노미야 야스히코朝香宮 鳩彦 왕, 간인노미야 고토히토閑院宮 載仁 왕 등 다른 몇몇 황족 친왕들에게도 이 임무를 맡겼다. 중국이 빼앗긴 재산은 황금, 문화재, 도서, 백동전 등이며 총 가치는 약 10~20억 달러 안팎이다. 이 재산은 우선 한국으로 운반된 뒤, 선박에 실려 다시 일본 본토로 운송됐다.

제2차 세계대전 기간 동안 일본은 의료선을 통해 빼앗은 재물들을 이동시키기도 했다. 1942년 10월, 일본은 의료선 테노마루 호를 통해 2,000톤의 황금과 대량의 어뢰를 적재한 채 동남아시아에서 일본으로 출발해 요코스카 군항에서 이 황금을 내려놓았다. 이 의료선

제2차 세계대전 후, 오스트리아의 작은 마을 베르펜 부근에서 버려진 '황금 열차' 하나가 발견됐다.

은 1945년 8월 17일 일본 해군에 의해 비밀리에 폭파됨으로써 모든 증거도 인멸됐다. 또 다른 의료선 아나미마루 호는 1945월 2월 17일 모지 항을 출발해 3월 24일 싱가포르에 도착했으며, 그곳에서 대량의 고무, 주석, 알루미늄, 쌀과 본토로 철수하는 일본군 간부들을 싣고 3월 28일 일본으로 회항했다. 그러나 아나미마루 호는 4월 1일 밤 타이완 해협에서 미국 해군의 퀸피시 잠수함에 격침됐다. 기록에 의하면 배에는 전략물자와 부상을 입지 않은 인원 외에도 40톤의 황금, 12톤의 백금, 15만 캐럿의 다이아몬드, 14개의 보물상자, 문화재와 예술품, 대량의 달러, 파운드와 홍콩 달러 등이 실려 있었다고 한다.

그 외에도 일본은 과거 군함을 통해 약탈한 물품들을 운송한 적이 있었다. 1944년 11월 5일, 순양함 나치 호는 마닐라만 부근에서 미국의 해군 군함 요격기에 의해 격침됐다. 이 순양함에는 대량의 황금이 실려 있었다고 한다. 필리핀은 1970년대 이 순양함의 잔해에서 대량의 황금을 인양했다. 1997년, 한 일본 TV 촬영 팀이 이 황금 무

제4장 피로 얼룩진 역사를 만든 황금 약탈 게임

더기를 촬영하기도 했는데 그중 당시 시가로 미화 1억 5,000만 달러에 해당하는 1,800개의 골드바가 포함돼 있었다고 한다.

'산 백합회'가 일본 본토로 운송해온 보물 중 일부는 광산 갱도에, 일부는 나가노長野 현의 산속에 숨겨 두었다. 일본군은 일찍이 수만 명의 한국인 노동자들을 강제 동원해 이곳에 거대한 지하공사를 벌였으며, 미군이 일본 본토에 상륙하게 되면 천황, 군부와 원자탄 전문가를 그곳에 피신시켜 최후의 저항을 할 계획이었다. 공사를 마친 한국인 노동자들은 완공 후 모두 비밀리에 살해되고 말았다. 이로써 일본이 동남아 지역에서 약탈한 황금이 도대체 어느 정도인지는 풀리지 않는 수수께끼로 남겨졌다.

제5장

황금이 탄생시킨
휘황찬란한
예술과 문화

The Age of Gold

황금은 대자연의 뛰어난 정기가 만나 이루어진 조화이며, 하늘이 인간에게 내린 선물이다. 수천 년 동안 세계 각 민족들은 하늘을 숭배하는 마음으로 황금을 소중히 여겼고, 황금으로 무수한 예술품을 제작했다. 황금은 어느 곳에서나 존재하는 영혼과 같이 인간의 생활을 아름답게 했으며 인류의 사상에 큰 영향을 미쳤다. 이것이 바로 황금이 가진 힘의 신비함이다. 인류의 문화와 생활에 황금만큼 깊은 흔적을 남긴 것은 역사상 아무 것도 없다.

• • • 정교한 금제 예술품을 탄생시킨 고대 이집트

이집트인들은 황금을 이용한 예술품 제작 방법을 제일 처음으로 터득한 문명의 수혜자였다. 그들은 황금의 용해 방법을 발견해냈으며 황금에서 다른 금속 등 불순물들을 분리해낼 수도 있었다. 진흙 솥 하나로만 황금을 가열해 용해된 황금을 부어내면 황금 속 불순물들은 전부 진흙 솥에 흡수됐다. 게다가 고대 이집트

투탕카멘의 황금 마스크는 고대 이집트 예술품 중 가장 화려한 작품으로 기본적으로 망자의 얼굴 모양을 토대로 제작됐다.

인은 황금으로 매우 정교한 예술품들을 만들 수 있었다. 지금까지 출토된 금제 예술품들도 모두 절로 감탄이 터져 나오는 걸작품들이었다.

투탕카멘 왕릉의 발견으로 고대 이집트인들의 숙련된 황금 제작 기술은 또 한 번 온 세계에 입증됐다. 투탕카멘의 황금 마스크는 고

대 이집트 예술품 중 가장 화려한 작품이다. 황금 가면은 선각
線刻 공예기술을 사용해 수호여신이 날개로 파라오를 보호해주
는 정경을 그려냈다. 황금과 칠흑 같은 검은 색은 선명한 대비
를 이뤄 깔끔함과 고귀함을 나타내주고 있다. 그의 왕관은 상
하 이집트를 상징하는 대머리 독수리와 안경 뱀으로 구성됐으
며, 파라오의 위엄, 지고 지존함, 모든 권력의 통치를 상징했다. 고대
이집트에는 수많은 야수가 신으로 숭배됐다. 투탕카멘의 무덤에는
사랑의 신 하토르Hathor(태양의 신 라의 딸, 호루스의 아내, 왕비의 수호신
—옮긴이)를 상징하는 금가루를 칠한 소 한 마리가 놓여 있으며 그 몸
체로는 긴 의자를 만들고 있다. 무덤 안에는 파라오의 금제 보좌와
군대의 휘장이 있다. 또한 국왕이 사용했던 비수 두 자루가 있는데
한 자루는 순금으로, 다른 한 자루의 손잡이는 금, 칼날은 쇠로 제작
됐다. 칼날에 약간의 녹이 남아 있긴 하지만 아직도 번쩍이는 푸른
광채를 간직하고 있다. 그 외에도 황금으로 제작된 화장품 상자와 금
을 입힌 측백나무 상자 등 진귀한 기물들이 많이 있다. 이런 금기와
조각상은 고대 이집트 황금 세공사들의 뛰어난 기술을 잘 보여주고
있다.

프수세네스 1세Psusennes I 왕릉의 발굴은 투탕카멘 왕릉의 발견에
이어 또 다시 전 세계를 놀라게 했다. 고고학자들은 전혀 손상되지
않은 황금 마스크를 포함한 대규모 소장품을 발굴했으며, 수장품인
금제 그릇들도 일부 출토됐다. 프수세네스 1세의 금제 장식병은 24
개의 돌출형 가로 무늬가 있는 매우 정교한 예술작품이다. 병목에는
네 개의 타원형 장식 고리가 있는데 각 고리 표면에 상형문자로 사

프수세네스 1세의 금제 장식병

람의 이름을 적어 놓았다. 우측에 있는 고리 두 개에는 프수세네스 1세의 이름이 적혀 있고, 왼쪽에 있는 고리 두 개에는 왕비의 이름이 적혀 있다.

타니스Tanis에서 출토된 이 왕실의 보물들을 통해 당시 걸출하고 놀라운 장식품의 세공기술 수준과 디자이너의 비범한 상상력을 가늠해볼 수 있다. 파라오 아메네모페Amenemope의 미이라에서 발견됐던 황금 팔찌에는 청금석, 마노와 녹장석이 박혀 있었다. 팔찌는 디자인이 매우 독특해 양끝에 유채를 칠한 반半 원주체 이음새가 서로 맞물리게 돼 있다. 팔찌를 채우면 핀이 달린 이음새가 다른 한쪽을 단단히 채워준다. 팔찌에는 상징적인 의미를 가진 말똥구리와 태양판이 새겨져 있으며, 옆쪽에 있는 둥근 상형문자 '신神'은 우주 간의 무궁한 힘을 대표한다. 다른 한쪽에는 파라오인 프수세네스 1세의 이름을 적은 타원형 장식판을 볼 수 있다.

고대 이집트 제4왕조(B.C. 2613~2494년)의 맨카우라Menkaura 파라오의 왕릉에서는 황금 세공사가 금기를 제작하는 모습을 그린 조각화가 발견됐다. 이 조각화는 4,000여 년 전 고대 이집트인들이 황금을 가공하던 모습을 생동감 있게 묘사하고 있다. 몇천 년 간의 발전으로 고대 이집트의 세공사들은 수많은 정교한 황금 장식품들을 만들 수 있게 됐다. 현지에서 출토된 일부 황금 장식품들의 섬세하며 뛰어난 공예기술은 보는 이들의 경탄을 자아낸다. 앞에서 설명한 우수한 금제 기구들은 이집트 문화재의 일부분이기도 하지만 인류의 걸작으로 불려도 전혀 손색이 없다.

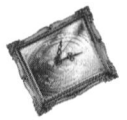

고대 인디오들의 천부적 재능

지극히 원시적인 공구밖에 없었던 고대 인디오들은 수공예 면에서 위대한 재능을 보였다. 현존하는 마야인의 황금 제품을 보면 그들의 복잡한 공정과 섬세한 가공 정도를 알아차릴 수 있다. 입술을 장식하는 입술 노리개는 화가 나 일어선 뱀 모양이며 뱀의 혀가 입에서 자유롭게 움직이는 것이 특징이다. 또 다른 귀 장식품은 두 마리의 황금 벌새 모양이다. 몸과 두 팔, 꼬리 부분은 모두 금실로 짜서 만들었으며 새 부리에는 나비 모양의 장식판이 달려 있다. 그 장식판에는 세 개의 아주 작은 금방울들이 달려 있다. 이런 황금 장식품은 주로 녹송석이나 수정, 진주를 박아 장식효과를 더해주었다. 그 외에도 황금으로 만든 제사용 칼이 있는데, 아마도 권위를 상징하는 물건일 뿐 실제 생활에서는 사용하지 않았을 것으로 추정된다. 칼날에는 한 귀족의 모습이 새겨져 있는데 머리에는 녹송석으로 상감한 왕관을 쓰고 있고 얼굴 표정은 살아 있는 듯 생생해 권위와 생명력을 충분히 느낄 수 있다. 이 작품은 수공예 기술과 조형예술 기술의 조화롭게 결합한 명품으로 인정받고 있다.

16세기, 저명한 조각가 알브레히트 뒤러Albrecht Dürer는 브뤼셀에서 중남미 황금 공예품 전시회를 참관한 후 이런 감상을 남겼다. "내 일생 봤던 예술 작품들 중에서 오늘 본 것처럼 나를 희열에 들뜨게 한 작품은 없었다." 프랑스의 한 선교사는 이렇게 말하고 있다. "그들은 실물과 꼭 같은 작은 새를 주조할 수 있을 뿐 아니라 새의 머리, 혀와 사지까지 모두 자유롭게 움직이도록 만들 수 있다. 가장 원시적인 도구로 이렇게 작고 정교한 예술품을 만들 수 있다니 정말 놀랍기만 하다. 당시 잉카인들은 이미 고도의 수공예 기술을 가지고 있었다는 사실을 잘 알 수 있다." 그러나 이런 세계 정상급의 예술품들은 유럽의 각 궁정에서 전시를 마친 후, 스페인 사람들에 의해 금으로 녹여졌으며 이 세상에서 영영 자취를 감추고 말았다.

남아메리카의 황금 세공사들은 약 2,000년 전 석기시대부터 존재해왔다. 당시 차비인 황금 세공사들은 이미 돌망치로 황금을 얇게 펴는 방법과 돌칼로 황금 조각을 자르는 법, 뼈 조각으로 부조를 만드는 법을 알고 있었다. 그중 10센티미터 길이의 포효하는 아메리카 호랑이 모양의 황금 장식품이 있는데 벌린 입과 꽉 다문 어금니, 입 밖으로 튀어나온 어금니가 모두 초자연적인 능력을 상징하고 있다. 이 황금 장식품은 차비인 제사장들의 제사용 두루마기에 꿰매어져 있었을 가능성이 농후하다. 이런 디자인 스타일은 후기 남아메리카 인디오 황금 세공사들에게 큰 영향을 끼쳤다. 차비인들보다 1,000년이 늦은 무치카 세공사들은 차비인 세공사들의 전통공법을 이어받아 더욱 창조적인 발전을 이룩했다. 그들은 황금 장식품에 돌이나 조개껍데기를 박아넣을 줄 알았다. 연대가 더 가까운 치무인들은 황금을 목제 틀 위에 놓고 두들겨 각종 입체적인 장식품과 기구들을 제작했다. 치무 황금 세공사들이 제작한 금제 술잔은 실용적으로 만들어졌고, 높이 13센티미터, 직경 0.05미터이며, 잔의 형태가 사람의 얼굴 모양을 하고 있다. 사람의 얼굴 모습이 매우 생동감 있으며 사용하기에도 매우 편리하게 제작됐다. 스페인 사람들이 침입했을 때 60센티미터 길이의 황금 물고기, 200명이 들어야 옮길 수 있는 황금 사슬 등 대형 황금 기구에 대한 소문이 파다했다. 하지만 스페인인들에게는 끝내 발견되지 않아 이 소문이 사실인지 확인할 길이 없었다. 고대 잉카의 황금 세공사들은 밀랍 틀로 금상을 주조하는 방법을 개발했다. 한

인디오들이 제작했던 아름다운 금제 기물, 선남선녀

스페인인들은 잉카의 황금과 백은에 군침을 흘렸다. 그들은 1532년 잉카 제국을 침입한 후 현지 주민들을 핍박해 강제로 보물 창고를 찾도록 했다. 잉카 제국은 이 때문에 수많은 사상자가 생겼으며, 결국 역사 속에서 영원히 사라졌다.

잉카 귀족이 소장하고 있던 0.6킬로그램짜리 황금 신상은 밀랍 틀로 제작됐는데 옷의 장식까지 주조해냈을 뿐 아니라 특별히 남성의 근육과 성기를 과장되게 표현해 남성의 힘차고 당당한 모습을 박력 있게 보여주고 있다. 잉카의 황금 제품은 스페인인들에게 야만적인 약탈을 당해 수 톤이나 되는 예술품들이 모두 침입자의 손에서 순식간에 금괴로 전락해버리고 말았다.

● ● ●   황금 지팡이

역사상 콜롬비아는 황금이 가장 많이 나는 나라였다. 3,000여 년 전, 그곳의 토착 민족들은 황금을 채굴하는 기술을 습득하고 점차 황금

콜롬비아의 수도 보고타에 있는 황금 박물
관에 보관된 황금 뗏목

가공기술을 발전시켰다. 그들은 황금의 채굴, 야금, 단조, 도금에서
밀랍 주조까지 자신만의 독특한 가공 기술을 완성시켰다. 콜롬비아
토착민들은 실랍법lost-wax을 이용한 성형, 압축성형, 음양각 무늬 제
작, 조각, 용접, 나뭇잎 상감, 금은 상감 등 비교적 복잡한 황금 공예
기술을 가지고 있었다. 그중 황금 용접기술은 습득하기 제일 어려웠
다. 순도가 비교적 높은 황금 제품을 용접할 때, 그 부위에 유기성분
으로 된 풀과 초산동copper acetate을 떨어뜨린 후 온도가 낮은 불에서
동과 황금이 합금될 때까지 은근한 불로 가열했다. 이 방법으로 용
접한 황금 기구는 육안으로 볼 때 봉합선이 잘 보이지 않는다는 장
점이 있었다. 그러나 이 기술은 용접 가열온도를 황금의 용해온도인
섭씨 25도 아래로 유지시켜야 했기 때문에 그리 쉽지 않은 기술이었
다. 조금이라도 온도에 편차가 발생하면 제품 제작은 전부 물거품이
됐다.

　오늘날 콜롬비아의 수도 보고타에 가면 B.C. 2000년에서부터
A.D. 16세기에 이르기까지 고대 인디오들이 제작한 정교한 황금 제
품 수만 점이 보관된 황금 박물관을 만날 수 있다. 인디오들의 황금

　제5장 황금이 탄생시킨 휘황찬란한 예술과 문화

제품들은 종류, 모양과 디자인이 각양각색일 뿐 아니라 실용적이라 무역, 장식, 제사, 생활용품 등 각 분야에 사용됐다. 황금 제품들은 주로 사람과 동물을 소재로 삼았으며, 조형 예술적으로도 자신만의 독특한 풍격을 완성했다. 황금 장식품은 대개 금박과 금실로 가공하여 만들었으며 앙증맞으면서도 정교하고, 소박하면서도 고상한 멋이 돋보인다. 이 장식품들은 콜롬비아 인디오들의 생활을 다양한 각도에서 조명해줄 뿐 아니라 그들의 지혜와 비범한 예술 수준을 잘 드러내 주고 있다.

고대 콜롬비아의 시누 문명에서 가장 눈에 많이 띄는 황금 공예품은 금제 인물상과 새 또는 짐승 모양 머리를 한 지팡이다. 콜롬비아 황금 박물관에 가면 바로 이 거대한 황금 지팡이를 볼 수 있고 지팡이 머리에는 사람, 새, 짐승의 머리 등이 장식돼 있다. 조각이 섬세하며 일부분은 용접으로 처리했는데 특히 새 부리가 매우 특이하다. 전체적으로 생동감이 넘치며 예술적 감성이 풍부하게 느껴지는 고대 콜롬비아 시누 문명의 대표작이다.

● ● ●　　　　　　　　　　　　## 르네상스 시대의 황금 세공사

인류 역사상 르네상스 시대처럼 강한 감동을 주는 찬란한 시각예술품들이 꾸준히 창작된 시기는 없었다. 14세기, 특히 당시 이미 이탈리아에서 가장 예술적인 도시였던 피렌체 작업실의 세공사들은 석회석, 카라라산 대리석, 반보석과 보석 등 서로 다른 재료들을 조각하느라 여념이 없었다. 또한 황금, 동, 각종 동합금(예를 들어 청동은 동과 주석의 합금임)을 포함한 금속들의 열처리에도 눈코 뜰 새가 없었다.

황금 세공사들은 르네상스 예술에서 우리들이 생각하는 것보다

안드레아 베로치오의 조각 작품

좀 더 핵심적인 역할을 담당했다. 당시 피렌체 같은 대형 상업도시에 사는 부자들은 자신의 부를 자랑하기 위해 예술품보다는 황금과 보석을 사는 데 흥청망청 돈을 써댔다. 한편, 당시 황금 세공사들은 비상한 재주를 갖고 있어 고난이도의 기교가 필요한 공예품들을 자유자재로 디자인하거나 제작할 수 있었다. 그래서 황금 세공사들의 기교를 조각가들이 자주 모방했으며, 디자인 방식은 종종 화가들에게 차용되기도 했다. 특히 피렌체의 황금 세공사들은 숙련된 기술을 가지고 있을 뿐 아니라 역사상 수많은 위대한 조각가를 배출할 정도로 예술적인 역량을 갖추고 있었다.

르네상스 시대에 활동했던 조각가들 중 다수가 황금 세공사 출신이었다. 안드레아 피사노Andrea Pisano(약 1290~1348) 역시 르네상스 초기에 활동하던 대부분의 청동조각가와 마찬가지로 황금 세공사였다. 또 안드레아 베로치오Andrea Verrocchio는 피렌체 출신으로 도나텔로와 미켈란젤로라는 두 거장들의 중간시기를 잇는 유명 조각가다. 안드레아 베로치오는 젊은 시절 많은 황금 세공사 친구와 사귀었다. 그도 처음에는 황금 세공사로 명성을 얻었지만 금세 조각으로 진로를 바꾸었다. 안드레아 베로치오는 창작능력, 재능, 사업수완이 매우 뛰어난 예술가였기에, 천부적인 재능을 가진 많은 젊은이가 그를 스승으로 모시기 위해 몰려들었다. 그중에는 유명한 레오나르도 다 빈치, 피에트로 페루지노Pietro Perugino, 로렌조 디 크레디Lorenzo di Credi가 있었다.

제5장 황금이 탄생시킨 휘황찬란한 예술과 문화

아르노 강의 황금 다리

피렌체가 명성을 얻기 시작한 중세, 피렌체의 대다수 가정은 황금이 아닌 비단과 가죽 매매로 부를 쌓았다. 전 세계 사람들이 아직 '파리 패션'이란 말을 들어보지 못했던 그 시절, 피렌체의 아름다운 직물, 가죽 제품들은 이미 전 유럽에 유통됐고 심지어 아라비아에까지 팔려나갔다. 대외 상업무역은 피렌체 시에 막대한 부를 가져다줬고 정부는 은행, 상업기구들을 만들기 시작했다. 1252년 피렌체 시에서 주조한 금화 '피오리노Fiorino'는 전 유럽대륙과 지중해 지역에서 유통되던 국제 화폐였다. 지금의 달러와 똑같은 지위를 누렸던 셈이다.

피렌체는 이탈리아 문예부흥의 발원지로서 이탈리아의 문화수도였으며 피혁의 도시였다. 피렌체에서 가장 유명한 건축물은 14세기에 건축된, 단테Alighieri Dante의 세기를 뛰어넘는 러브스토리가 담긴 베키오 다리Ponte Vecchio다. 지금은 속칭 '오래된 다리'라고 불리고 있다. 그 당시 베키오 다리는 피렌체의 교통 중심지로서 다리 폭이 매우 넓고 양쪽에는 수많은 상점이 설치돼 있었다고 한다. 이 상점들의 주인은 대장장이 아니면 백정과 피혁상이었기 때문에 다리 전체에서는 여러 악취가 뒤섞여 풍겨났다. 1591년이 되자, 당시 통치

1252년 피렌체에서 주조된 금화

THE AGE OF GOLD

'황금 다리'는 황금으로 만들어진 다리가 아니다. 황금 제품을 파는 수많은 점포가 다리 위에 옹기종기 모여 있기 때문에 붙여진 이름이다.

자였던 대공작 페르디난드 1세는 베키오 다리에 있던 모든 상점을 몰아내고 황금 세공점포의 입주만 허가해줬다. 그러자 다리의 몸값은 순식간에 천정부지로 치솟았다. 대공작의 뜻에 따라 다리 위 점포는 곧 도시 내 유명 금은 장식업자들에게 독식됐다. 텃세도 심해 다른 업종의 점포는 발도 들여놓지 못했다.

피렌체에서 황금 세공사들은 절대 무시할 수 없는 존재였다. 왜냐하면 당시 수공업자들은 작은 공방의 주인일 뿐 아니라 노동조합을 통해 가장 힘 있는 수공업자 연맹을 결성했기 때문이다. 그들은 비범한 공예기술을 가졌고 예술가처럼 뜨겁고 섬세하게 작품에 몰입했으며, 사업가처럼 번뜩이는 아이디어를 가지고 있었다. 피렌체 황실도 각종 특별 우대를 제공해 그들은 집정단執政團에도 참여할 수 있었다. 정치를 하고 싶은 귀족들이라면 누구나 그들의 힘을 빌려야만 할 정도였다. 오늘날에도 피렌체에서 황금 세공사들은 조연이 아닌 절대적인 주연을 맡고 있다. 그들은 피렌체의 창조정신을 대표한다.

피렌체는 금, 은, 보석 등 진귀한 보물들을 뜨겁게 사랑했으며 제

작된 공예품들은 우아한 기품과 독특한 예술 품격이 우러났다. 피렌체인들은 몇백 년 동안 전해 내려온 신비한 가공 기술을 통해 생명이 없는 돌과 금속에도 생명의 호흡을 불어넣을 수 있었다.

피렌체의 황금 세공사 첼리니

400년 동안 뽕나무 밭이 푸른 바다가 되든, 나라에 큰 전쟁이 나든, 아르노 강 위의 '황금 다리' 는 놀랍게도, 전혀 파괴되지 않고 원형을 지켜 왔다. 황금 다리의 좌우 아케이드 안쪽에 자리 잡고 있는 금은 세공점들은 하나 같이 100여 년이 넘은 원조 상점들로 현재 피렌체에서 가장 주목받는 관광지다. 사람들은 이곳을 '황금 복도' 라는 이름으로 기리고 있다.

황금 다리 부근에 있는 작은 광장은 데이트를 하는 젊은 연인들로 항상 북적인다. 광장 중앙에는 낡은 동상이 하나 서 있는데, 이 동상의 주인공은 공작이나 장군이 아니라 옛날 이 도시에서 명성을 떨치던 황금 세공사, 벤베누토 첼리니Benvenuto Cellini다. 황금 다리는 제2차 세계대전 때에도 마치 신의 가호를 받은 어린양처럼, 공습의 피해를 거의 입지 않았다. 어쩌면 광장에 서 있던 최고의 금 세공장, 첼리니가 그 다리의 수호자가 돼 지켜줬는지도 모르겠다.

••• 첼리니의 황금 소금병

16세기 유럽의 황금 세공사들은 그 이전 세대의 세공사들에 비해 사용가능한 금과 은의 공급량이 훨씬 많았다. 남아메리카에서 발견된 새로운 광산은 귀금속 제품의 대규모 생산에 큰 편리를 제공해줬다.

1세기 전, 은제 그릇의 대규모 출현은 이런 추세에 불을 당겼다. 그러나 황금 세공사들은 여전히 심각한 모순에서 벗어날 수 없었다. 즉 그들이 아무리 훌륭한 가치를 가진 제품들을 애써 만들어봐야 제품들의 수명은 지극히 짧았다는 것이다. 금, 은, 보석 등 아무리 값진 귀금속으로 만든 제품이라 하더라도 유행은 순식간에 지나갔고, 소유주는 현금이 부족할 때마다 제품에 '사형 선고'를 내렸다. 그러나 그런 추세 속에서도 황금 세공사 첼리니의 한 작품은 지금까지도 오래도록 생명력을 지니고 있다.

르네상스 시대의 수많은 예술가처럼, 첼리니 역시 피렌체 수공업자의 집안에서 태어났다. 그의 조부는 석재 절단 전문가였고, 그의 부친은 목공에 정통했으며 정교한 악기를 제작했다. 첼리니는 르네상스 시대에 '마법의 밀실'이라고 불리던 황금 세공방에 들어가 작업 기술을 배웠다. 그곳에서 그는 황금, 백은, 가장 진귀한 보석 등을 비롯해 각종 경질의 돌과 금속 등 다양한 재료를 이용해 아름다운 공예품을 자유자재로 만들어낼 수 있었다.

르네상스 시대의 예술가 중에서 첼리니는 황금 세공사로서 정식 훈련을 받고, 또 자신의 황금 조각 작품을 후세에 전한 몇 명 안되는 사람들 중 하나다. 사실상, 그의 초기 작품들은 모두 1527년 로마 대재난 때에 완전히 사라졌다. 황금 세공으로 영원한 명성을 추구한다는 것은 지극히 어려운 일이다. 왜냐하면 예술품의 소유주들은 일단 생계가 곤란해지기만 하면 무엇보다도 먼저 금을 녹여 돈부터 만들 생각을 하기 때문이다.

첼리니는 1540~1545년까지 프랑수와 1세를 위해 일했으며, 그가 왕을 위해 만든 황금 법랑 소금병은 지금까지도 전해져 내려오고 있다. 가격을 따질 수 없이 귀중한 이 예술품은 '조각 작품 중의 모나리자'라는 명성을 얻고 있으며 현재는 비엔나 예술사 박물관에서

가장 유명한 소장품 중 하나다. 이 매력적인 작품 제작을 위해 첼리니는 2년의 시간을 쏟아 부었는데 완성시간 때문에도 당시 많은 화제를 불러일으켰다. 그러나 과거가 아닌 현재라도 이렇게 짧은 시간 내에 완성도 높은 작품을 만들어낼 수 있는 사람이나 단체는 없을 것이다. 만일 고전적인 주제, 풍부하고 찬란한 외관과 대담한 공예 기술, 예술과 휴머니즘에 대한 열정을 종합하여 르네상스 시대의 모든 것을 대표할 수 있는 예술작품 하나를 고르라고 한다면 첼리니의 이 작품이 단연 최적격이다.

첼리니는 그 밖에도 정교하고 세심하게 조각한 의장용 휘장, 주화 주조용 거푸집, 구역표시용 깃발, 도장의 거푸집, 아름다운 촛대, 넓은 입을 가진 물 항아리, 성단용 기구와 식기, 소형 청동제품과 각종 장식 물품 등 수많은 작품을 만들었다. 그는 조각 작품을 성공적으로 창작한 경험도 있었다. 예를 들어 저명한 〈페르세우스와 메두사의 머리〉와 같은 작품은 코시모 1세 데 메디치Cosimo I de' Medici의 위탁을 받아 미켈란젤로의 〈다비드상〉과 도나첼리의 〈유디스와 홀로페르네스Judith and Holofernes〉 등 거장들의 작품과 함께 피렌체 시 광장 옆에 세워질 예정이었다. 1560년에 완성된 이 작품은 첼리니 생애의 최고작으로 인정받고 있다. 새로 등극한 토스카나의 대공 코시모 1세는 〈페르세우스와 메두사의 머리〉를 자신의 공국에서 주창하는 '에트루리아Etruria 부흥'의 상징으로 여겼다. 왜냐하면 이 조각상

은 그가 몹시 아끼던 B.C. 4세기의 에트루리아의 청동상을 연상시켰기 때문이다. 찬란했던 고대의 영광을 떠올리게 하는 이 작품은 16세기 유럽, 특별히 피렌체 조각가들의 예술적 경지를 잘 드러내주고 있다. 이 작품은 르네상스에 탄생했던 모든 사물의 정수를 담고 있다고 할 수 있다.

인간적으로 첼리니는 화를 잘 내고 성미가 급하며 인간관계가 좋지 않고 매우 뻔뻔한 사람이었다. 그런 결점들 때문에 악명이 높았을 뿐 아니라 현존하는 법원 기록을 보면 그의 일생에는 시끄러운 사건 사고들이 끊이지 않고 일어나 항상 법원의 판결을 피해 도망 다녔다.

그는 적어도 두 번 이상 살인죄 판결을 받았지만 예술적인 공로를 인정받아 사면을 받았다. 이 판결 역시 그 시대에서나 볼 수 있는 전형적인 르네상스 방식이다. 그는 동성연애로 두 차례나 고소를 당했으며 두 번째 고소는 바로 〈페르세우스와 메두사의 머리〉를 막 완성한 때에 터졌다. 그는 베니스로 도망쳤지만, 결국 유죄 판결을 받아 4년간 옥중 생활을 했다. 그곳에서 장기간의 감금생활을 인내하며 자신의 자서전을 써나갔다. 풍부한 자료와 작품에 얽힌 흥미로운 얘기들이 담겨 있는 이 저작은 당대 예술세계를 알려주는 진실한 창이 되고 있다. 우리는 이것을 통해 〈페르세우스와 메두사의 머리〉와 첼리니의 다른 작품에 대한 모든 것을 이해할 수 있다. 또한 그의 자서전은 문학작품의 하나로도 평가받고 있다. 그는 자서전에서 자신만의 방식으로 중세

페르세우스와 메두사의 머리

기의 비천하고 일반인에게도 전혀 알려지지 않는 세공사들의 삶을 적나라하게 그렸으며, 르네상스 문예부흥의 영웅으로 떠오르기까지 반드시 거쳐야만 했던 기나긴 인생 역정을 서술하고 있다.

● ● ●　　　　　　　　　　　　　　　　　　　황금에 도취된 시대

중국의 은殷, 상商 시기의 상고시대 선민들은 황금을 이용해 장식품을 만드는 방법을 알고 있었다. 그러나 그 당시 외관 디자인과 제작 기술은 비교적 간단한 편이었다. 크기가 작고 무늬나 장식은 거의 없으며 대다수는 장식품 위주였다. 진秦나라 시대 이전 황금 그릇의 제작 기술은 모두 기본적으로 청동기 야연, 주조 기술을 연장·발전시킨 것이다. 동한에 이르러서야 황금 기구의 제작 기술이 조금씩 청동기 제작기술의 틀을 벗어나기 시작했으며 비로소 작주(구슬 튀기기), 겹사(실끊기), 편직(옷감 짜기) 등 황금 그릇 제작에 사용되는 독특한 기술이 만들어졌다. 그러나 한나라 시기에 들어 황금 제품의 수량이 다소 늘어나기는 했지만 용도는 장식품이 대다수였다. 순금 그릇은 비교적 찾아보기 힘들었지만 당나라 시기가 되자 비교적 큰 발전을 이루었다.

　당나라 시기는 중국의 황금 기구 발전에 있어 가장 화려했던 번영기였다. 생산이나 가공 기술 면에서 모두 부동의 세계 1위 자리를 차지했으며 특별히 공예미술적인 면에서는 중세 시기의 최고봉에 이르렀다. 동시에 당나라 시대에 발달했던 황금 채굴과 야연, 정교하고 화려한 금은제품 역시 당시 문인들의 영감을 자극해 수많은 유명 시인들은 당시 성행하던 황금 채굴 장면을 소재로 한 주옥같은 작품들을 남겼다. 그중 당나라 시인 류우석劉禹錫이 쓴 〈낭도사浪淘沙〉라는 시에는 이런 부분이 나온다.

햇빛이 등주澄洲에 비취면 강안개가 걷히고(日照澄洲江霧开)
사금을 채취하는 처자들은 강 구비구비마다 가득하네(淘金女伴滿江偎)
미인들의 아름다운 장식품과 귀족 왕족들의 도장이(美人首偎侯王印)
모두 모래밭 파도 밑에서 나온다네(尽是沙中浪底來)

이 시를 읽다 보면 우리 눈앞에도 아름다운 화폭 하나가 떠오를 것이다. 태양빛은 푸르른 강물 가운데 자리 잡은 모래섬을 비추고, 강 위에 희뿌옇게 피어오른 안개가 뉘엿뉘엿 사라지는 가운데 사금을 채취하러 나온 수많은 처녀가 강가 이곳저곳에 자리를 잡고 열심히 사금을 채취하는 모습 말이다. 미인의 머리 장식과 제후왕의 관인은 모두 이런 노동자들이 강가에서 채취한 사금으로 만들었다는 사실을 기억해야 할 것이다. 대시인 이백李白은 〈추포가秋浦歌〉에서 황금을 채굴하고 야연하는 장면을 더욱 생생하고 실감나게 묘사하고 있다.

야금하는 화롯불은 천지를 비추는데(炉火照天地)
화성은 사방을 비추고 붉은 연기는 하늘로 치솟는다(紅星乱紫烟)
밝은 달밤에도 일꾼은 벌겋게 상기된 얼굴로 일하니(赧郎明月夜)
우렁찬 노랫소리, 차가운 산천을 흔드노라(歌曲动寒川)

당나라 시대에는 황금 그릇의 수량이 급격히 증가했을 뿐 아니라 종류 역시 매우 다양해졌다. 그릇의 형태와 무늬의 풍격에도 아주 큰 변화가 생겼다. 당나라 사람들은 외래문화를 흡수해 자신들의 문화로 융화시키는 동화력이 뛰어났다. 황금 그릇 제작도 이 토대를 바탕으로 생명력 넘치는 예술적 성과를 얻어내 독특한 민족적 풍격으로 발전했다. 당시 궁정의 금은 그릇은 정부의 금은 공방원

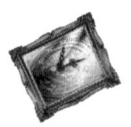

에서 제조했는데 금은 그릇을 제작하는 장인들은 모두 엄격한 훈련을 거쳐야 했다. 그들은 제작과정 중 한 부분인 추접(금속을 망치로 두드려 늘인 후 각종 모양이나 무늬를 만드는 작업—옮긴이), 참각鏨刻(금속 공예품에 부조를 새기는 작업—옮긴이) 등 기술 하나를 습득하는 데 무려 4년이라는 긴 시간을 쏟아야 했다. 현재 고고학자들이 발굴한 당대의 황금 그릇 제품들은 하나하나가 국보라고 할 만큼 높은 예술성을 지니고 있다.

당나라의 권세가들은 집에서 연회를 벌이기 좋아했다. 그래서 항상 수십만 관貫의 돈을 들여 공경대부公卿大夫 100명을 한꺼번에 초청하는 대형 연회를 열곤 했다. 이런 호화로운 연회장에서 자신의 부귀와 존귀를 자랑하기 위해 만든 수많은 황금 술잔과 황금 대접은 빠질 수 없었다. 다른 측면에서 보자면 당나라의 권세가들은 아직도 한나라의 귀족들처럼 금은 식기를 사용하면 수명 연장이 된다는 미신을 가지고 있었다. 그래서 금은제 식기 사용을 즐겼고, 더 나아가 남보다 더 독특하고 아름다운 식기를 가지려고 암암리에 불꽃 튀기는 경쟁을 벌이곤 했다.

원앙만초문鴛鴦蔓草紋 황금 대접은 당나라 금은 그릇 중에서 가장 화려한 국보로 정해졌다. 이 황금 대접의 가장 큰 매력은 그릇 표면의 무늬다. 대접은 연꽃잎을 통해 위, 아래 두 구역으로 나뉘고, 각

중국의 금은 다기 세트 _중국에서는 '오가(五哥)'라는 글자가 새겨져 있는 금은 다기(茶器) 세트가 출토됐으며 이는 세계에서 가장 오래되고 품질 좋은 궁정 다기 세트로 평가받고 있다. '오가'란 당나라 제18대 황제인 당 희종(僖宗)의 아명으로 다기 세트에 자신의 아명을 새겨놓은 것을 볼 때 그가 이 다기를 매우 아꼈다는 사실을 짐작할 수 있다. 당대에는 차 문화가 성행하여 다기에 상당히 큰 관심을 가졌다. 이 다기 세트는 정교한 수공예 기술도 돋보이지만 일본 다도가 당나라 연차(茶, 덴차)의 영향을 받았다는 사실을 증명해주는 역사적 자료도 있다. 현재까지도 사라지지 않고 계승되고 있는 다도는 실로 인류 문명발전의 기적이라 할 수 있다.

원앙만초문 황금 대접

구역에는 10개의 연꽃잎이 새겨져 있다. 각 연꽃잎에는 동물이 새겨져 있는데, 사슴, 토끼, 원앙, 기러기 등이 장식돼 있다. 아래쪽 연꽃 꽃잎 10개에는 덩굴식물인 인동초 무늬가 새겨져 있다. 식물이든 동물이든 간에 모두 고도의 사실적인 표현기법을 사용해 자연계의 피사체를 생생하게 표현해낸 것이다. 당나라 시대의 금은 그릇은 주로 기화요초와 진귀한 영물, 힘 있게 뻗은 가지에서 나온 부드러운 덩굴이 어우러져 다양한 디자인을 만들어내는 고대 속특국 粟特國(이란족의 고대 문명으로서 '소그드'를 가리킴—옮긴이)의 유풍을 전해주고 있다. 중국 당나라 시대는 매우 개방적인 사회 분위기 탓에, 금속 가공 기술도 중앙아시아의 고대 왕국 속특국과 인도 등에

당나라 시대,
황금으로 감싼 옥 술잔

서 전래된 금은 세공 기술, 장식예술과 함께 융합될 수 있었고, 이로써 당나라의 정교한 제작공예와 우아하고 화려한 예술적 특성을 탄생시킬 수 있었다.

세계에서 당나라만큼 다양한 종류와 독특한 디자인, 출중한 기술, 정교한 무늬, 깊은 내적 의미를 담고 있는 황금 그릇을 생산한 왕조는 없었다. 거대하고 너그러우며 강력한 당나라 문화처럼, 당 왕조의 금제 기구들도 외래문화의 장점을 두루 수용하고 있다. 생기 넘치는 창조력과 새로운 문화를 습득하는 능력을

가진 당 왕조였기에 금제 기구의 예술성마저도 새로운 단계로 발전
할 수 있었던 것이다.

파베르제의 채색 황금 달걀

러시아에는 파베르제라는 천재적인 황금 세공사가 있었다. 그는 자
신의 창조적인 아이디어를 통해 황금 예술을 화려한 전설로 탄생시
켰다. 그의 작품은 바로 하나하나마다 보는 이의 감탄을 불러일으키
는 채색 황금 달걀이다.

1872년, 카를 구스타포비치 파베르제는 아버지에게서 은제 그릇
과 보석 세공을 하는 작은 공방을 물려받았다. 그의 작품은 대중적
인 큰 인기를 얻어서 보석 세공사에게 주어지는 최고의 상을 받았
다. 러시아 황실을 전담하는 보석 세공사가 된 것이다. 1885년, 그는
그 유명한 주문서를 받게 된다. 차르 황제가 황후에게 선물할 부활
절 채색 달걀을 제작하도록 명한 것이다. 이는 러시아 차르 알렉산
드르 3세가 황후 마리아 페오도로브나를 위해 준비한 아주 특별한
명절 선물인 셈이었다.

부활절 아침, 파베르제는 알렉산드르 3세에게 외관상 전혀 특별
할 것이 없는 평범한 부활절 달걀 하나를 올렸다. 그러나 놀랍게도,
하얀 법랑이 씌워진 달걀껍질 외층과 달리, 내층에는 황금으로 만든
달걀이 들어 있었으며, 그 안에는 작은 황금 암탉 한 마리가 들어 있
고 황금 암탉의 배 속에는 보석을 박은 미니 왕관과 루비로 만든 초
미니 달걀들이 들어 있었다.

이 작은 부활절 달걀 안에 숨겨져 있던 여러 겹의 '기밀들'은 황
후를 너무나 기쁘게 했다. 마리아는 파베르제의 선물이 너무 좋아

THE AGE OF GOLD

파베르제는 봄이면 알렉산드르 황제가 황궁의 방들을 아름다운 꽃으로 가득 채우길 좋아하고, 황후가 가장 좋아하는 색은 분홍색이며 가장 좋아하는 꽃은 산골짜기의 백합화라는 것을 알고 있었다. 그래서 1899년 황후를 위해, 심혈을 기울여 산골짜기의 백합화 모양을 한 채색 달걀을 디자인했다. 이는 반투명의 분홍색 법랑공예품으로서 겉에는 황금으로 된 꽃줄기들이 있고, 줄기는 진주, 다이아몬드와 루비 등 보석들이 꽃을 덮고 있다. 여러 꽃송이 중 하나를 돌리면 기계장치가 튀어나오는데 그 안에 미니 초상화가 담겨져 있다. 그 초상화의 주인공은 바로 차르 황제와 황제의 두 딸인 올가와 타티아나 공주였다.

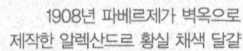

1908년 파베르제가 벽옥으로
제작한 알렉산드르 황실 채색 달걀

미니어처 마차가 면류관 모양의
채색 달걀을 더욱 돋보이게 하는 파베르제의 대표작

194

손에서 놓을 줄을 몰랐다. 사랑하는 연인의 웃는 얼굴을 한 번 보기 위해 돈을 물 쓰듯 아끼지 않았던 알렉산드르 3세는 곧 파베르제에게 매년 부활절마다 채색 달걀을 바치도록 어명을 내렸다. 그러나 각각의 달걀은 독특한 개성을 담고 있어야 하며 반드시 황후를 기쁘게 해야만 한다는 조건이 달렸다. 정교한 기술과 더불어 천부적인 예술적 재능을 가진 파베르제는 화려한 황실생활을 하면서 창조의 영감을 받아 2대에 걸친 러시아 역대 황제와 황후들에게 독특한 미감이 돋보이는 부활절 채색 달걀을 50개나 바쳤다. 파베르제는 이로부터 차르 궁정의 예술가가 돼 차르와 그의 가문을 모시는 데 반평생을 보냈다.

이 세상에서 둘도 없는 독특한 채색 달걀을 만들기 위해 파베르제는 항상 디자인에 관한 정보를 절대 기밀로 다루었다. 비록 차르 황제라 할지라도 약간의 힌트도 주지 않았다고 한다. 매번 차르 황제가 채색 달걀 제작에 진전이 있는지 물어볼 때마다 그는 "존경하는 폐하께서 반드시 만족하실 겁니다."라는 대답만 되풀이했다. 채색 달걀 하나를 만들기 위해 파베르제는 거의 꼬박 1년의 시간을 들여야 했다. 그는 조정에 자신만을 위해 특별히 마련된 공작실에 숨어서 채색 달걀의 디자인과 주제를 심사숙고한 후, 조각도를 들고 조심스럽게 아이디어를 실천에 옮겨갔다. 채색 달걀이 하나씩 완성될 때마다 파베르제는 이 '과제'를 직접 황궁으로 들고 가서 차르 황제에게 보여줬다.

기발한 아이디어와 뛰어난 기술을 가진 파베르제의 채색 달걀은 황금 예술을 르네상스 이래 장식 예술의 최고 경지로까지 승화시켰다. 파베르제의 부활절 채색 달걀은 총 50개까지 제작됐으며 각각 세상에서 둘도 없는 아름다움과 독특함을 자랑하고 있다. 그중 면류관 형상을 한 채색 달걀은 겉은 황금으로 만들었고 달걀의 뚜껑을 열면 정교하게 제작한 미니어처 황금 마차가 들어 있다. 차르 황제의 황금 채색 달걀은 1900년 파리 세계 박람회에서 처음으로 일반에게 공개됐는데, 공개와 동시에 평가위원들은 그 아름다움에 모두 반하고 말았다. 이렇게 파베르제의 명성은 온 유럽에 전파됐다. 파베르제의 이름은 유행과 고귀함의 동의어가 됐고 그의 작품 하나를 소장하고 있다는 것은 단지 작품 하나를 가지고 있다는 뜻을 뛰어넘어 지위의 상징으로까지 받아들여지게 됐다.

● ● ●   초원의 황금 문화

세계의 모든 민족과 마찬가지로 초원에서 생활하는 민족들 역시 황금을 진귀한 보물로 보았다. 황금으로 아름다운 장식품을 만드는 일이라면 몽고인들 역시 매우 좋아했다. 특히 그들은 황금 장식품에 자주 초원동물의 모습을 조각하곤 했다. 이 때문에 몽고 유목민족이 창조한 황금 제품에는 초원 문화적 특색이 매우 강렬했다.

  B.C. 3세기 전후로 중국 북방 초원에서 활약하던 흉노족은 강대한 초원 왕국을 건립했다. 당시 이 지역은 황금 생산이 풍부해 흉노족은 이곳에서 유목과 수렵을 하며 가장 순도 높은 황금으로 여러 가지 개성이 넘치는 황금 제품들을 생산했다. 1972년, 내몽고 오르도스Ordos 고원에 위치한 항진치아루차이덩杭錦旗 阿魯柴登에서 독수리 모양의 황금 왕관, 호랑이가 소를 물어뜯는 무늬의 황금 장식패, 호랑이와 양 모양의 황금 장식편, 고슴도치 모양의 장식품, 실에 꿴 황금 구슬, 황금 목걸이, 황금 촛대 장식편 등 황금 기물들이 다량 출토됐다. 그중 독수리 모양을 한 황금 왕관은 흉노 황금 제품들 중 가장 대표적인 예술작품이다. 독수리 모양 황금 왕관의 윗부분은 정수

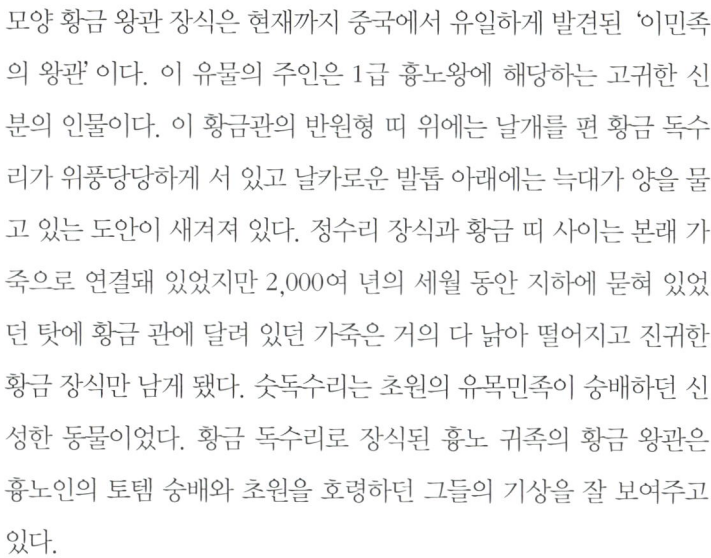

독수리 모양 황금 왕관은 숫독수리에 대한 흉노인의 토템 숭배와 초원을 호령하던 기상을 잘 보여주고 있다.

리 장식으로, 아랫부분은 따로 구성돼 있
다. 정수리 장식의 높이는 7.3센티미터, 왕
관의 반원 띠는 약 30센티미터, 전체 띠는
60센티미터, 무게는 1,394그램이다. 이 독수리
모양 황금 왕관 장식은 현재까지 중국에서 유일하게 발견된 '이민족
의 왕관'이다. 이 유물의 주인은 1급 흉노왕에 해당하는 고귀한 신
분의 인물이다. 이 황금관의 반원형 띠 위에는 날개를 편 황금 독수
리가 위풍당당하게 서 있고 날카로운 발톱 아래에는 늑대가 양을 물
고 있는 도안이 새겨져 있다. 정수리 장식과 황금 띠 사이는 본래 가
죽으로 연결돼 있었지만 2,000여 년의 세월 동안 지하에 묻혀 있었
던 탓에 황금 관에 달려 있던 가죽은 거의 다 낡아 떨어지고 진귀한
황금 장식만 남게 됐다. 숫독수리는 초원의 유목민족이 숭배하던 신
성한 동물이었다. 황금 독수리로 장식된 흉노 귀족의 황금 왕관은
흉노인의 토템 숭배와 초원을 호령하던 그들의 기상을 잘 보여주고
있다.

선비족鮮卑族 역시 사납고 용맹스러운 유목 민족이지만 그들의 황
금 공예도 중국 황금 공예 역사에 중요한 한 페
이지를 장식하고 있다. 바오터우
시 다마오치에서 출토된 북위北魏
시대의 황금 용은 전체 길이가

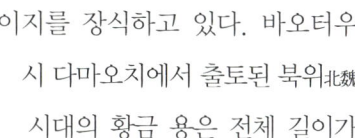

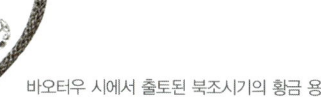

바오터우 시에서 출토된 북조시기의 황금 용

THE AGE OF GOLD

128센티미터이며 몸통은 금실로 꼬아 만들었고 빙빙 돌아가는 또아리 모양을 하고 있다. 황금 용의 또아리는 닫힌 원 모양이며 고급 목걸이로도 사용이 가능하다. 황금 용의 몸에는 도끼, 미늘창(병기의 하나로 끝이 두세 가닥으로 갈라져 있는 창─옮긴이), 방패, 머리빗, 창 등 다섯 가지 장식품이 달려 있다. 전문가들은 이를 '오병식五兵飾' 이라 부르는데 동서양 문화의 교류를 잘 나타내고 있다고 평가한다. 중국 고대 북방민족인 선비족과 흉노족은 모두 용을 토템으로 섬겼으며, 최고 권력 또는 신권의 상징으로 받아들였다. 이 황금 용을 제작하기 위해서 여러 가지 복잡한 금속 가공기술이 사용됐다. 용머리에 달린 여의주를 용접한 기술과 용의 몸체를 구성하고 있는 금실들은 모두 선비족 황금 세공사의 뛰어난 기술을 여실히 보여주고 있다.

돌궐인 역시 발달한 야철 기술을 가지고 있었다. 수·당 시기에 돌궐의 군사력은 매우 강력했으며 문화는 후대의 거란과 몽고에까지 영향을 미쳤다. 돌궐인들은 늑대를 토템으로 숭배했기 때문에 깃발에는 황금 늑대의 머리를 그려 넣었다. 칸이 군사를 징집할 때는 나무패 조각을 증표로 삼으며 황금 화살 하나를 같이 곁들였다. 돌궐인 역시 금제 그릇을 매우 좋아했다. 그들이 유목하던 알타이산 자체가 '황금의 산' 이란 뜻이다. 몽고 고원에도 돌궐인들이 사용하던 수많은 금제 물품이 남아 있다.

내몽고 시린궈러멍 수니터 초원에서 고고학자들은 돌궐 귀족들이 수렵하는 무늬가 새겨진 황금 허리띠를 발견했다. 이 허리띠의 전체 길이는 167센티미터로 허리띠의 금속 부분은 황금으로, 나머지 부분은 소가죽으로 만들어졌다. 황금 장식품에는 사냥하는 사람들이 말을 타며 사냥감에 활을 쏘는 장면이 주조돼 있는데 황금의 순도가 매우 높아 돌궐인들이 매우 아끼던 물건이었다. 특히 돌궐 귀족들의 애호품이 되면서 황금 허리띠는 초원 영웅들의 신분을 나타내는 보

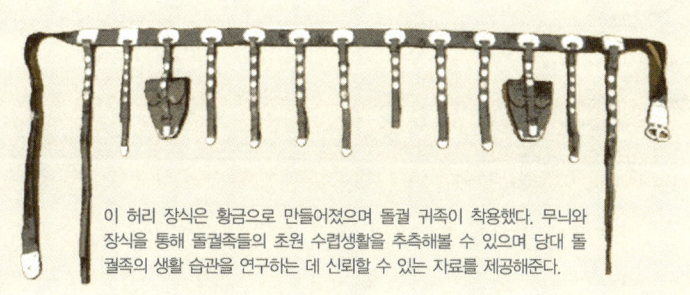

이 허리 장식은 황금으로 만들어졌으며 돌궐 귀족이 착용했다. 무늬와 장식을 통해 돌궐족들의 초원 수렵생활을 추측해볼 수 있으며 당대 돌궐족의 생활 습관을 연구하는 데 신뢰할 수 있는 자료를 제공해준다.

물이 됐다. 예를 들어 돌궐 풍속의 영향을 받은 몽고인들 역시 황금 허리띠를 매우 중요하게 여겼다. 칭기즈칸은 어린 시절 자무카 Jamuqa와 의형제를 맺었다. 가장 친한 파트너가 된 두 사람은 성인이 된 후에도 원수인 멸아걸인을 함께 물리쳤다. 《몽고비사蒙古秘史》의 기재에 따르면 당시 두 영웅은 서로 황금 허리띠를 맞바꾸고 자신이 사랑하는 전투마를 상대방에게 선물했다고 한다.

거란족은 목축업뿐 아니라 수공업과 공업도 발달해 금은 기구 제작에 있어서 선비족보다 오히려 한 발 더 앞서 있었다. 금과 은으로 장식한 유명한 거란의 말 안장은 북송北宋 시기 천하일절로 불렸다. 거란의 황족 진국陳國 공주 묘에서 출토된 도금 은제의 말 안장 장식품에는 복잡한 도안이 새겨져 있고 공예도 매우 아름답다. 1986년에 내몽고 퉁랴오 시 나이만치에서 출토된 요遼나라 시대 진국공주가 사용하던 황금 가면은 293.5그램으로 공주의 생전 모습에 따라 얇은 금박 조각을 두들겨 만들었다. 눈썹과 눈 부위는 부분적으로 잘라냈으며 매우 아름다운 외형미를 자랑한다.

거란인은 외부 세계와 교류하며 중앙아시아의 호박을 대량 구입했는데 그들은 호박으로 각종 작은 동물들을 조각한 후 황금으로 장식하곤 했다. 진국공주의 무덤에서 출토된 기러기 모양의 호박 장식은 4센티미터 길이로 기러기의 등 부분에 작은 금 덮개가 있고 덮개

의 금 사슬은 기러기의 목과 서로 연결돼 있다. 풍부한 상상력이 돋보이는 이 작품은 중국과 서역의 문화가 융화된 예술 명품으로 불리기에 손색이 없다.

그런가 하면 칭기즈칸과 그의 직계 자손들은 '황금 가족'이라 불렸다. 순유나 수렵, 포상에 모두 엄청난 양의 황금을 사용했기 때문에 황금 공예는 더욱 발달할 수 있었다. 고고학자들이 발굴한 몽고의 황금 기구에는 황금 마구, 황금 식기, 황금 주기酒器, 황금 비단 제품 등이 주를 이루고 있다. 그중 황금실로 짠 황금 두루마기는 '납석실포納石失袍'라고 불리는 역사상 가장 유명한 두루마기다. '납석 실'은 페르시아 말로서 '황금 실'이란 뜻이다. 황금 실로 짠 옷감으로 만든 두루마기를 '납석실포'라고 하며 '황금 두루마기'를 의미한다. 납석실포에는 두 개의 인간 머리와 두 개의 사자 몸을 가진 영물이 도안돼 있어 서아시아의 분위기를 물씬 풍긴다. 납석실포의 실 한 올 한 올은 모두 가느다란 선에 금실을 감아 만들었다. 이런 공예기술은 이미 유실돼버린 탓에 납석실포의 가치는 더욱 커지고 있다.

수천 년 동안 초원에서 생활하던 유목민족의 하늘에 대한 숭배 사상은 황금 숭배로 표현됐으며 각종 초원의 동물들도 황금으로 재탄생됐다. 또한 황금은 마구와 술병, 술잔 등 선조들의 생활에 없어서는 안 될 생활용품들도 빠짐없이 만들어냈다.

●●●   **미지의 부―전설 속 황금의 보고**

황금은 문화와 종교 중에서 신비한 지위를 갖고 있으며 사람들을 빠져들게 하는 매력이 있다. 황금에 대한 사랑과 숭배 덕분에 황금의

보고에 대한 갈망과 호기심은 더욱 커졌다. 신화 속에서나 볼 수 있을 법한 신비한 보고들은 추적자들의 끈질긴 추적 앞에 드디어 신비의 베일을 벗게 됐다.

••• 《성경》 속에 나오는 황금의 도시

《성경》에는 오빌Ophir이라는 고대의 도시가 등장한다. 전설에 의하면 그곳은 황금과 보물이 풍부하다고 전해진다. 〈창세기〉에도 오빌에는 황금이 풍부할 뿐 아니라 단향목과 보석이 풍부하다고 기록돼 있다. 두로의 왕 히람은 솔로몬의 신하들과 함께 오빌에 사신을 파견했으며 오빌에서 420달란트(약 1만 5,120킬로그램)의 황금을 얻었다. 오빌의 시바 여왕은 '많은 재물과 보물, 즉 황금과 보석'을 가지고 예루살렘에 와서 솔로몬을 접견했다고 한다. 문헌에 따르면 오빌의 금광이야말로 믿기 어려울 정도로 방대했던 솔로몬 재산의 원천이 됐다고 한다. 대략 A.D. 10세기경, 오빌은 동남아프리카와 무역 왕래를 시작했다. 그때, 동남아프리카 해안에서 무역에 종사하던 아라비아인들은 황금을 사들였고, 이렇게 아프리카에서 황금은 해외로 유입됐다.

그러나 온통 황금 투성이인 이 황금의 도시는 과연 어디에 있는 것일까? 수세기 동안 사람들은 오빌 성의 위치를 밝히고자 했지만 확인할 길이 없었다. 1871년이 돼서야 칼 마우흐Carl Mauch라는 한 독일 탐험가가 이곳을 방문하여 아프리카 황금의 도시는 드디어 비밀을 벗었다. 칼 마우흐는 천신만고 끝에 마침내 림포포 강 남쪽 강변에서 최초로 황금과 다이아몬드 광맥을 찾아냈다. 그 후에는 마쇼날란드Mashonaland라는 곳에서 폐허가 된 유적을 발견한다. 때는 가을 새벽이었다. 수많은 언덕 사이에서 그는 자신이 폐허가 된 거대한 석조 건축물(대 짐바브웨 왕국) 사이에 있다는 사실을 발견하자 흥분한 마음을 가라앉힐 수 없었다. 그 높고 거대한 성벽과 거탑은 모두 석판을 쌓아 만들었으며 규격도 동일하게 맞춘 듯 정확했다. 진흙이나 석회도 바르지 않았는데 맞춤선이 전혀 보이지 않았다. 폐허가 된 건축물의 대문의 재료가 단향목임을 확인한 칼은 자신이 기적처럼 《성경》에서 말하는 황금의 도시 오빌을 찾았노라고 단정했다. 《성경》에서는 오빌의 여왕이 솔로몬 왕의 궁전에 방문한 적이 있으며 레바논의 단향목으로 지은 솔로몬 왕의 궁전을 보았다고 말한다. 그런데 폐허가 된 건축물의 대문이 바로 단향목이었던 것이다. 산 정상에서 발견한 그 원형 사냥터는 분명 시바 여왕이 솔로몬의 궁전을 모방해 건축한 것이리라!

그러나 보물 발굴에 관한 소식이라면 귀신같이 냄새를 맡고 찾아오는 탐험가들과 보물 사냥꾼들도 이곳에서는 황금이나 보석을 전혀 찾아내지 못했다. '황금의 도시'를 발견했지만 칼은 그동안 꿈에도 그리던 그 영광은 맛볼 수 없었다. 몇 년 후 세인들의 무관심 속에서 그가 쓸쓸히 이 세상을 등질 즈음, 대 짐바브웨로 불리는 폐허에 고고학자들의 관심이 쏟아지기 시작했다.

고고학자들은 짐바브웨가 매우 강대한 아프리카 국가였음을 확인했다. 그곳은 기온이 온화하고 강우량이 풍부해 광활한 목장으로 삼을 수 있는 끝없는 풀밭이 펼쳐져 있었으며 소와 양들도 물물교환으로 사고팔 수 있었다. 이 지역에서는 동, 철, 주석 생산이 많았고 당연히 황금 생산도 많았다. 황금은 짐바브웨의 주요 수출물이기도 했다. A.D. 9세기경이 되자 황금은 짐바브웨의 동부에서 서 아프리카와 아라비아 상인의 손에까지 흘러들어갔다. 이 상인들은 지금의 케냐에서 모잠비크에 이르는 아프리카 연해 항구지대에서 활동하

고대 이스라엘 솔로몬 왕이 통치하던 때, 시바 여왕은 막대한 양의 황금, 보석과 향료를 가지고 솔로몬을 찾아와 풀기 힘든 난제로 그의 지혜를 시험해보고자 했다. 이 사건은 〈열왕기〉에 기록돼 있다.

며 황금으로 세계 각지의 물품들을 사들여 다시 아프리카 내지로 수입해왔다. 짐바브웨에서 고고학자들은 동아프리카 킬와Kilwa 항구에서 고대 화폐, 중국의 자기, 인도의 진주, 이란의 양탄자를 발견해냈다.

　대략 1450년 경, 짐바브웨는 쇠퇴하기 시작했다. 인구의 성장은 곡물과 연료, 목초지 부족 현상을 낳았다. 또한 16세기 경, 포르투갈인들이 해안 항구에서 통신구매 무역을 전개하므로 황금 무역은 암초에 부딪히게 됐다. 대 짐바브웨의 지위가 날이 갈수록 몰락함에 따라 마쇼나 정권은 결국 다른 곳으로 옮겨가게 됐다. 한때 휘황찬란한 영광을 자랑하던 곳은 퇴락하여 폐허가 됐으며 성을 지키던 호위병의 고함소리, 조상의 영혼들을 불러오던 무속인들의 외침, 성문의 암호를 말하지 못해 현장에서 목 졸려 죽었던 나그네의 최후 비명소리는 모두 바람소리에 삼켜져버렸다. 1871년 그 새벽, 칼 마우흐가 이 성을 발견한 후에야 침묵은 깨어지기 시작했다.

《호메로스의 역사시》 속에 나오는 미케네

미케네Mycenae는 그리스 펠로폰네소스 반도 북동부에 있는 아르고스 Argos 평원에 위치해 있다. 이곳은 그리스 초기 문명의 발상지로서 지중해 전역에 그 영향력이 미쳤다. 미케네라는 지명은 《호메로스의 역사시》 속에서 수차례 소개됐으며 매번 '황금이 많은' 이라는 수식어로 형용되곤 했다. 이곳은 풍부한 얘기와 전설뿐 아니라 수수께끼로 남은 무수한 난제도 함께 존재하는 곳이다. 미케네는 거대한 자석과 같이 사람들을 끌어당기는 힘을 가지고 있었다.

미케네 시기의 황금 술잔

미케네 고성이 전설적인 색채를 물씬 풍기게 된 데에는 아가멤논, 호메로스, 하인리히 슐레이만 Heinrich Schliemann 박사, 이 세 사람의 공이 매우 크다. 아가멤논은 그리스 신화에서 미케네의 국왕으로서 트로이로 원정을 떠나는 그리스 연합군의 총사령관이었다. 동생의 원수를 갚기 위해 그리스 도시국가들의 영웅들과 함께 전쟁에 참전한 그는 트로이에서 10년이나 지속된 오랜 전쟁을 치룬 끝에 마침내 유명한 '트로이 목마 사건' 으로 승리를 얻게 된다. 그러나 전리품을 가지고 미케네로 돌아온 아가멤논은 오히려 자신의 아내와 정부情夫에 의해 억울하게 살해당하고 만다. 그의 일생은 비극으로 끝을 맺었지만 그의 뛰어난 지도력은 그를 위대한 군주로서 부각시켰고, 사람들의 입에 그는 '인간들의 왕' 으로 두고두고 회자됐다.

그러나 감동적인 전설이 제아무리 많다 하더라도 사람들에게 전해지지 않으면 아무 의미가 없다. 바로 이런 이유 때문에 그리스의

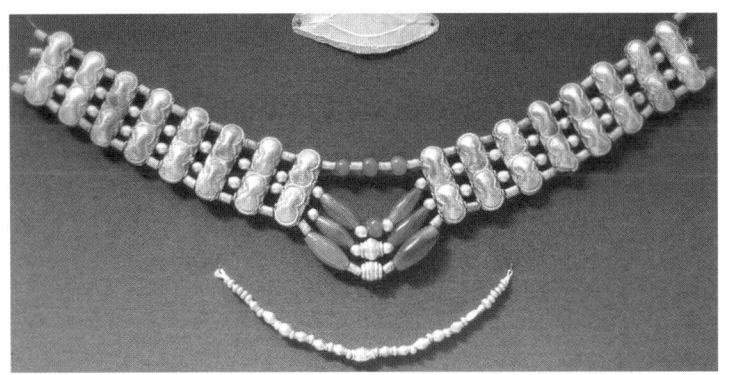

미케네 시기의 황금 목걸이

위대한 시인 호메로스도 《일리아드》와 《오딧세이》라는 두 서사시를
지었고, 그 저작들에 큰 감동을 받은 슐레이만 박사는 폐허가 된 이
땅을 방문했다. 슐레이만 박사는 고고학을 전공한 전문학자가 아니
라 상인에 불과했다. 그러나 그는 《일리아드》와 《오딧세이》가 가공
된 허구가 아니라 역사를 토대로 작성된 사실의 기록이라고 믿고 있
었다. '황금이 많은' 미케네도 실제로 존재한다고 믿었기에 사재를
전부 털어 미케네의 땅을 파헤치기 시작했다.

슐레이만 박사와 마찬가지로 그와 함께 일하던 그리스인들 역시
자신이 딛고 서 있는 그 땅에 대해 충만한 호기심과 동경을 가지고
있었다. 계속된 발굴 작업 끝에 고대 성곽 유적지가 드디어 사람들
눈앞에 드러나게 됐다. 파헤쳐진 미케네 성은 산 정상에 우뚝 솟아
삼각형을 평면으로 펼쳐놓은 듯한 모습을 하고 있었다. 성곽의 문 앞
에 머리는 이미 사라졌지만 여전히 위풍 당당한 석각 숫사자 한 쌍이
문지기처럼 서 있었다. 고고학자들은 이 사자는 돌로 만든 것이지만
사자의 머리는 황금으로 만들어졌기에 도굴꾼들에게 도둑 맞았을 가
능성이 농후하다고 말하고 있다. B.C. 2세기의 그리스 역사학자 파
우사니아스Pausanias의 여행기에는 미케네의 사자의 머리에서 금빛 광

전설 속 인물인 아가멤논의 황금 마스크. 미케네의 고분에서 발견됐으며 현재 아테네 국가 역사박물관에 소장돼 있다.

채가 발하고 있었다고 한다.

슐레이만이 발견한 두 번째 중요한 유물은 황금 마스크다. 한 남성의 시신에 씌워져 있던 마스크를 본 그는 이것이 '아가멤논의 마스크'일 것이라고 추정했다. 그 외에도 왕실 공동묘지에 있는 시신들 중 다수가 황금으로 감싸져 있었다. 여성들의 머리도 각종 장식품들로 장식돼 있었으며 무덤 속의 어린이들마저도 황금 조각으로 덮여져 있었다. 슐레이만은 이렇게 회고했다. "호메로스가 쓴 이 불멸의 도시를 내가 발견하게 될 줄은 꿈에도 몰랐다." 물론 슐레이만이 발견한 마스크는 아가멤논의 것은 아니었다. 과거 미케네 왕족과 귀족이 사용하던 것에 불과했다. 그러나 이 마스크가 '황금의 도시'라는 미케네의 영예로운 이름에는 꼭 들어맞는 증거임은 확실하다.

● ● ●

트로이의 황금 창고

1870년, 슐레이만은 터키 정부의 허가를 얻지 못한 상태에서 히사를리크Hisarllk라는 구릉을 파헤치기 시작했다. 드디어 파헤쳐진 흙 사이로 석벽의 일부가 모습을 드러냈다. 감격에 젖은 슐레이만은 이때를 두고 다음과 같은 글을 남겼다. "이 석벽은 두께가 152밀리미터나 된다. 아주 견고하게 지어졌다!" 그는 이것이 바로 호메로스가 서사시에서 묘사한 바로 그 트로이 성벽이라고 굳게 확신했다.

　제5장 황금이 탄생시킨 휘황찬란한 예술과 문화

결국 슐레이만은 터키 정부의 허가를 얻어 1871년에 정식으로 발굴 공사를 시작할 수 있었다. 트로이에 대한 그의 갈망은 거의 광적인 수준이었다. 발굴 방법도 조금 미련하고 터무니없어 보이기까지 했다. 어떤 이들은 그를 두고 이런 조롱의 말을 하기도 했다. "슐레이만은 수에즈 운하를 파고 있는 모양이군. 이게 어디로 봐서 고고학 발굴 현장이라 할 수 있나?"

프리아모스의 보물들

1873년, 《호메로스의 서사시》에 대한 슐레이만의 신뢰는 이미 최고조에 달해 있었다. 그는 자신이 트로이 마지막 국왕의 옛 궁전 터를 찾아냈다고 철썩같이 믿고 있었다. 그는 '호메로스가 역사시에서 프리아모스Priamos라고 부른 왕, 모든 고전 저작은 모두 똑같은 이름으로 그를 부르고 있다.' 라고 생각했다. 이 대규모 발굴 작업은 5월 말까지 이어졌다. 이때 슐레이만은 고고학자들이 보기에도 가장 눈에 띄는 유적을 발견해냈다. 바로 프리아모스 국왕의 보물 창고였다.

슐레이만의 기록을 살펴보자. 그가 '프리아모스 국왕의 옛 왕궁 터' 기단을 파고 있을 때 갑자기 깜깜한 어둠 속에서 빛나는 황금을 발견했다. 발굴 작업자들이 이 사실을 알아차리지 못하도록 하기 위해 그는 그 날의 발굴 작업을 서둘러 마무리 지었다. 그는 작업자들이 황금을 발견한 사실을 당국에 보고하길 원치 않았던 것이다. 발굴 허가증에 적힌 요구 사항에 의하면 발굴자는 반드시 발굴한 유물의 절반 이상을 터키 정부에 반환해야 했다. 그러나 슐레이만은 자

하인리히 슐레이만은 유명한 독일 고고학자였다. 어린 시절 호메로스의 서사시를 듣고 성장하여 《호메로스의 역사시》를 줄줄 암송했으며 그 내용을 사실로 굳게 믿었다.

하인리히 슐레이만의 부인, 소피아 슐레이만

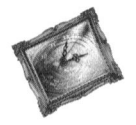

신이 발견한 모든 문물을 그리스 정부에 헌납하기로 단단히 결심한 터였다. 그는 이미 그리스를 자신의 집이요 고향으로 여기고 있었다. 작업자들이 돌아가자 슐레이만은 혼신의 힘을 다해 황금 유적을 파냈다. 머리 위로 떨어질 듯 아슬아슬하게 달려 흔들리는 돌덩이도 미처 신경 쓸 겨를이 없었다. 그는 황금 장식품들이 거의 밀착돼 하나씩 차례대로 놓여 있는 것을 발견했다. 아마도 예전에는 나무 상자 안에 가지런히 놓여 있었으나 오랜 세월이 흐르자 나무 상자만 썩어버린 듯했다. 그의 아내 소피아 슐레이만은 자신의 붉은 망토 안에 보물을 숨겨 발굴 장소에서 몰래 가지고 나갔다고 한다. 훗날 구덩이의 꼭대기에 있던 작은 방에서 수많은 금, 은 그릇, 은괴와 공구들이 발견됐다. 이 유물들 중에서 황금과 보석 액세서리가 가장 눈길을 끌었다. 이 액세서리에는 머리 장식 3개와 귀고리 60개, 팔찌 6개가 포함돼 있었다. 거의 9,000여 개에 달하는 황금 구슬(슐레이만은 훗날 이 구슬을 모두 꿰어 진귀한 황금 목걸이를 만들었다)은 당시 고고학 발견 중 가장 가치 있는 것으로 평가받았다. 슐레이만 가족은 이 보물들을 아무도 모르게 훔쳐내어 그리스로 반송하는 데 성공했다. 또 소피아의 친척은 이 유물들을 화원과 창고에 보관하고 있다가 1874년이 돼서야 세상에 공개했다.

프리아모스의 보물 창고의 행방은 현대 고고학자들 사이에서도 지상최대의 미스터리로 여겨진다. 현재 남아 있는 것은 사람들에게 강렬한 인상을 남겨주는 소피아 슐레이만의 사진뿐이다. 이 사진 속에서 우리는 고대 트로이 왕국의 공주가 쓰고 다녔던 머리 장식과 귀걸이, 보석을 착용한 소피아의 신비스런 모습을 볼 수 있다.

••• ## '황금 언약궤'와 '솔로몬의 보물'

수천 년 동안, '황금 언약궤'와 '솔로몬의 보물'에 대한 추적은 끊이지 않았으며 오늘날에도 계속되고 있다. 역사적 기록에 따르면, 가장 처음에 '황금 언약궤'를 찾기 시작한 사람은 바로 이스라엘의 장로, 예레미야였다. 예레미야는 예루살렘 멸망 때 안전한 곳으로 피신한 덕분에 바빌로니아인들에게 잡혀가지 않았다. 바빌로니아 사람들이 철수하자 그는 폐허가 된 성전에서 '황금 언약궤'를 찾아 예루살렘 밖에 숨겨놓으려 했다. 예레미야는 허허벌판이 돼버린 성전의 옛터에서 유명한 '아브라함의 거석'을 볼 수 있었다. '황금 언약궤'는 당초 이 거석 위에 놓여 있었다고 전해지기도 한다. 그러나 '황금 언약궤'는 일찌감치 종적이 묘연했다. 그렇다면 세상에 둘 도 없는 보물인 '황금 언약궤'는 과연 어디에 숨겨져 있는 것일까? 일부 학자들은 '황금 언약궤'와 '솔로몬의 보물'은 '아브라함의 거석' 아래편에 설치된 밀실에 숨겨져 있을 것이라고 주장한다.

'아브라함의 거석'은 길이 17.7미터, 넓이 13.5미터의 화강암 암석이다. 지상 약 1.2미터의 높이로 솟아 있으며 대리석 원주로 지탱하고 있다. 이 '아브라함의 거석'은 이슬람교에서 경배하는 신성한 물건이기도 하다. 이슬람교의 창시자 모하메드는 천사와 함께 천마를 타고 메카에서 예루살렘에 도착한 후 이 거석을 밟고 천당에 올라 갔다고 한다. 그래서 이 거석에는 아직도 모하메드의 발자국이 남아 있다는 전설이 전해진다. '아브라함의 거석'은 모하메드에게는 '성스러운 돌'인 셈이다. 아브라함의 거석 아래편에 있는 암석 건축물은 높이 30미터에 이른다. 게다가 암석 건축물 안에는 확실히 구멍이 뚫려 있어 '황금 언약궤'와 '솔로몬의 보물'을 감춰놓기 안성맞춤이다.

과거 영국의 모험가들은 학자들의 가설을 알게 된 후 '황금 언약궤'와 '솔로몬의 보물'을 찾으려 했다. 그들은 암석 건축물 수위를 매수해 한밤중에 건축물을 파헤치기 시작했다. 밤새 땅을 파고 날이 밝으면 구멍을 덮어 위장해놓았다. 하지만 꼬리가 길면 잡히는 법, 며칠 밤 내내 땅을 파다 결국 발견돼 줄행랑을 쳐야 했다.

훗날 어떤 이는 '황금 언약궤'와 '솔로몬의 보물'은 실제로는 '다윗의 비밀 통로'에 숨겨져 있다고 주장했다. 다윗은 예루살렘을 공략하다가 우연히 성 밖에서 성 안으로 통하는 비밀 통로를 하나 발견했다고 한다. 유태인들은 그가 '황금 언약궤'와 '솔로몬의 보물'

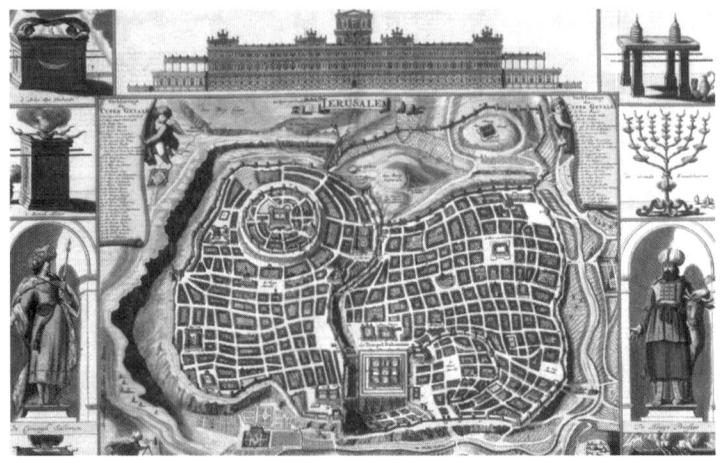

솔로몬 성전은 바빌로니아인에 의해 파괴돼 성전 터만 남았다. '황금 언약궤'와 '솔로몬의 보물'역시 이와 함께 영원한 미스터리가 됐다.

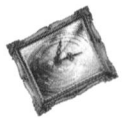

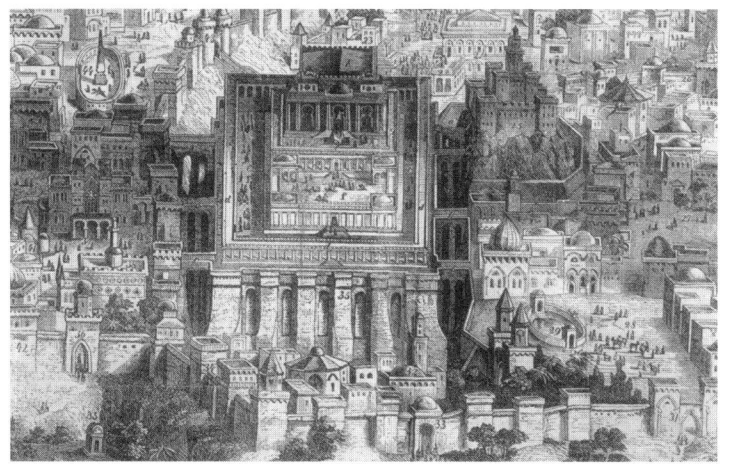

솔로몬 성전은 한바탕 전쟁으로 폐허로 전락했다. 전하는 얘기에 의하면 '솔로몬의 보물'과 '황금 언약궤'는 이곳에 보관돼 있었다고 한다.

을 일찌감치 이 통로에 숨겨놓았다고 주장한다.

1867년, 예루살렘 근교를 참관하던 월린이라는 한 영국 군관은 한 이슬람사원 유적지에서 우연히 돌계단이 딸린 구멍 하나를 발견했다. 이 돌계단을 따라 계속 밑바닥까지 내려가 보니 머리 위쪽의 암석에도 역시 둥그란 구멍이 뚫려 있었다. 자신의 몸에 밧줄을 두르고 둥근 구멍 안으로 들어가 보았다. 그 구멍은 또 다른 비밀 통로와 닿아 있었다. 그 통로를 따라 가니 칠흑 같이 깜깜한 좁은 산굴 하나가 나왔다. 그는 이곳을 따라 이 구비 저 구비를 돌고 돌며 간신히 밖으로 빠져나왔다. 그런데 그만 깜짝 놀라고 말았다. 자신은 이미 예루살렘 성 안에 들어와 있었던 것이다. 학자들은 이 지하 비밀 통로가 B.C. 2000년 경에 건설된 바로 '요아Joah의 비밀 통로'일 것이라고 추측하고 있다.

그 후, 다른 미국인 두 명이 지하 비밀 통로에서 '황금 언약궤'와 '솔로몬의 보물'을 수색했다. 그들은 '요아의 비밀 통로' 중 다른 곳과는 토질이 다른 땅에서 비밀 지하도를 발견해냈다. 그 지하도 안에는 계단이 매몰돼 있었다. 두 사람은 가지고 갔던 삽으로 모래를 파 냈지만 지하도에서 흘러나오는 모래는 점점 더 많아질 뿐 전혀 줄어 들지 않았다. 지하도의 입구가 밀려드는 모래로 거의 막힐 듯한 긴박 한 순간이 되자, 그들은 황망히 지하도를 탈출해야 했다. 이튿날 그 곳을 다시 찾아보니 지하도의 입구는 또다시 모래로 감쪽같이 막혀 있었다.

또 다른 이는 전설 속의 '황금 언약궤'는 이미 예루살렘에서 옮겨 져 이디오피아의 고대도시 악숨Aksum의 한 교회에 숨겨져 있다고 주 장했다. 솔로몬의 아들 중 한 명이 예루살렘에서 진짜 '황금 언약궤' 를 훔쳐가 예루살렘에 가짜 언약궤를 놓아뒀다는 얘기였다. '황금 언약궤'와 '솔로몬의 보물'에 대한 행방은 지금까지도 여전한 수수 께끼로 남아 있다.

헤로도토스가 쓴 '황금 캐는 개미'

B.C. 400년에 출생한 고대 그리스 역사가 헤로도토스는 그 당시 권 력자에게 밉보인 탓에 사모스 섬Samos(에게 해 동부 그리스 령의 섬—옮 긴이)으로 추방당해야 했다. 그는 일생 여행과 유랑을 즐기며 이집 트, 바빌로니아, 흑해 등 광대한 지역을 두루 유람했다. 견식이 풍부 하고 현지의 역사, 지리와 풍토, 생활을 특히 주의 깊게 관찰했기에 《역사》(즉 《헤로도토스의 전쟁사》)와 같은 그의 저작들은 큰 주목을 받 았다. 하지만 일반인들은 그의 역사 저작과 유람기보다 다른 얘기에 더 큰 관심을 가졌다. 바로 티벳에 가까운 인도 북부의 한 산간에서 황금이 많이 난다는 얘기였다. 3,000년 동안 사람들이 즐겨 듣고 심지어 전문가들도 세대마다 연구하며 고증한 '황금 캐는 개미'에

대한 신기한 전설이다.

헤로도토스가 글을 남긴 이 지역은 황금의 산지일 뿐 아니라 사람이 아닌 동물이 황금을 캐고 있다. 이 황금 캐는 동물이란 유사 이래 들도 보도 못한 '개미' 다. 전설 속의 이 '황금 캐는 개미' 는 여우보다 더 큰 몸집에 황금이 묻혀 있는 곳만을 골라 구멍을 뚫고 서식한다고 한다. 이 개미는 특히 냄새에 민감하기 때문에 사람의 냄새를 정확히 포착할 뿐 아니라 성격은 아주 포악하고 움직임도 매우 빠르다고 한다. 이 개미들은 일단 침입자가 자신의 영역을 침범하면 침략자를 절대 그냥 두지 않았다. 그래서 이곳의 달더인들은 이 황금을 얻기 위해 개미가 잠자고 있는 동안 황금이 잔뜩 섞여 있는 모래를 몰래 훔쳐갔다고 한다. 그러나 너무나 황당한 사실은, 달더인들은 야금 기술이 매우 낙후돼 있어 '개미의 입' 에서 목숨을 걸고 빼앗아 온 황금을 아무렇지도 않게 헐값에 팔아버린다는 것이다.

헤로도토스가 실제 존재하는 곳처럼 얘기하긴 했지만 이곳을 안다는 사람은 단 한 명도 없었으니 거기서 황금을 발견했다는 황당무계한 일은 더욱 있을 수 없었다. 그래서 황금 캐는 개미 얘기는 지금까지 신비롭고 기이한 전설로만 전해져 내려오고 있을 뿐이다.

THE AGE OF GOLD

213

황금은 신비의 근원이며 꿈의 제작자, 욕망의 촉진제다. 세계 유명 박물관에 소장된 다수의 황금 제품들은 카이로에서 하르툼Kharttoum에 이르는 나일 강 계곡에서 발굴됐다. 1834년 10월, 펠리니는 메로에Meroe(수단 북부 나일 강 동안의 유적. B.C. 750년경 이래 고대 누비아 쿠시 왕국의 중심 도시—옮긴이) 피라미드를 발견하여 고고학계의 명사로 인정받았다. 당시 이집트는 아직도 오스만투르크 제국의 속국이었다. 펠리니는 수단의 수도 하르툼에서 이집트 군대의 내과의를 담당하고 있었다. 그러나 그는 군복을 벗어버리고 도굴꾼으로 변신했다. 펠리니는 아만니 티에리Amani Tierry 여왕의 피라미드를 발견했다. 아만니 티에리는 메로에의 여왕으로서 로마 황제 아우구스투스와 경쟁 관계에 있었다. 펠리니는 이 누비아 통치자의 보물을 발견했다. 그곳에는 진주, 보석과 황금이 무수했다. 황금은 순도가 높고 보석들은 이국적인 분위기에 아름답기 그지없었다. 서양에서는 엄청난 가치를 가진 보배로 환영받았기에 폭발적인 인기를 끌었다. 이 보석의 생산연대와 이집트의 미녀 클레오트라가 북방 이집트를 통치하던 시기가 대체로 일치한 점으로 보아 보석들은 2,000년 동안이나 지하에 잠들어 있었던 셈이다.

물론 휘황한 빛을 발하던 이집트 문명에서 이 정도의 유물은 빙산의 일각에 불과하다. 지난 몇천 년 동안 얼마나 많은 진귀한 예술품이 불속으로 사라졌는지 아무도 모른다. 또 수 톤 상당의 금들이 도대체 어디서 난 것인지도 묘연하다. 투탕카멘과 아만니 사카이허트 피라미드 속은 거대한 보물 창고나 마찬가지였기 때문에 사람들은 이 황금 제국 안에 과연 무엇이 있는지 호기심이 대단했다.

뮌헨 출신의 지질학 교수 디트리히 크라머Dietrich Cramer는 자신의 팀을 이끌고 고대 이집트 광산을 탐색한 적이 있었다. 그들은 누비아 사막의 심장으로 파고들어가 나일 강을 타고 하류로 내려왔다. 이런 신비한 황금의 보고 때문에 이집트는 위대한 제국이 됐다. 파라오는 강한 왕권을 손에 쥘 수 있었고 명성을 얻었다. 또 누비아 왕조의 통치자인 아만니 티에리 여왕은 화려한 궁전을 지었으며 그의 후대들은 영토를 지중해까지 확장해 강대한 제국을 건설할 수 있었다. 이 제국은 한때 하르툼에서 카이로까지 이르는 광활한 지역을 지배했다.

몇 년을 허비한 끝에 디트리히 크라머와 그의 탐험대는 마침내 파라오의 황금 왕국을 발굴해냈다. 그러나 그곳은 전설처럼 황금을 쌓아 만든 왕국이 아니었다. 그저 누비아 사막에 위치한 금광과 일부 야금 공장의 유적지일 뿐이었다. 디트리히 크라머는 이곳이 과거 고대 이집트 황금의 주요 공급처라고 추측했다. 그 금광들은 젊은 투탕카멘 왕, 또한 메로에 왕조의 통치자 아만니 티에리와 이집트 여왕 사터디후티 사티부티에게 대량의 황금을 제공했다.

● ● ●   스키타이인의 황금

2,000여 년 동안 도굴꾼들은 전설 속의 스키타이인의 황금을 찾아 헤매었다. 호전적인 고대 유목민족의 대표 주자, 스키타이인들은 러시아연방의 공화국인 투바Tuva라는 곳에 묻혀 있었다.

투바의 일부 고분에 대해서는 상세한 연구가 이뤄지기도 했다. 투바에 있는 수많은 고분은 사람들에게 제2의 '왕들의 계곡'을 떠올리게 했다. 독일 고고학원의 원장 헤르만 파싱거Herman Passinger는 이렇게 말했다.

"이곳은 이집트를 연상케 합니다. 어떤 이는 이 불멸의 무덤들이 초원의 피라미드 같다고 말하는데 그게 전혀 얼토당토않은 것만은 아닙니다. 이곳에는 수많은 무덤이 모여 있습니다. 무덤들은 아무렇게나 쌓인 것이 아니라 정성을 다해 만들어진 건축물입니다. 일종의 건축양식을 가진 협동의 산물이지요."

어쨌든 간에 스키타이인의 황금보다는 파라오의 황금에 더 강한 유혹을 느꼈지만, 지난 300여 년 간 학자들도 스키타이인들의 황금을 그리 수월하게 찾아낸 것은 아니었다. 스키타이인 문화의 비밀을 밝혀준 가장 중요한 도구 역시 '삽'이었다.

2001년 여름, 러시아와 독일의 연합 고고학 연구팀은 한 석묘의 묘실을 하나 발견했다. 아마추어 촬영기사 한 명이 고고학계를 한바탕 소란스럽게 한 이 사건을 카메라에 담았다. 독일 고고학원의 부원장은 당시의 상황을 이렇게 묘사했다.

"당시는 우연일 뿐이었습니다. 그건 우리가 발굴하던 유적의 가

영국 탐험가 하워드 카터는 고대 이집트의 소년 파라오, 투탕카멘을 수천 년 간 잠들었던 꿈속에서 깨워냈다.

장 끝부분에 있었어요. 우리는 그쪽은 더 이상 파지 않
으려고 하던 참이었죠. 그런데 바로 그때 그 구덩이
를 발견한 겁니다. 아래로 3.5미터를 파니 무덤의
대들보에 부딪히게 됐지요. 아직까지 완벽하게 보
존된 그 모습을 보자 우리는 순간 호기심으로 가
슴이 터질 것 같았어요. '안에는 과연 무엇이 있을
까?' 이 무덤의 대들보는 세심하게 지어졌으며, 건

스키타이인의 황금 물병

축한 지 얼마 안 된 것처럼 양호하게 보존돼 있었다.
"우랄 지역에서 첫 번째로 발견됐으며 완벽히 보존된 고
대 무덤이었습니다. 도굴꾼의 흔적은 보이지 않았죠." 갈라진 틈으
로 보이는 모습은 고고학자들의 소망, 바로 그것이었다. 보이는 곳
이라면 어디든지 모두 금빛으로 반짝이고 있었다. 황금 액세서리
였다.

　"우리는 눈앞의 보물에 감전된 듯했습니다. 이 물건을 손에 들고
보지 않고서는 이것이 순금인지 알 길이 없었어요. 대부분 묘실은
눈으로 직접 볼 수 없었죠. 그런데 한 동료가 깨어진 틈에 카메라를
들이대는 거예요. 그 순간, 최고로 흥분되는 일이 발생한 거죠." 카
메라 안의 화면은 묘실 바닥에 가득 깔려 있는 황금을 비추었다. 그
곳은 파라오의 무덤에 버금가는 화려함을 자랑하고 있었다. 묘실 안
은 황금이 가득했지만 고고학자들의 장비로는 꺼낼 재간이 없었다.
이때 고고학 탐사대원들에게 든 첫 번째 생각은 '이제는 어떻게 한
다?' 라는 것이었다. 일꾼들은 모두 구덩이 주위에 서 있었다. 탐사
대는 즉시 일부 인원을 해고해버리고 믿을 수 있는 몇 사람만을 남
겨 현장을 지키게 했다.

　학자들과 탐사대원들이 수를 헤아려 본 결과 약 9,000여 개의 황
금 벽돌이 쌓여 있었다. 황금 기구들도 300개나 있었으며 그중에는

스키타이인의 황금 액세서리

부르는 게 값인 고가의 예술품도 상당수였다. 이 학자들은 2,500년 만에 스키타이 왕자의 호화로움을 목격한 첫 사람들이었다. 그들은 놀라운 미지의 세계로 통하는 대문을 활짝 열었다.

이곳의 모든 무덤은 전혀 도굴당한 흔적이 없었다. 그들이 발견한 묘실은 한 쌍의 귀족 부부의 무덤이었다. 그들은 바짝 붙어 누워 있었으며 일반인과는 다른 기품이 엿보였다. 그들의 옷에는 수천 개의 동물형상을 한 황금 장식 핀과 팔뚝 장식도 있었다. 이런 보물들은 훗날 상트페테르부르크의 유명한 겨울 궁전 박물관(러시아 최대의 바로크 건축물, 혁명 전까지는 역대 러시아 황제들이 겨울 궁전으로 사용됐으며 1922년부터 국립 박물관으로 사용 —옮긴이)에 보관됐다.

곧 이어 독일 고고학 연구원에서는 문물 복원에 들어갔다. 세계 정상급 전문가들의 복원 작업을 거치자 이 황금 그릇은 진정한 광채를 내뿜었다.

높은 다리를 가진 컵의 황금 손잡이는 동물 발굽으로 독특하게 처리했다. 화살에 매달려 있는 황금 줄 장식은 우아한 물고기 비늘 모양으로 장식돼 있었다. 그 외에도 날개가 달린 말과 금빛 찬란한 목축용 사슴 등도 있었다. 이런 황금 기물의 동물 디자인은 자기만의 독특한 양식을 보여주고 있다.

그중 묘실의 여주인이 착용했던 황금 머리장식은 2킬로그램이 넘고 샌들 끈에도 100여 개의 황금 구슬이 달려 있었다. 당시 스키타이인들은 고도의 문명을 가진 민족이며 절대 고대 그리스인들이 얕잡아 보던 것 같은 야만인들은 아니었음을 알 수 있다.

인류가 바다를 정복한 이래, 크고 작은 수많은 배가 해저에 가라앉아 세계와 작별했다. 그중 일부 침몰선에는 놀랄만한 수량의 황금, 문물, 예술품 등 진귀한 화물들이 가득 실려 있었다. 추정에 따르면 현재 세계 각지의 해저에 침몰돼 있는 침몰 선박을 전부 인양할 경우, 약 수조 억 달러에 달한다고 한다. 각 침몰선은 일종의 역사 화석으로서 문명과 무지의 궤적을 담고 있다.

세계 인양업계의 거두인 미국 오디세이 해양 탐사회사는 대서양에서 오래된 침몰선 하나를 인양했다. 배에는 무게 17톤이나 되는 식민지 시대의 금은보화가 실려 있었다. 달러로 환산한 가치 총액만 해도 최소 5억 달러 이상이었다. 이 회사는 이 선박에 대해 유사 이래 '물에서 나온' 최대의 해저 보화라고 평가했다. 이 인양 작업은 전 세계를 흥분의 도가니로 몰아넣었다. 사람들은 만나기만 하면 이런 질문을 던졌다. "세계 각지의 해저에 아직도 보물을 실은 이런 침

멜 피셔는 '아토차' 호를 인양하고 대량의 황금 제품들을 손에 넣었다.

피셔와 그의 딸이 금 조각과 금 목걸이를 들어 보이며 기쁨을 감추지 못하고 있다. 보물 사냥꾼들의 필생의 꿈이 이뤄지는 순간이다.

몰선들이 남아 있을까?"

과거 스페인은 남아메리카 식민지에서 가장 야만적인 방법으로 부를 약탈했다. 금은보화를 실은 선박들은 모두 식민지 약탈 죄의 물증이 되고 있다. 1622년 8월, '누에스트라 세뇨라 드 아토차Nuestra Senora de Atocha' 호 휘하의 선대들은 금은보화를 가득 싣고 남아메리카에서 스페인으로 회항하고 있었다. 그런데 하바나 해역에 이르자 예기치 못한 허리케인이 선박을 휩쓸었다. '아토차' 호는 곧 바닷물 속 깊이 해저로 침몰해버렸다. 3세기 후, '보물 사냥꾼' 이었던 멜 피셔Mel Fisher 일가는 모두 바닷물 속에 잠수해 '아토차' 호를 찾기 시작했다. 그들은 한 치의 소홀함도 없이, 돌이 아닌 물건을 보기만 하면 모두 금속 탐지기로 탐지를 시도했다. 1985년 7월 20일, 피셔와 일가족들은 마침내 '아토차' 호를 찾아냈다. 해저에 침몰해 있던 가장 큰 보물선이라 불리던 이 배에는 40톤의 보물이 실려 있었다. 그중 8톤의 황금과 500킬로그램이 넘는 보석이 있었다. 총재산 가치는 4억 달러를 초과해 멜 피셔 일가는 억만장자가 됐다.

1694년 2월, 영국에서는 황실 '서식스' 호를 기함으로 하는 해군 함대를 지중해로 파견해 그곳에서 프랑스와 교전 중인 영국 부대를 지원하도록 했다. 문헌의 기록에 의하면 서식스 호는 그 외에도 별도의 비밀임무를 수행하고 있었다고 한다. 배는 대량의 금은보화를 운반 중이었으며 이 보물은 이탈리아의 사보이Savoye 공작을 매수해 反프랑스 연합에 가입하도록 하는 데 쓰일 목적이었다. 그러나 함대가

오디세이 해양 탐사회사가 대서양에서 인양한 금화들

막 항해를 시작해 지브롤터 해협에 들어섰을 무렵, 해상에서는 갑자기 큰 폭풍우가 일었다. 서식스 호는 불행히도 해저로 침몰하고 말았다. 오딧세이 사는 1998년부터 이 서식스 호를 찾기 시작했다. 4년 후 이미 해저에서 선박의 종적을 찾아냈노라 선포했다. 오딧세이 사는 즉시 영국 회사와 협약을 맺고 이 선박의 인양을 맡겼다. 그러나 얼마 지나지 않아, 스페인이 자신들도 일부를 나눠가져야 한다는 주장을 펼치기 시작했다. 곤란한 상황을 수습하기 위해 영국 국방부 대변인은 영국이 서식스 호와 선상의 보물을 소유한다는 입장을 다시금 천명했다. "서식스 호는 그 어떤 곳에 침몰했든지 상관없이 영국의 재산이다."

1702년, 스페인 역사상 저명한 '황금 선대'가 대서양 비고Vigo 만에서 영국인에 의해 격침당했다. 해저 보물탐사 역사에 길이 남을 대사건은 이렇게 탄생된다. 당시 스페인의 국내 재정 상황은 매우 심각했다. 그래서 17척의 대 범선으로 구성된 방대한 선대는 황제의 명을 받들어 남미에서 노략한 금은보화를 가득 싣고 질풍처럼 스페인으로 돌아오고 있는 중이었다. 그러던 6월 어느 날, '황금 선대'가 대서양 위키 만까지 항해해오던 중 갑자기 영국과 네덜란드의 연합 함대에 길목이 가로막히고 말았다. 절망한 '황금 선대'의 총사령관 은 금은보화를 운반하던 선박을 불태우라는 엄명을 내렸다. 위키만 은 삽시간에 불바다로 변했다.

　포로로 잡힌 한 스페인 해군 상장上將(군대에서 중장과 대장 사이의 직 위—옮긴이)의 추산에 따르면 마차 약 5,000대 분량의 황금과 보물들 이 해저로 가라앉았다. 영국인들은 수차례나 목숨을 걸고 해저로 잠 수해 보물을 찾았지만 획득한 보물은 아주 적었다. 이 보물은 지금까 지도 사냥꾼들의 구미를 당기고 있다. 이때로부터 사방 1,000해리의 바다에는 보물을 찾는 탐험가들의 모습이 자주 나타나고 있다. 물론 대량의 황금을 실은 채 침몰한 배는 이것 하나 뿐이 아니다. 세계 각 지의 보물 탐험가들은 여전히 이 드넓은 바다에서 황금의 꿈을 좇고 있다.

스페인의 '산 호세' 호__ 1708년 5월 28일, 파나마에서 출항한 스페인의 대범선 '산 호세' 호가 스페인 영해로 유유히 진입하고 있었다. 한 눈에 삼엄한 경계 상황을 파악할 수 있는 이 배에는 금괴, 은괴, 금화, 황금으로 주조한 스탠드 등 각종 보물들이 가득 실려 있었다. 이 보물의 가치는 현재 시가로 따져 최소 10억 달러에 달했다. 당시 스페인은 영 국, 네덜란드 등 국가와 적대적인 관계였으며, 영국의 저명한 해군장교 웨이그가 강력한 함 대를 이끌고 부근을 순찰하는 중이었다. 그러나 '산 호세' 호의 선장 페르난데스는 너무나 순진한 생각을 하고 있었다. '이렇게 넓은 바다에서 우연히 적군을 만날 일은 없겠지' 6월 8일, 카리브 해에서 전방에 일자 대형으로 늘어선 영국 함대를 발견한 페르난데스는 너무 놀라 정신마저 혼미해졌다. 순식간에 포성이 울려대고 물기둥이 하늘로 솟구쳤다. 몇 개의 포탄은 '산 호세' 호의 갑판으로 떨어져 거대한 선체는 바닷물에 삼켜져버렸다.
1983년, 콜롬비아의 공공부장 싱클레어는 "'산 호세' 호는 콜롬비아의 국가 재산이므로 탐 욕스런 보물 사냥꾼에게 빼앗길 수 없다."는 공식 선언을 했다. 콜롬비아 정부는 이미 침몰 지점에 대한 탐사를 끝내고 인양 준비를 하고 있었다. 그 비용은 3,000만 달러에 육박하지 만 바다 속 보물선에 비한다면 새발에 피도 되지 않는 금액이었다.

로벤굴라 국왕의 보물

19세기 영국 식민 통치자들은 '태양이 지지 않는 나라'가 되기 위한 무자비한 영토 확장에 여념이 없었다. 마테벨레Matabele 왕국은 그들의 아주 좋은 표적이었다. 9세기부터 아라비아인들은 이곳을 황금의 산지로 여겼고 후에는 '솔로몬의 황금 도시'로 불렀다.

1888년, 남아프리카 주재 영국 광산회사인 '남아프리카 공사'가 로벤굴라Lobengula 국왕과 접촉하기 시작했다. 그들은 로벤굴라가 대영제국의 보호를 받아야 한다며 집요한 설득을 했다. 결국 로벤굴라 국왕은 영국인들과 타협하는 계약서에 서명했다. '루드-로더스 조약'이라 불리는 이 조약은 쌍방이 협력하여 광산을 채굴할 권리를 규정하고 있다. 영국인들은 마테벨레 제국에서 자유롭게 행동할 권리를 얻었기에 언제든지 황금을 채굴할 수 있었다. 또 조약에 대한 답례로 마테벨레 국왕은 완전 무장된 순양함 한 척과 1,000정의 보병용 총을 얻었으며 10만 발의 총알도 덤으로 얻었다. 그 외에 로벤굴라 국왕은 매월 금화 100프랑을 월급으로 지급받을 수 있었다.

조약에서 로더스란 영국인 세실 로더스Cecil Rhodes로 영국 남아프리카 공사의 창시인이었다. 그의 탐욕은 영원히 그칠 줄 몰랐다. 마테벨레 왕국 곳곳에 황금이 널려 있다는 전설만 믿고 그는 이곳까지 오게 된 것이다. 세실 로더스가 마테벨레 왕국 남부에서 함부로 금광을 채굴하자 토착 주민의 농경지와 목장은 크게 파괴됐다. 흑인들은 백인들의 광산에 강제로 끌려가 광산 인부가 됐다. 마테벨레 왕국

영국 남아프리카 공사의 창시자 세실 로더스

로벤굴라 국왕의 보물 이동에
책임을 진 야코푸스

내부 정세도 불안하기 그지없었다. 사기를 당했다
고 느낀 젊은 추장들의 움직임이 심상치 않고 로벤
굴라 국왕의 권위도 심각하게 도전받았다. 토착
주민들 역시 도처에서 전보선을 끊는 등 소규
모 폭동과 소요가 때마다 발생했다.

상황이 이쯤 되자 로벤굴라 국왕은 자신의
재산을 안전한 곳으로 옮기기로 결정했다.
왕의 명을 받들어 이 어렵고도 복잡한 임무
를 수행할 사람은 바로 마테벨레 왕국에서
존경을 한 몸에 받고 있는 국왕의 비서 야코
푸스와 국왕의 이복형제들이었다. 야코푸스
는 당시를 회고하며 이렇게 말했다. "그들은
소가 끄는 달구지 20대에 재산을 옮겨 실었
다. 당시 시가로 몇백 만 파운드에 해당했지만
현재 시가로는 약 4억 마르크에 상당한다. 그중에는 로벤
굴라 국왕의 조상대부터 소유한 상아가 다섯 대 분량이나 됐다. 국
가 규정에 의하면 이 국가의 모든 상아는 국왕에게 바쳐야 했다. 그
외 나머지는 전부 황금이나 다이아몬드였다." 야코푸스는 수백 명의
병사를 데리고 수도 불라와요Bulawayo에서 출발했다. 목적지는 북서
부 늪지대였다. 그들은 관목수풀이 무성한 한 공터에서 걸음을 멈추
고 약 3.5미터 길이의 굴을 팠다. 굴 입구는 한 사람만 겨우 출입할
수 있는 크기로 아주 협소했다. 그 안에 가치를 헤아릴 수 없는 그 보
물들을 매장시켰다. 그 후 야코푸스는 이곳에서 토지를 개간하고 곡
식을 재배하도록 명령했다. 또 주위에 울타리를 쳐서 마치 현지 주
민이 경작하는 농토처럼 보이게 했다. 야코푸스는 그 땅에 표시를
해두고 또 무속인에게 주문을 외우게 했다. 그 후 돌아오는 길에 그

들은 보물을 이송하는 일에 참여한 병사들을 전부 몰살해 이 일을 비밀에 붙였다. 이제 비밀을 알고 있는 사람은 오직 야코푸스와 무속인, 로벤굴라 국왕의 동생뿐이었다.

로벤굴라의 재산에 대한 전설은 이미 오래 전부터 영국인들의 구미를 자극하고 있었다. 로벤굴라 왕이 세상을 떠난 후, 국왕의 숨겨둔 재산을 찾는 일은 아프리카에 사는 영국인들에게 최고의 관심사가 됐다. 그러나 과연 망망한 관목 숲 어디에 보물이 숨겨져 있단 말인가? 당시 이 비밀을 알고 있는 유일한 사람은 바로 야코푸스였다.

1906년, 야코푸스는 마침내 몇 명의 사람들에게 투자금 2,000파운드를 지원 받아 탐험을 시작했다. 탐험이란 항상 위험이 가득한 법이다. 적대감을 갖는 토착 주민은 물론이고, 날씨, 지형, 관목수풀 등 복합적인 요소 때문에 탐험은 예측불가였다. 그런데 당황스럽게도 이 탐험대가 막 목적지 근처에 가까워졌을 무렵, 야코푸스가 돌연 생각을 바꿔버렸다. "나는 반드시 국왕에 충성해야 하며 과거 성령 앞에서 비밀을 지키겠노라는 맹세를 했다."고 밝힌 것이다. 그는 더 이상 탐험대를 이끌지 않았다. 사람들은 어쩔 수 없이 빈손으로 돌아가야 했다. 1908년 야코푸스는 또다시 다른 탐험대를 이끌고 그 비옥한 토지를 찾아왔다. 그러나 결국 길을 잃어 아무런 소득도 없이 돌아가야 했다.

그 이후에 보물을 찾아 나선 탐험 용사는 래플터 중령이었다. 그는 오랜 기간 철저한 준비를 거쳐 보물 탐험에 나섰다. 그리고 과거 보물을 찾기 위해 나섰던 노선, 즉 로벤굴라 국왕이 마지막 퇴각했던 노선을 따라 전진했다. 한 관목 수풀이 있던 공터에서 불에 타버린 마차 두 대의 잔해를 발견할 수 있었고 공터의 중앙에는 거대한 검은 돌이 놓여 있었다. 래플터 중령은 바위 부근에 굴도 뚫어보았지만 아무런 것도 발견하지 못했다.

1930년, 여전히 단념하지 못한 래플터 중령은 다시 한 번 탐사대를 이끌었다. 이번에는 희생의 대가가 너무 컸다. 굴이 무너지면서 수많은 사상자를 냈기 때문이다. 래플터 본인 역시 이질에 감염돼 어쩔 수 없이 탐사를 포기할 수밖에 없었다. 로벤굴라 국왕의 보물 탐사에 마지막으로 이름을 남긴 이는 1963년 로디지아 사람 베르그만이었다. 지금까지 로벤굴라 국왕의 재산이었던 무수한 황금, 다이아몬드가 숨겨져 있는 곳은 여전히 수수께끼로 남아 있다.

차르가 숨긴 황금의 수수께끼

러시아에서 10월 혁명이 성공한 후, 1919년 11월 13일, 러시아 해군 상장上將 알렉세이 바실리예비치 코사크는 부대를 이끌고 28량짜리 장갑열차를 호송하고 있었다. 경계가 삼엄한 이 열차는 옴스크에서 시베리아 대철도를 따라 중국의 북동쪽 변경으로 철수 중이었으며 차르 황제의 황금 500톤이 실려 있었다. 이 황금은 차르 황제가 국민들에게서 짜낸 고혈이었다. 이들은 3개월 간 힘겨운 여정 끝에 바이칼 호수 근처에 도착하게 됐다. 배고픔과 추위에 허덕이던 수많은 부대원은 죽고 말았다. 코사크 장군이 확인한 결과, 철로는 이미 완전히 끊어져 더 이상 통행이 불가능했다. 부대원들에게 썰매로 갈아타고 바이칼 호를 넘어 중국의 변경으로 가도록 지시할 수밖에 없었다.

뼈를 에이는 북풍한설 가운데, 무장 대원의 압송을 받은 썰매가 500톤의 황금을 싣고 달리고 있었다. 그러나 썰매는 80킬로미터 넓이의 호수 위에서 굼벵이처럼 힘겹게 전진을 했다. 1920년 3월 초, 바이칼 호수의 얼음이 갑자기 갈라지기 시작하더니 코사크의 전 부

제5장 황금이 탄생시킨 휘황찬란한 예술과 문화

대와 500톤의 황금도 모두 수심 100여 미터 아래 호수 바닥으로 가라앉고 말았다.

18년 후, 미국에 살고 있던 차르의 한 러시아 군관 슬라브 베크다노프는 자신의 신분을 공개하며 이렇게 밝혔다.

"차르의 보물은 바이칼 호에 빠지지 않았다. 대 부대가 이르쿠츠크에 도착하기 전 이미 다른 곳으로 옮겨졌으며 비밀 장소에 잘 보관해뒀다. 왜냐하면 당시 상황이 아주 위험하고 대 부대도 중국 만주로 철수를 할 수 없었기 때문이다. 어떤 면에서나 생각해봐도 최선의 방법은 황금을 비밀리에 암매장 하는 것이었다. 당시 나는 드란코비치라는 군관의 명령을 받아 황금 매장을 지휘하게 됐다. 45명의 병사를 이끌고 황금을 이송해 이미 허물어져버린 교회의 지하실에 묻어뒀다. 모든 작업이 끝난 후 나와 드란코비치는 45명의 병사를 데리고 채석장으로 가서 기관총으로 그들을 모두 총살시켰다. 돌아오는 길에 나는 드란코비치가 나를 죽이려하는 것을 알아채고 그보다 한 발 먼저 권총을 꺼내어 그를 쏘아 죽였다. 이 46명의 죽음에 대해 주목하는 이는 아무도 없었다. 당시 날마다 실종되는 사람만 100여 명이 넘었기 때문이다. 이렇게 나는 차르의 황금의 비밀을 알고 있는 유일한 생존자가 됐다."

러시아 차르의 황금__ 러시아 전문가들의 견해에 의하면 러시아 '차르의 황금'을 강탈한 나라로는 일본뿐 아니라 미국, 영국, 프랑스 등도 지하 금고에 모두 러시아의 황금을 보관하고 있다고 한다. 러시아 역사학자 시로트킨 교수는 과거 다음과 같았던 상황에 대해 들려줬다. "1915년 12월부터 1916년 11월까지 무기와 화약을 구입하려던 러시아는 보증금 명목으로 미국에 대량의 황금을 실어 날랐다. 그러나 러시아는 그 후 무기를 구입하지 못했을 뿐 아니라 보증금으로 보낸 황금도 돌려받지 못했다. 이 황금은 현재 시가에 이자까지 쳐서 계산한다면 전부 230억 달러에 해당한다." 영국과 프랑스 은행에서도 역시 러시아의 황금을 나눠서 보관하고 있는데 현재 시가로 500억 달러에서 250억 달러에 해당한다.

1959년, 베크다노프는 러시아로 돌아가는 길에 캘리포니아에서 알게 된 미국인 기술자와 우연히 재회하게 됐다. 이 사람은 자신의 본명은 끝까지 털어놓지 않은 채, '존 스미스'라는 가명만 알려줬다. 스미스는 베크다노프의 얘기를 듣자 자신과 함께 차르의 황금을 묻었던 곳을 찾으러 가 보자는 제안을 했다. 그리하여 그들은 다니지라는 젊은 여성과 함께 시베리아 대철도에서 3킬로미터 가량 떨어진 옛 교회의 지하실로 찾아갔다. 그곳에는 과연 차르의 황금이 전혀 훼손되지 않은 채 완벽하게 보존돼 있었다. 그들은 우선 약간의 황금만을 가지고 그곳을 떠났다. 그들이 지프차를 타고 막 그루지야를 거쳐 변경을 지나치려는 순간, 갑자기 총탄이 비 오듯 쏟아졌다. 이 총탄 세례 속에서 베크다노프는 현장에서 즉사하고, 스미스와 다니지는 황금을 버려둔 채 차에서 뛰어나와 죽음의 공포를 느끼며 러시아에서 도망쳐 나와야 했다. 현재까지 이 보물의 실마리는 풀리지 않고 있다. 만일 500톤의 황금이 확실히 바이칼 호수에 빠진 것이 아니라면, 황금을 찾는 데에는 다시 한 번 스미스나 다니지의 도움이 필요할 것이다.

●●● 황금으로 만든 도시

고대 페르시아에는 황금으로 만들어진 도시가 있었다고 한다. 이 도시가 바로 이란인이 세운 최초의 국가 메디아Media 제국의 수도, 하마단Hamadan이다. 정말로 이런 도시가 있단 말인가? 이란어 원어로 하마단은 '모임의 땅'이란 뜻을 가지고 있다. 하마단은 고대 이란 교통의 중심지로서 동서양의 상도를 관통하는 '실크로드'도 바로 이곳을 거쳐 갔다.

헤로도토스의 기재에 의하면 하마단의 건립자는 메디아 제국의 창시자인 데이오케스Deioces(약 B.C. 715~?년)라고 한다. 그는 한 부족 두령의 아들로서 매우 총명했다. 최고의 지위를 얻기 원했던 그는 자신의 부락에서 정의를 실현하기에 힘썼고 결국은 중재자로 뽑히게 됐다. 그의 명성이 점차 사방으로 퍼져나가자 모든 메디아인은 그가 국왕의 자리에 오르는 것에 동의했다. 또한 그에게 국왕 신분에 걸맞은 궁전을 지어주고 호위대를 만들어주자는 데까지 뜻을 모았다. 그 후 그는 또다시 메디아인들이 '강제로' 자기를

하마단 성의 가장 안쪽에 있는 성벽은 황금에 싸여 있다고 한다.

위해 지어준 도시를 새로운 도성으로 삼아야 했다. 그것이 바로 오늘날의 하마단(그리스어로 엑바타나Ecbatana)이다. 그러나 동서양 교통의 요지에 위치한 하마단이 실제 지어진 연대는 데이오케스 통치 시기보다 훨씬 더 거슬러 올라가야 할 것 같다.

하마단의 상황에 관해서는 헤로도토스가 비교적 상세한 묘사를 하고 있다. 그의 기재에 의하면 하마단은 여러 겹의 호위 성벽 안에 지어졌다고 한다. 또 성벽은 외부에서 내부로 갈수록 한 단계씩 높아졌다. 평원에 도시를 건축했기 때문에 이런 구조는 외적의 침입을 막는 데 큰 도움이 됐다. 헤로도토스에게 상황을 소개한 이란인의 말에 의하면 하마단 성에는 모두 일곱 겹의 성벽이 있었다고 한다. 가장 외부의 성벽은 백색으로 아테네 성벽과 길이가 거의 비슷했다.

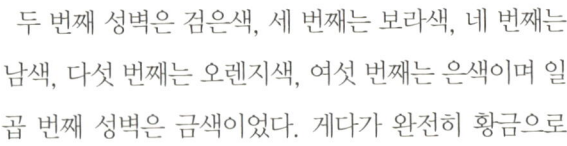

두 번째 성벽은 검은색, 세 번째는 보라색, 네 번째는 남색, 다섯 번째는 오렌지색, 여섯 번째는 은색이며 일곱 번째 성벽은 금색이었다. 게다가 완전히 황금으로 감싸서 만들었다고 한다. 그리고 다이오케스 왕궁은 황금을 두른 마지막 성벽 안쪽에 자리 잡고 있었다.

이란의 전설에는 하마단에 일곱 겹의 성벽이 있는 이유가 전해지고 있지만 특히 마지막 두 성벽이 왜 은색과 황금색인지에 대한 얘기는 거의 괴담에 가까워 믿기 어렵

하마단 성의 황금 술잔

다. 그러나 일부 고전 작가의 눈에 고대 페르시아는 항상 '지상 파라다이스요, 황금이 사방에 널려 있고 무한한 부를 창조할 수 있는 곳'으로 비춰졌다. 헤로도토스는 그리스인들에게 이렇게 얘기했다. "수사Susa(페르시아의 수도)를 소유할 수 있는 부자라면 이 우주와도 부를 다툴 수 있다." 그러나 당시의 수사는 서아시아 지역에서 가장 부유한 도시라고 보기 어려웠다.

같은 시대의 바빌로니아인이 남긴 쐐기문자 자료와 후대의 《알렉산더 원정기》 등의 기록을 볼 때, 하마단은 티그리스-유프라테스 유역 도시와 마찬가지로 일곱 겹 성벽이 없었고 황금과 은 성벽은 더욱 있을 리 만무하다. 메디아 왕국의 초기 상황으로 판단해볼 때 하마단은 하위 부족 내지는 부족의 거주지였을 가능성이 매우 크다. 각 거주지 간에 담으로 경계를 나눈 모습은 중고대 시대의 부락에 따라 거주하던 이란의 도시 주민 구획 방법과 같다. 하마단 성의 담들은 왕궁의 성벽과 겉쪽의 성벽, 모두 합해서 총 일곱 겹이라 한다.

비록 현존하는 문서 자료는 없지만 아시리아 궁정의 부조에서 메디아는 여전히 보통 도시의 면모를 찾아볼 수 있다. 메디아 왕국의

도시들은 모두 성벽이 견고하며 높은 보루를 가지고 있었다. 성 밖을 둘러 파서 못으로 만든 해자垓子가 있어 강력한 적의 침입을 충분히 방어할 수 있었다. 하마단은 메디아의 최대 도시이며 아시리아에 대항하던 메디아 왕국의 중심지였기에 아주 자연스럽게 그 어떤 도시보다 더 웅장했다.

메디아 제국 멸망 후에도 하마단은 고대 페르시아 제국의 4대 도시 중 하나였다. 고대 페르시아의 역대 제왕들은 여름철마다 하마단 왕궁에서 피서를 즐겼다. 하마단의 분주함과 번화함은 가히 상상해 볼 수 있을 것이다. 고대 티그리스-유프라테스 유역에서는 항시 화려한 궁정 연회가 벌어졌고 하마단은 왕궁의 성지였기에 당연히 예외가 아니었다.

페르시아 제국의 역대 왕실 가족들이 하마단에서 어떤 화려한 생활을 했는지, 자연스럽게 상상이 될 것 같다. 고대 하마단은 각 시대마다 어떤 도시를 건설했을까? 그곳에는 정말 황금이 온 땅에 뒤덮여 있을까? 그 대답은 우리도 알 수 없다. 하마단 고성의 발굴 작업이 지금까지도 이뤄지지 않고 있기 때문이다. 한 가지 확신할 수 있는 일은 하마단은 이란 역사상 2,700년 동안 번영했다는 것이다. 현재까지도 하마단은 여전히 이란에서 가장 중요한 도시로 각광받고 있다.

황금을 향한 환상
골드러시 광풍

The Age of Gold

19세기에 접어 들자 세계 곳곳에서 금광 발굴 소식이 전해져왔다. 이와 더불어 황금을 향한 환상 속에서 부와 사치, 꿈과 모험, 야심과 욕망, 권력과 기지가 함께 뒤섞인 수많은 인간 군상의 얘기가 쏟아져 나왔다.

황·금·을 향·한·환·상

사방에 황금이 깔린 캘리포니아

1839년 독일계 스위스인 존 서터John Sutter는 하와이를 거쳐 캘리포니아에 정착했다. 그는 캘리포니아 총독을 설득하여 아메리칸 강과 새크라멘토 강의 합류지에 위치한 5만 에이커에 달하는 비옥한 땅을 임대받았다. 1847년 가을, 존 서터는 제임스 마샬을 고용해 북쪽으로 50마일 떨어진 아메리칸 강변의 새크라멘토 인근에 제재소를 세웠다. 이 일은 매우 힘든 작업이었다. 제임스 마샬은 먼저 수로를 만들고 아메리칸 강의 물줄기를 제재소 공장으로 끌어와 수차 발전기를 돌릴 계획을 세웠다.

제임스 마샬이 아메리칸 강을 살피러 나왔을 때였다. 무심코 주변을 살피던 그는 문득 황금빛으로 반짝이는 뭔가에 눈길이 쏠렸다. 강바닥이 온통 번쩍거리는 무언가로 뒤덮여있었던 것이다. 훗날 제임스 마샬은 이 날의 일을 자신의 일기에 이렇게 남겼다.

"강바닥에 반짝이는 것을 집어 올려 자세히 살펴본 순간 나의 심장이 터질 것처럼 요동쳤다. 그것은 바로 완두콩 반쪽만한 크기의 황금이었던 것이다…."

독일계 스위스인 존 서터가 캘리포니아에 세운 제재소

나흘 뒤, 제임스 마샬은 존 서터의 농장으로 돌아가 자신이 강바
닥에 주운 물건을 보여줬다. 두 사람은 낡은 백과사전을 꺼내들고
꼼꼼하게 비교해본 끝에 그것이 황금임을 확신했다. 그러나 존 서터
는 기쁨보다는 걱정이 앞섰다. 만약 정말로 강가에 황금이 깔려 있
다면 자신이 부리던 일꾼들이 일을 내팽개치고 금을 캐러 산속으로
들어갈 게 뻔했다. 그렇게 되면 스위스와 독일계 이민자들을 위한
정착지를 만들어 유토피아와 같은 농촌을 건설하려 했던 자신의 꿈
은 수포로 돌아가는 것이었다. 이러한 존 서터의 우려는 불과 며칠
만에 현실로 나타났다.

당초 존 서터와 제임스 마샬은 아메리칸 강가에서 황금을 발견했
다는 사실을 철저히 비밀에 부치기로 약속했다. 그러나 낮말은 새가
듣고 밤말은 쥐가 듣는 법, 비밀은 이내 밖으로 새나가고 말았다. 물
론 처음에는 황금이 사방에 널렸다는 사실을 곧이곧대로 믿는 사람
이 없었다. 그러나 약삭빠른 장사꾼 사무엘 브랜넌이 아메리칸 강에

서 발견한 사금을 공개적으로 자랑하면서 소문은 급속도로 퍼지기 시작했다. 사람들은 그때서야 이것이 헛소문이 아니라 사실임을 깨닫게 됐다. 그들은 너도 나도 짐을 꾸려 고향을 나섰다. 일확천금을 꿈꾸는 수많은 사람이 벌떼처럼 몰려들면서 역사상 가장 유명한 골드러시가 시작된 것이다.

황금으로 말미암은 비극적 최후

존 서터와 제임스 마샬은 제일 처음 황금을 발견했지만 그들의 삶은 매우 불행했다. 제임스 마샬은 평생 금광을 제집 드나들듯이 살아도 가난에서 벗어나지 못했다. 그의 주인 존 서터의 말년은 더욱 비참했다. 그가 야심차게 건설했던 농장은 골드러시로 말미암아 풍비박산이 나고 말았다.

황금을 발견한 사실을 비밀에 부치기로 약속했지만 그들의 의지와는 상관없이 아메리칸 강에서 금광이 발견됐다는 소식이 방송을 통해 알려지자 존 서터는 재앙이 도래했음을 직감했다. 그로부터 며칠 뒤, 수만 명의 사람들이 마치 하늘을 가득 메운 메뚜기 떼처럼 몰

려들어왔다. 그들 중에는 수백 킬로미터를 걸어온 이도 있었고, 말이나 마차를 타고 온 이도 있었다. 존 서터가 부리던 인부들도 일감을 내던진 채 금광을 찾아 떠났고 심지어 우유를 짜던 여인들도 빈 우유 통을 들고 금을 캐러 떠났다. 농장을 돌보는 인부들이 사라지자 젖소나 양들은 울타리를 뛰어넘어 농작물을 뜯어먹고 마구 짓밟았다. 인근 마을의 공장은 모두 문을 닫았고 상점에서 팔던 가래나 체는 동이 났다.

존 서터는 황금을 가장 먼저 발견한 사람이었지만 가장 불행한 최후를 맞았다.

존 서터에게는 금을 캐기 위해 몰려든 사람들이 도적떼나 다름없었다. 그들은 칼이나 리볼버 권총으로 존 서터를 위협하며 그의 땅을 침범했다. 농장 안의 가옥을 차지하고, 소와 양을 제멋대로 잡아먹었으며, 농경지를 망쳐 놓았다. 존 서터의 삶의 터전은 그야말로 하룻밤 사이에 풍비박산이 난 셈이었다. 그는 목숨이나마 부지하기 위해 농장을 버리고 궁벽한 농촌으로 이주했다. 설상가상으로 가난과 병마에 아내가 먼저 세상을 떠났지만 그는 좌절하지 않고 새로운 희망을 안고서 세 아들과 땅을 일구었다. 10여 년이 지난 뒤, 정부의 엄격한 통제 아래 골드러시로 광란의 도가니에 빠졌던 샌프란시스코는 점차 질서를 되찾았다. 존 서터는 이를 틈타 주 법원에 소송을 청구했다. 그의 농장을 무단으로 점거하고 살던 채광꾼들 1만 7,221명을 상대로 고소한 것이다. 이들에게 그의 사유지에서 떠날 것을 요구하는 동시에 그가 개인적으로 건설했던 도로와 교량, 저수지, 방앗간 등 설비를 복원시켜 줄 것을 주 정부에 요구했다. 더불어 채굴한 황금의 일정량에 대한 자신의 소유권을 주장했다. 그는 소송에서 이기기 위해 둘째 아들 에밀을 법대에 진학시켰으며, 4년의 준비기간 동안 대량의 법적

골드러시 광풍이 몰아치기 전 평화롭기만 하던 서터의 농장

증거물을 모으고 법 조항에 대한 지식을 쌓았다. 뿐만 아니라 거액의 소송비를 충당하기 위해 엄청난 빚을 지는 무모함까지 감행했다.

1855년 3월 15일 주 법원은 최종 판결에서 존 서터의 손을 들어줬다. 그의 토지 소유권이 완전히 합법적임을 인정해준 것이다. 그는 묵은 체증을 쓸어내리며 안도의 한숨을 내쉬었다. 그러나 누가 상상이나 했을까? 재판에서의 승소는 그에게 더욱 엄청난 불행을 가져왔다.

재판 판결 소식을 전해들은 채굴자 만여 명이 떼를 지어 폭동을 일으킨 것이다. 재산상의 손실을 우려한 채굴자들은 물불을 가리지 않고 보복행위를 가했다. 주 법원 건물에 불을 지르고 대법관을 목졸라 죽이겠다고 위협했으며, 존 서터의 가족을 몰살시키기 위해 떼지어 쳐들어갔다. 그들은 존 서터의 세 아들을 죽이고 금품을 훔친 뒤 집을 불태웠으며, 농작물까지 짓밟았다. 존 서터는 친구의 도움으로 간신히 목숨을 건질 수 있었다.

참으로 치명적인 타격이었다. 집안이 또 다시 풍비박산 나고 자식들까지 잃어버린 존 서터는 충격을 이기지 못해 정신착란 증세를

골드러시 기간 동안 인구가 급격히 늘어나자 의·식·주 등 생활 필수품의 공급이 급격히 부족했다. 물가는 치솟고 생활비도 더 많이 들었다. 수입보다 지출이 더 많아지자 수많은 사람은 강도질로 생계를 유지했다. 황금을 좇는 채굴자들의 무분별한 도둑질로 골머리를 앓고 있었던 서터의 눈에 채굴자들은 강도 일당과 다름없었다.

일으켰다. 그런 와중에도 그의 머릿속에는 법에 억울함을 호소하여 도움을 받아야 한다는 생각이 떠나지 않았다. 그리하여 워싱턴으로 올라간 그는 남루한 옷차림으로 25년을 하루같이 의사당 앞을 어슬렁거렸다. 1880년 7월 17일 존 서터는 갑작스런 심장마비로 의사당 건물 계단에서 비참한 최후를 맞이했다. 찢기고 닳은 셔츠 안에는 죽어도 눈을 감을 수 없는 그의 억울함이 담긴 기소장이 들어 있었다.

골드러시의 최후 승자

사무엘 브랜넌은 본래 작은 잡화점의 주인이었다. 그는 아메리칸 강에서 주워온 사금을 병에 담아 샌프란시스코로 나가 사람들에게

캘리포니아의 채굴자들

보여줬다.

"금이요, 황금이요! 아메리칸 강에서 주운 황금이란 말이오!"

사무엘 브랜넌의 선전 덕분에 그동안 황금이 발견됐다는 소문에 반신반의하던 사람들이 우르르 떼를 지어 아메리칸 강으로 향했다. 거의 모든 회사가 문을 닫고 선원들은 배를 샌프란시스코 만에 처박아뒀으며, 사병들은 병영을 이탈하고, 하인들은 주인을 떠나 금광을 향해 몰려갔다. 농민들은 개간하던 땅을 내팽개쳤고, 노동자는 기계를 내던졌으며, 공무원은 사무실을 떠났다. 심지어 선교사들까지 교회당을 버려둔 채 앞 다투어 캘리포니아로 향했다. 1848년 6월에 이르러서는 샌프란시스코의 가옥 절반이 텅 빈 채로 방치됐다. 신문사도 직원은 물론이거니와 신문을 구독하는 사람들마저 금 캐러 떠나버린 탓에 결국 폐간되고 말았다. 당시 샌프란시스코의 인구 840명이 몇 주 만에 수십 명으로 줄어들었으니 골드러시 광풍이 얼마나 거세게 몰아쳤는지 짐작하고도 남음이 있다. 이러한 골드러시 광풍은 샌프란시스코 북부의 오리건 주와 남부의 멕시코까지 번져나갔다. 오

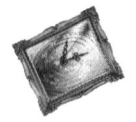

제6장 황금을 향한 환상 – 골드러시 광풍

리건 주의 경우 1848년 여름, 당시 성인 남자 인구수의 절반에 해당하는 약 3,000여 명이 수확기를 앞둔 농작물을 내버려둔 채 캘리포니아로 향했다. 멕시코의 경우도 약 4,000여 명의 사람들이 캘리포니아로 몰려갔다.

사무엘 브래넌이 골드러시의 신호탄을 쏴 올린 것은 사람들이 벼락부자가 되기를 바라는 마음에서가 아니라 순전히 자신의 상점 매상을 올리기 위해서였다. 과연 그의 예상대로 구름떼처럼 몰려든 채굴자 덕분에 그의 잡화점에서 파는 삽이나 도끼, 쟁반 등과 같은 채굴도구 가격이 폭등하기 시작했다. 며칠 전만해도 20센트에 불과하던 쇠 쟁반이 무려 15달러까지 오른 것이다. 장사로 거금을 쥘 수 있다고 판단한 사무엘 브래넌은 온갖 수단을 총동원해서 채굴자들이 필요로 하는 물건을 조달했고 대신 사금을 받아 챙겼다. 이런 방식으로 9주 만에 3만 6,000달러를 벌어들이면서 그는 샌프란시코 최고의 부자가 됐다.

● ● ●　　　　　　　　## 골드러시 속에서 탄생한 청바지

사무엘 브래넌 같이 사업수완이 뛰어난 사람은 사실 한둘이 아니었다. 당시 캘리포니아 전역에는 돈을 벌 기회들이 넘쳐나 한 가지 뛰어난 재주만 있으면 배는 곯지 않고 살 수 있었다. 예를 들어 고기구이를 파는 노점상 아주머니도 단시간 안에 1만 8,000달러를 벌어들였고, 바지 세탁 일용직공은 바지 열두 벌을 세탁하고 8달러를 벌 수 있었다. 더 재미있는 에피소드도 있었다. 금광채굴 구역에서는 여자라곤 눈을 씻고 봐도 찾아보기 힘들었기에 이에 착안한 한 젊은 이가 결혼식을 올리기 전, 누구든지 5달러만 내면 자기 아내가 될

리바이 역시 금을 쫓던 채굴자의 한 사람으로 힘겨운 금광 채굴 생활을 견뎌내야 했다. 도굴꾼들이 많았기에 리바이는 차라리 채굴자들에게서 금을 캐자는 생각의 전환을 했다. 이 발상 덕분에 그는 크나큰 성공을 이뤘다. 리바이는 자신의 힘과 노력으로 청바지 업계의 대표 브랜드인 Levi's를 만들어냈고, 이 브랜드는 미국 서부문화의 상징으로 자리잡았다.

'새 신부'를 볼 수 있다는 광고를 낸 것이다. 놀랍게도 그는 600달러를 벌어들였다.

이들 가운데 최고 유명 인사로는 역시 리바이 스트라우스Levi Strauss를 들어야 할 것이다. 20대를 갓 넘긴 이 유태계 독일인 이민자 청년 역시 일확천금의 유혹을 뿌리치지 못하고 있었다. 그는 넌더리 나던 사무직을 포기하고 거대한 골드러시의 물결을 따라 샌프란시스코에 정착했다. 그러나 벌떼처럼 몰려든 채굴자들을 목격하자 '땅속의 금을 캐기보다는 차라리 이 사람들에게서 금을 캐자.'는 생각의 전환을 하게 됐다. 그는 당시 일용잡화상을 열었으며 사업도 꽤 번창했다. 하지만 한 가지 고민은 천막과 마차를 만들 때 사용하는 텐트 천을 대량 구입했는데 찾는 사람이 아무도 없다는 것이었다.

그러나 그는 곧 한 가지 사실을 알게 됐다. 광부들의 바지가 아주 빨리 닳는 데다가 보통 바지 주머니는 광석을 얼마 담지 못하고 터

골드러시의 열기가 잦아든 후 리바이의 청바지는 미국 노동자들이 가장 선호하는 작업복이 됐다.

져버려 광부들은 늘 불평할 수밖에 없었다. 리바이 스트라우스는 그들을 보는 순간 반짝이는 아이디어가 떠올랐다. 팔지 못한 재고 텐트 천으로 쉽게 닳지 않는 작업복을 만들면 좋겠다는 생각이었다. 그는 텐트 천을 사용하여 엉덩이에 꼭 끼는 일자형 바지를 만들어봤다. 최초의 청바지는 텐트 천과 같은 갈색이었다. 게다가 바지를 허리 위쪽으로 올릴 수 있게 디자인 되어 광부들은 이 바지를 일반 바지 위에 겹쳐 입었다. 그는 더욱 튼튼한 바지를 만들기 위해 호주머니와 바지 지퍼 쪽에 반짝반짝 빛나는 구리 못을 박아 넣었다. 리바이 스트라우스는 자신이 만든 이 바지를 광부들에게 팔기 시작했는데 면바지보다 훨씬 질기고 튼튼했기 때문에 광부들에게 아주 인기가 좋았다. '리바이의 바지Levi' s Pants' 가 입소문을 타고 널리 유명해지자 그는 잡화점을 팔아버리고 텐트 천 재질의 작업복을 전문 생산하는 의류회사를 차렸다. 훗날, 리바이 스트라우스가 직접 만들어낸

Levi's 청바지는 미국 서부문화를 상징하는 대표 브랜드로 우뚝 서게 됐다.

골드러시 속의 중국인

골드러시로 샌프란시스코는 인구가 폭증했다. 북아메리카와 유럽, 그리고 중국에서 온 수천, 수만의 채굴자들이 모두 이곳으로 몰려들었기 때문이다. 이 골드러시 속에서도 중국인들은 수적인 면에서 단연 최고였다. 1849~1882년까지 약 30만 명의 중국인(광둥廣東성과 푸젠福建성의 이민자 위주)들이 미국으로 몰려들어 대부분 서부에 자리잡았다. 이는 중국 역사상 최대의 이민 물결이었다. 이민 초기에 화교들은 대부분 황금 때문에 이민을 왔지만 황금 채굴의 가능성이 점점 희박해지자 음식점이나 세탁소 등 서비스 직종으로 이전해가기 시작했다. 미국 서부와 오스트레일리아의 멜버른은 '새로운 황금산新金山'으로 불리고 있었다. 가난한 중국 농민들은 샌프란시스코를 황금이 많이 나는 '오래된 황금산舊金山'이라 불렀다. 이 이름은 지금까지 사용돼 샌프란시스코의 중국어 명칭으로 굳어졌다.

중국인들이 캘리포니아에서 황금을 채굴하고 있다.

중국인들은 우선 샌프란시스코의 광산에서 일했으며 샌프란시스코 등지의 경제발전에 큰 공을 세웠다. 당시 한 미국 목사는 이런 말을 남겼다. "중국인 노동자들이 없다면 샌프란시스코 공장은 하루라도 돌아갈 수 없다."

그러나 정치적인 세력이 없었던

1820년부터 미국은 중국 이민자들에 대한 입국 기록을 시작했다. 1850년 이전에 미국에 거주하던 화교들은 극소수였다. 그러나 미국에 골드러시의 광풍이 몰아치자 중국 연해의 광둥과 푸젠 등은 금세 큰 영향을 받았다. 그중 광둥에서 온 화교의 숫자가 제일 많았다. 샌프란시스코에서 들려오는 소문들은 이민자들에게 아메리칸 드림을 키울 수 있는 가장 큰 원동력이 됐다.

화교 이민자들은 착취 받는 최하층에 머무를 수밖에 없었다. 미국 백인들은 불평 없이 일만 열심히 하는 화교들 때문에 일자리가 점점 줄어든다고 여겨 정부가 화교축출 정책을 취하도록 압력을 행사했다. 그리하여 1850년 압박에 못 이겨 미국 정부는 황금을 찾기 위해 서부로 향하는 외국인들에게는 매달 20달러의 채광세를 받자는 법안을 통과시켰다. 미국에서는 강도들도 외국인들만 골라 금품을 빼앗았고, 특히 화교들은 그들의 표적이 됐다. 현지 정부는 화교들의 형사사건에 대해서는 전혀 신경을 쓰지 않았기 때문이다. 그래서 화교 이민자들은 황금을 안전하게 고향으로 가져가기 위해 황금을 녹여 요리를 볶을 때 쓰던 쇠 주걱 안에 부어넣었다. 요리주걱은 몇 번 요리를 하고 나면 기름때가 시커멓게 묻기 때문에 어느 누구도 관심을 갖지 않았다. 화교들은 중국에 무사히 돌아오면 주걱 안의 황금을 다시 원상복귀 시켰다.

그들은 이런 잔혹한 환경 속에서 끈질기게 생존하며 생명력을 이어왔다. 지금까지도 샌프란시스코는 미국에서 화교들이 가장 많이 거주하는 최대 거점으로 평가받고 있다.

••• 샌프란시스코─골드러시와 함께 탄생한 도시

샌프란시스코는 골드러시와 함께 빠르게 성장한 도시다. 이곳은 본래 스페인의 식민 거점이었는데 후에 멕시코에 인수 관할됐고, 미국과 멕시코 간의 전쟁이 끝난 후에는 미군이 점령했다. 골드러시의 광풍이 밀려오자 샌프란시스코는 세계에서 가장 빠르게 발전한 도시가 됐다. 1848년 3월 인구 840명에 불과하던 곳이 1849년 초에 이미 5,000명에 가까웠으며 1850년에는 2만 5,000명까지 늘어났다.

인구의 급증으로 의·식·주 등 생활필수품의 공급이 급격히 부족하게 됐으며 특별히 서비스 업계의 발전은 사회 발전을 따라가지 못해 물가가 비약적으로 치솟았다. 당시 샌프란시스코에서는 미국 동부에서 4~5센트밖에 하지 않는 빵 한 조각이 50~75센트에 팔렸다. 세탁소에서 옷 한 벌 세탁하는 데도 8달러가 필요했다. 때문에 캘리포니아의 노동자들은 아예 더러운 옷을 유람선 편에 하와이로 운송해서 세탁했다. 본래 15달러 밖에 하지 않던 땅 한 조각은 8,000달러까지 올라갔다. 여러 상점들은 심지어 고객들이 위스키나 생활용품을 사는 데도 사금파리로 계산하도록 했다.

골드러시는 미국 현대화에 혁명적인 변화를 일으켰다. 미국의 유명 역사학자 프란츠는 이렇게 말했다. "골드러시는 미국 역사에 있어서 남북전쟁보다 더 큰 역할을 했다. 십자군 전쟁 이래로 가장 많은 인구의 이동을 불러왔으며 미국의 경제발전을 이끌었다."

골드러시는 또한 미국 서부개발의 서막을 열었다. 이로써 광산 채

골드러시 전의 샌프란시스코는 시골 읍내에 불과했다. 골드러시는 샌프란시스코를 순식간에 미국에서 가장 번화한 도시로 변화시켰다.

굴업은 서부 개발의 주요 산업이 됐다. 광산 채굴업은 제조, 기계, 목재 등 관련 산업의 발전을 주도했으며 광공업에 필요한 농목업, 교통 운수업 등의 발전을 촉진했다. 또한 미국 서부의 도시화를 가속화했다. 1849~1857년까지 10만 명의 채굴자는 10억 달러 이상의 황금을 채굴했으며 그중 절반의 재화가 샌프란시스코로 다시 흘러들어왔다. 샌프란시스코는 당시 런던에 이어 세계 제2위의 번화한 도시로 발돋움했다.

오스트레일리아의 '새로운 황금산'

캘리포니아의 골드러시는 1854년부터 조금씩 사그라지기 시작했다. 그 무렵 오스트레일리아에서는 또 다른 골드러시가 일어나고 있었다. 미국 서부의 채굴자들이 찾을 수 있었던 황금은 금가루나 아주 작은 금 알갱이에 불과했다. 그러나 오스트레일리아에서 채굴자들은 가는 곳마다 덩어리 모양의 황금을 찾을 수 있었다. 가장 신기했던 일은 1849년 양치기 채프먼이 소버린 힐 금광 부근에서 양을 치다가 강바닥에서 69킬로그램이나 나가는 거대한 황금 광석을 발견한 일이다. 이 금덩어리는 지금까지 발견된 천연 금광석 중에서 순도가 거의 100퍼센트에 가까운 첫 번째 금광석이었다.

오스트레일리아는 영국 죄수들의 유배지였기 때문에 죄수들도 여기에서 금 덩어리를 발견하곤 했다. 영국 식민지 당국에서는 죄수들이 금광의 존재를 알아차리길 원치 않았지만 황금을 발견했다는 사람들이 점점 늘어났다. 1842년, 폴란드의 파블로 스체라이츠키 백작은 빅토리아 산에서 황금을 함유한 석영 광산을 발견했다. 그는 오스트레일리아 총독의 요청으로 침묵은 지켰지만 그 대가로 폴란드의 자유전사 코시치우슈코Tadeusz Ko ciuszko 장군의 이름을 오스트레일리아에 있는 알프스 산 최고봉의 이름을 삼아달라는 요청을 했다. 결국 총독은 그의 요청을 들어줘야 했다.

몇 년 후, 지질학자 클라크 신부는 배서스트Bathurst 섬에서 우연히 주먹만한 크기의 금을 발견하게 됐다. 그는 총독 조지 그리피스에게 이 금을 내보였다. 1848년, 사람들은 더 많은 금덩어리를 발견했다.

주민 대표단은 지질탐사를 요청했지만 정부는 '공중에 폐를 끼칠 수 없다.'는 이유로 거절했다. 그러나 침묵은 곧 깨졌다. 1851년 5월 15일, 〈시드니〉 조간 신문에 에드워드 하더먼드 하그레이브라는 사람이 배서스트 섬 부근에서 대량의 황금을 발견했다는 기사가 실린 것이다. 이 기사는 당시 전 오스트레

오스트레일리아로 몰려간 빈민 채굴자들

일리아를 뒤흔들었다. 이후 2년 동안 사람들은 또 밸러랫 등지에서 천연 황금을 발견했다. 그리하여 세계 각지 수천, 수만 명의 채굴자들이 벌떼같이 몰려들며 오스트레일리아의 휘황한 골드러시가 시작됐다. 밸러랫은 1850년대 세계를 뒤흔든 '오스트레일리아판 골드러시'의 발상지였다. 밸러랫은 사람들에게 '새로운 황금산'이라 불렸고 밸러랫 금광은 오스트레일리아 국가 부흥에 크게 기여하게 됐다.

●●● 골드러시가 몰고 온 사회개혁

사실상 금광 개발 초기에는 적지 않은 사람들이 골드러시의 꿈을 이루었다. 밸러랫의 고든 광구에서 채굴하던 사람은 5피트 깊이의 갱도 밑바닥에 흩어져 있던 대량의 황금을 발견하기도 했다. 밸러랫의 또 다른 채굴자는 누워서 떡 먹듯, 갱도에 굴러다니던 1,800파운드 시가의 천연 황금을 발견했다. 골드러시의 열기가 가장 뜨거울 때는 시드니에서 멜버른까지 모든 남자가 전부 황금 금광으로 달려갔다. 심지어 농장주인까지도 농장을 때려치우고 골드러시의 대열에 합류

했다. 가장 심했던 경우, 적어도 6,000명 이상의 채굴자가 함께 옹기
종기 모여 300에이커의 땅만 파는 일도 있었다.

황금으로 벼락부자가 되는 사람들이 생겨나면서 정부도 이 현상
을 주목하기 시작했다. 뉴 사우스웨일즈와 빅토리아에서 골드러시
의 열풍이 불어 닥치자 당국은 아주 엄격한 관리 조치를 취했다. 두
개의 식민구역에 모두 광산구역 관리기구를 건립하고 경찰을 증원
했다. 정부는 당시 영국 금광이 황실의 소유라고 규정한 법률에 근
거해 법령을 반포했으며, 채굴자들이 반드시 황금채굴 영업증을 발
급받고 영업비를 납부하도록 했다. 그러나 행운의 여신을 만나지 못
한 대다수의 채굴자들에게 있어 정기적으로 납부해야 하는 영업비
는 큰 부담이 아닐 수 없었다. 영업비를 내지 못한 채굴자는 경찰의
가죽 채찍질과 각종 비인격적인 모욕을 당해야 했다.

시간이 흘러감에 따라 채굴자들과 식민당국의 갈등은 심화되기
시작했다. 점점 격화된 갈등은 결국 무장봉기로까지 발전했다. 1854
년 10월 6일 저녁, 밸러랫 금광에서 일하던 제임스 스코비라는 광산
인부가 유레카 여관 문 앞에서 패싸움을 하던 중 맞아 죽었지만 정

밸러랫의 채굴자들

작 진짜 살인범은 법정에서 멀쩡히 석방됐다. 분노한 채굴자들은 만 명이 운집한 집회를 통해 항의의 뜻을 보이며 살인범을 두둔한 유레카 여관을 잿더미로 만들어버렸다. 비록 당국도 다시 재판을 벌여 실수를 만회하려 했지만 사태는 이미 엎질러진 물이었다. 유레카 여관

밸러랫을 향해 길을 재촉하는 채굴자들

사건은 한바탕 폭풍의 도화선이 됐다. 11월, 금광에서 일하던 인부들은 피터 랄로와 오웬의 지도하에 보루를 쌓고 울타리에 자체적으로 제작한 '남십자성' 기를 걸었다. 곧이어 지도자들은 인부들을 이끌어 선서를 한 후 '빅토리아 공화국'의 건국을 선포했다. 국기는 파란 깃발 위에 은색의 남십자성 도안이 그려져 있는 '남십자성' 기였다. 당시 대략 500여 명이 '빅토리아 공화국'을 수호하겠다는 선서를 했다. 한 달 후, 274명의 병사들과 경찰들이 몰려와 '빅토리아 공화국' 진지를 포위해버렸다. 결국 25분간의 격전 끝에 정부군이 봉기군을 진압하자 봉기군의 두 지도자들은 황망히 도망쳤다. 비록 봉기는 실패로 끝났지만 정부의 타협안을 끌어내는 수확을 얻었다. 봉기자들의 책임을 묻지 않았을 뿐 아니라 금광 개발과 관련된 일련의 새로운 정책들을 발표했다. 예를 들어, "당국은 영업세를 철폐한다, 매년 1파운드만 내면 금광 채굴권을 얻을 수 있다, 금광구의 주민들 역시 선거권을 가질 수 있다."는 것 등이었다. 금광 채굴권을 가진 사람이라면 모두 선거에 참여할 자격을 갖춘 것으로 간주했다. 이번 봉기는 오스트레일리아의 민주주의가 발전하는 데 큰 기여를 했다. 당국은 고압적인 통치는 만병통치약이 아니며, 국민들에게 민주적인 권리를 부여해줄 때만이 사회를 안정적으로 유지할 수 있음을 깨

달은 것이다.

골드러시가 오스트레일리아에 끼친 영향은 상당히 크다. 황금 채굴업이 가장 흥성하던 몇 년 동안 오스트레일리아의 인구는 몇 배나 불어났고 대량의 황금으로 얻은 수입은 경제 발전을 다시금 촉진했다. 영국과 오스트레일리아 간에는 정기적인 수상 운송이 개통됐다. 도로 시설도 개선됐으며 철로를 보수하고 천연가스 조명을 사용했다. 유선 전보 등도 하루가 다르게 발전했다. 동시에 골드러시는 오스트레일리아의 민주정치를 촉진했다. 각종 노동 운동과 정치 활동도 이와 함께 태동했다. 초기 오스트레일리아 정치가 웬트워스Wentworth는 1851년 7월에 이렇게 예언했다. "황금을 발견한 덕에 우리는 식민지에서 또 다른 국가로 진화하게 됐다."

••• 중국 화교들의 고난에 찬 골드러시의 역사

1857년 오스트레일리아에서 골드러시의 물결에 합류한 중국인들은 약 4만여 명에 달했다. 그들은 대부분 금광에서 일했으며 금광 인부의 6분의 1을 차지했다. 당시 중국인들은 기술도 없고 공구도 매우 간단하며 백인들과 금광 개발 주도권을 다툴 처지가 못 됐다. 그저 백인들의 눈에 차지 않았거나 폐기된 금광에서 채굴을 하는 수밖에 없었다. 오늘날, 멜버른에서 100킬로미터 떨어진 반디에고 금광에는 아직도 당시 중국인들이 채광을 하던 원형을 보존해놓고 있다. 부지런함과 기지로 일정량의 금을 채굴한 중국인들은 금의환향할 수 있었다. 그러나 대다수는 오랜 세월 동안 고된 삶을 되풀이했지만 꿈은 점점 더 멀어져갔다. 수많은 청년이 과로사로 이국타향에서 요절했다. 반디에고에만도 황금을 캐는 중국 인부가 2,000여 명에

이르렀다. 그들은 거의 평균연령 마흔 다섯 살을 못 채우고 세상을 떴다. 그 원인 중 하나는 열악한 자연과 노동환경이었으며 또 다른 원인은 정부의 불공평한 착취와 백인들이 폭력을 행사했기 때문이었다.

중국인들은 오스트레일리아에서 상상하기 어려운 핍박과 모욕을 당했다. 강탈과 구타를 자주 당했으며 누추한 거처마저도 자주 백인들의 공격에 풍비박산이 나고, 수많은 광산에서 아무런 이유 없이 내쫓겼다. 백인들은 황금을 독점하기 위해 중국인들을 배척하는 폭행을 일삼았다. 가장 규모가 큰 폭행은 1861년 6월 30일에 일어났다. 래밍 플랫에서 약 3,000명의 백인 폭도들이 아무런 방어수단도 갖추지 않은 중국인들을 공격했다. 그들은 큰 몽둥이와 다른 흉기들을 들고 중국인들의 허물어져가는 텐트로 달려와 그들을 구타했으며 미친 듯이 모든 것을 파괴하고 텐트를 불태웠다. 또 파렴치하게도 돈이 되는 물건이라면 닥치는 대로 약탈했다. 당시 〈시드니 모닝 헤럴드The Sydney Morning Herald〉에는 중국인들이 당한 고통을 가감 없이 기록하고 있다.

"손에는 어떤 무기도 들지 않고 아무런 자기방어 능력도 없으며 반항도 하지 않는 중국인들은 가장 흉악하고 잔인한 곤봉과 곡괭이 자루에 몰매를 맞았다. 그들은 하나하나 그 자리에 쓰러졌다… 그중 한 중국 어린이는 꿇어앉아 온통 눈물범벅이 된 얼굴로 두 손을 들고 폭도들의 자비를 구했다. 그러자 한 폭도는 골리앗이라도 때려죽일 정도로 무지막지하게 큰 곤봉을 세차게 휘둘러 아이를 단번에 쓰러뜨렸다."

중국인을 배척하는 폭력사태가 발생했는데도 경찰들은 어떤 조치도 취하지 않았다. 며칠 후, 정부는 마침내 이런 공공연한 약탈과 폭행을 묵인하지 않기로 결정하고 폭력 사태의 주모자 세 명을 체포했

오스트레일리아에서 황금을 채굴하던 중국인들은 매우 열악한 삶을 살고 있었다. 게다가 그들은 무고한 조롱과 멸시까지 받아야 했다.

다. 그러나 어떤 공식적인 기록에도 그 폭력사태로 인한 중국인 사상자 수가 몇 명인지 구체적인 기록은 남아 있지 않았다. 사망자가 기록된 명단에는 어처구니없게도 백인 채굴자 한 명이 올라 있었다. 그 폭력 사태로 몇 명의 중국인이 맞아 죽었는지 정확한 기록은 찾을 수 없다.

골드러시 기간 동안 오스트레일리아의 경제 발전을 위해 공헌한 중국인들을 기념하기 위해, 반 디에고 시는 '골든 드래곤 박물관'을 세웠다. 박물관 내부에는 크고 작은 밀랍상을 설치해 고국을 떠나 타향 멀리 오스트레일리아에서 고난 받는 중국인 채굴자들의 생활상을 묘사했다.

● ● ●　　　　　　　　　　　　경제 수도, 요하네스버그

남아프리카공화국 최대의 도시 요하네스버그에는 남아프리카 공화국과 전 세계에 큰 영향력을 끼치는 대규모 광업기업, 금융기관들이 집결해 있다. 그래서 이곳은 남아프리카공화국의 '경제 수도'라는

별칭을 얻고 있다. 19세기에 요하네스버그는 수많은 채굴자가 꿈을 이룬 이상향이었다.

남아프리카공화국의 골드러시는 시기상으로 미국과 오스트레일리아보다 뒤졌지만 훨씬 더 열기가 뜨거웠다. 남아프리카공화국은 1850년대에 주로 음푸말랑가Mpumalanga 블라이드 리버 캐니언Blyde River Canyon의 퍼얼거무스뢰이스터('성자들의 휴식처'라는 뜻)를 중심으로 몇 개의 금광이 발견됐다. 그러나 이 금광들은 전부 소규모의 충적층 금광이었다.

남아프리카공화국의 골드러시는 1886년에 오스트레일리아의 채굴자 조지 해리슨이 우연히 금광을 발견한 데서 불붙었다. 오스트레일리아 출신 해리슨은 벼락부자의 꿈을 안고 대양을 건너 미국 서부에서도 금을 캐보았지만, 실패를 겪고 아프리카대륙의 최남단까지 흘러들어왔다. 다른 수많은 채굴자와 마찬가지로 남아프리카공화국에서 해리슨은 벼락부자의 꿈을 이루지 못했을 뿐 아니라 황금처럼 보이는 철광석에 속아 여러 번 낭패를 당했다. 그는 이 '바보 황금'

남아프리카공화국 경제 수도__요하네스버그는 600만 명의 시민이 거주하는 '황금의 도시'로 사하라 사막 이남 지역에서 가장 큰 도시지만 1886년 이전에는 금광을 채굴하는 작은 읍내에 불과했다. 그래서 현재도 요하네스버그의 증권거래소를 보면 화려하고 번화한 겉모습 외에 아직도 시골 분위기를 느낄 수 있다.
시가지에는 마천루가 높이 서 있고 고속도로에는 많은 차들이 왕래하며 인도에는 사람들이 넘쳐나지만 그와 대조적으로, 교외에는 수풀이 우거진 중산층의 주택과 정원식 호화주택이 들어서 있어 마치 딴 세상에 온 듯한 느낌을 준다. 요하네스버그 국제공항은 현대화의 상징이다. 그러나 하이테크 과학기술이 발달한 이 상업지구에는 아직도 수많은 남아프리카공화국인들이 약초점을 운영하며 전통적인 방법으로 병을 고치고 있다. 이곳은 남아프리카 문명과 서양 문명이 혼재하는 접점이다. 특히 향기가 코를 찌르는 인도 상품점과 재봉점에는 동서양과 아프리카가 섞여 있는 문화적 특색을 쉽게 발견할 수 있다.

당시 채굴 조건은 매우 열악하여 광산 갱도 아래서 금을 채굴하는 작업은 위험하기 짝이 없었다. 갱도가 무너져 광부들이 죽는 일이 다반사였기에 채굴회사는 새 광부를 모집할 때마다 '광부 노동자가 자원한 것으로 사고가 나더라도 회사와는 전혀 관계가 없음'을 증명하는 계약서에 서명하도록 했다. 위의 사진은 광부들이 지장을 찍어 계약서를 작성하는 모습이다.

에 계속 몇 차례나 속게 되자 깊은 절망에 빠졌다.

1885년 말, 그는 친구인 조지 워커와 함께 바버튼에서 다시 한 번 도전해보기로 했다. 그러나 입에 풀칠할 몇 푼이라도 벌기 위해서는 가던 길을 멈추고 농장 일을 도와야 했다. 1886년 3월 첫 주 일요일 아침, 해리슨은 농장에 있는 작은 언덕에서 종종걸음으로 내려오고 있었다. 그런데 갑자기 풀숲에 있던 큰 돌덩이에 걸려 넘어지고 말았다. 욕을 내뱉으며 몸을 일으키던 해리슨은 홧김에 그 돌덩이를 집어 들어 아래로 내던져 버렸다. 그래도 화가 안 풀려 다리를 들어 올려 그 돌덩이를 멀리 차버리려 했다. 그런데 이게 웬일인가? 그의 다리는 그만 허공에 걸려 꼼짝할 수 없었다. 돌덩이 하나가 밝은 황금빛으로 반짝이고 있었던 것이다. 그는 얼른 돌덩이를 집어 들어 햇빛에 이리저리 비춰봤다. 보면 볼수록 그의 마음은 확신으로 벅차올랐다. "하나님 맙소사! 진짜 황금이다!"

해리슨이 발견한 금광은 결코 작은 규모가 아니었다. 길이 430킬로미터, 넓이 약 24킬로미터인 부채꼴 형 금광맥이었다. 과거의 충적층 금광맥과 다른 점이 있다면 이것은 황금 함량이 가장 높고, 현대적 공업기술을 이용해야만 장기적인 대규모 채굴이 가능했다는 것이다. 해리슨은 기쁨에 들떠 관례대로 프리토리아Pretoria(남아프리카공화국의 행정 수도—옮긴이)에 달려가 정부 관리부서에 이 사실을 보고하고 세금을 면제받을 수 있는 '금광 발견자 소유권 증서'를 발급받았다. 그러나 불행히도 그에게는 금광을 개발할 수 있는 자금이

한 푼도 없었다. 결국 그는 헐값에 소유권을 타인에게 팔아치운 후 아무도 종적을 알지 못하는 곳으로 행방을 감춰버렸다. 오늘날 요하네스버그 국제공항에서 시내로 운행하는 24번 버스정류장 곁에는 그의 조각상이 우뚝 서 있다.

해리슨의 발견은 역사상 전무후무한 골드러시를 폭발시켰다. 사람들은 파도처럼 금광으로 몰려들어왔고 프리토리아 정부는 그곳에 정식으로 마을을 세웠다. 1982년, 요하네스버그는 시로 정식 승격됐다. 겨우 100여 년 역사를 가진 요하네스버그는 황금광업의 토대로 비누거품 일듯 순식간에 남아프리카공화국 최대도시로 발돋움했다.

지금 요하네스버그 곳곳에서는 금광에서 파낸 흙 때문에 생긴 원추형과 사다리꼴 토산을 볼 수 있다. 도처에 부귀와 영화가 넘실대고 있는 이 대도시와 비교해볼 때 아직도 누런 금색을 띠고 있는 이 흉물스런 토산은 너무나 살풍경하게 느껴진다. 그러나 지난 1세기 동안 요하네스버그의 '대박 스토리'를 알고 있는 것은 오직 이 토산들뿐일 것이다.

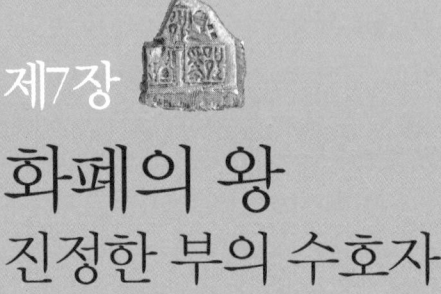

제7장

화폐의 왕
진정한 부의 수호자

The Age of Gold

인류 역사상 황금은 언제나 화폐의 역할을 해 왔다. 황금이 화폐로 변환된 사실은 큰 의의를 지닌다. 이로써 황금이 대중화됐기 때문이다. 황금의 사용과 소유는 이제 더 이상 제왕의 특권이 아니다.

금본위제 하에서의 생산 활동은 유럽의 정치·경제를 순조롭게 성장시키며 사회를 안정시켰다. 그러나 브레턴우즈 체제가 붕괴됨에 따라 황금은 다시 자유를 얻게 됐다. 인플레이션으로 물가가 오르고, 금융이 불안정할 때도 사람들은 황금을 가장 먼저 떠올린다. 황금은 도대체 어떤 역할을 하는 것일까? 구체적으로 설명하긴 쉽지 않지만 한 가지 분명한 것은 황금은 부의 진정한 수호자이며 화폐의 진정한 제왕이라는 점이다.

최초로 금화를 사용한 민족

예부터 황금은 통화의 기능을 해왔다. 즉 자연적인 재화의 계량 표준인 셈이다. B.C. 3000년, 이집트에서는 이미 황금을 일반적인 등가물로 사용했다. 황금은 자연적 속성이 강했기 때문에 사람들은 황금에 사회적 속성까지 부여했다. 그것이 바로 화폐의 기능이다. 황금은 언제까지나 일반 등가물로 사용될 수 있고 모든 상품은 황금과 교환이 가능했다. 마르크스는 《자본론》에서 이렇게 말하고 있다. "화폐는 천연적인 금과 은은 아니다. 그러나 금과 은은 천연적인 화폐다."

고대 그리스 역사가 헤로도토스는 리디아Lydia인이 '우리가 알고 있는 민족 중 가장 먼저 금화와 은화를 주조하고 사용했으며, 최초로 소매업을 시작한 민족'이라고 기재하고 있다. 리디아는 B.C. 700년에 소아시아 서부에 위치했던 부유한 고대왕국으로서 그리스에게 해에서 약 200마일 정도 떨어져 있다. 리디아는 각 문명지역 간의 교통의 요로에 위치해 있어서 거래와 상업 활동이 활발했다. 자연스럽게 환전과 유통이 간편해짐에 따라 금화가 탄생할 수 있었다.

리디아는 소아시아 서부의 부유한 고대왕국으로 각 문명지역 간의 교통의 요지에 위치했다. 상업 무역 활동이 활발해지자 화폐의 생산과 유통이 촉진됐다. 왼쪽 그림은 당시 사람들이 사용하던 리디아 금화다.

리디아 왕국의 금화는 모두 사데(Sardes) 강가에서 생산되는 천연 금은 사금을 주조해 만들었다. 금화의 앞면에는 리디아의 휘장인 소머리와 사자머리를 새겼으며 뒷면에는 눌러 찍은 표시를 새겼다. 무게는 약 14그램으로 병사의 한 달 치 월급에 해당했다.

또한 리디아는 사금이 다량 축적된 파크톨루스Pactolus 강 유역에 위치해 황금 공급이 매우 편리했다.

헤로도토스는 리디아인이 ‘대량의 황금 동전’을 가지고 있었다는 기록을 남겼다. 그의 말은 고고학자들이 B.C. 600년 경의 유적지에서 리디아의 국왕 크로이소스Kroisos 시대의 금화를 발견함으로 증명됐다. 리디아 국왕의 금화는 현재 세계에서 발견된 최초의 금화로 리디아 왕국의 수도인 파크톨로스 강에서 나는 천연 금과 은, 사금 알갱이로 만들어졌다. 이런 사금의 성분은 금과 은 3 대 1의 비율로 황백색을 띠기 때문에 속칭 ‘호박금’이라 하며 주조했을 때도 아름다웠다.

리디아 후기의 왕인 크로이소스가 제작한 새로운 금화 ‘일렉트럼 Electrum’이 후대에 끼친 영향 또한 매우 크다. 일렉트럼은 24캐럿의 순금으로 만들어졌으며 3분의 1, 6분의 1 또는 2분의 1 등 더 작은 단위로 세분화됐다. 이 때문에 황금을 측량하는 트로이온스Troy ounce(31.1035그램)의 발전이 촉진됐다. 게다가 크로이소스는 금은 복본위 제도를 사용해 거래 금액이 비교적 적을 때는 은화를 사용하는 화폐 역사의 주류를 창조했다.

그 외에도 리디아인은 일종의 검은 돌인 ‘시금석’을 발명했다. 황금 세공사는 시금석에 황금 그릇 자국을 남긴 후, 이것과 서로 다른 함량의 금·은·동이 혼합된 24개의 시금침 자국을 비교했다. 만일 황금 그릇의 자국이 24번째 시금침 자국과 일치했다면 이 그릇은 순금임이 입증된 것이었다.

●●● 비잔틴 금화

로마 제국은 비록 국력이 강하고 국토가 광활하며 매년 5톤 이상의

황금을 생산했지만 사치와 과시 때문에 황금 공급의 어려움을 겪게 됐다. 이로써 그들은 훗날 수많은 국가에서 차용했던 세 가지 해결책을 생각해냈다.

위의 금화는 고대 비잔틴의 유적지에서 발견되는 유형이다. 지금으로부터 약 1,000년 전인 비잔틴 시기에 유통되던 금화는 초기에는 주로 예수의 모습을 새겨 넣었다.

첫째, 화폐공급 부족과 그로 인한 통화긴축의 고통을 참아낸다. 둘째, 약탈이든 거래든 물불을 가리지 않는 방법으로 다른 지역에서 황금을 공급해온다. 셋째, 같은 중량의 금속으로 더 많은 동전을 주조한다. 즉 화폐가치 하락을 허용한다.

로마 제국의 폭군 네로는 화폐가치 하락 정책을 처음으로 실시한 황제였다. 그는 자신의 어머니와 아내를 살해하는 데는 눈도 깜짝하지 않았지만 화폐가치 하락을 결정할 때는 심사숙고했다. 하지만 A.D. 260년, 갈리에누스Gallienus 황제가 등극하자 물가는 매년 9퍼센트 이상 폭등했다. 그 전의 350년 동안 로마 제국의 물가는 평균 0.4퍼센트씩 밖에는 오르지 않았던 터라 화폐는 당연히 크게 변질됐다. 당시 액면가치가 작았던 로마 은화와 동화는 거의 별 가치가 없었고 금화만이 간신히 제 가치를 유지하고 있었다.

A.D. 306년, 역사적으로 유명한 콘스탄틴 대제가 즉위한 후에야 비잔틴 금화의 발행을 시작하게 된다. 비잔틴 금화는 무게 4.55그램, 순도 98퍼센트로 1온스에 300달러 비율로 계산하면 오늘날 42.66 달러 정도 가치를 갖는다. 그러나 구매력은 현재보다 훨씬 좋았다. 비잔틴 금화는 700년간 중량과 순도를 유지하면서 역사상 발행 기간이 가장 긴 최장수 금화가 됐다.

A.D. 330년, 로마 황제 콘스탄틴 1세는 고성 비잔틴의 옛 터에서 '동로마 제국'을 건립했다. A.D. 1453년에 오스만투르크 군이 콘스탄티노플을 함락시킬 때까지 1,000년 동안 지속된 비잔틴 제국은 명실상부한 천년제국이다. 최고 번영기에 제국의 영토는 아시아, 유럽, 아프리카 3개 대륙을 아울러 '서양 문명의 수호신'이라고 불렸다. 당시 비잔틴 제국은 경제와 무역활동이 매우 활발해 비잔틴 궁정에서는 비잔틴 금화를 발행했다. 당시 다른 지역에서 아직 물물교환 방식으로 상업거래를 하던 때에 비잔틴 금화는 가장 중요하고 유통량이 큰 화폐가 됐다.

비록 콘스탄틴 대제가 기독교를 국교로 신봉한다는 명의로 각 신전에 보관돼 있던 몇백 년 된 금은보화를 전부 국고에 귀속시키기는 했지만 그중 대부분은 자신의 왕관을 만드는 데 사용했다. 그러나 '장식'의 기능 외에 '화폐'라는 황금의 또 다른 기능은 로마 제국 시기에 이미 자리잡혔다.

당시 사람들은 비잔틴 금화를 이렇게 형용했다. "지구의 한끝에서 다른 한끝까지, 어디로 가든지 유통이 될 수 있다. 어떤 나라의 화폐도 비잔틴 금화와는 비교가 불가능하기 때문에 모든 사람, 모든 나라 국왕의 숭배를 받는다." 오늘날 비잔틴 금화는 '중세기의 달러'와 같은 대접을 받았다. 화폐 역사가 로페즈Lopez는 심지어 이렇게 주장한다. "비잔틴 금화는 안정성과 가치 면에서 달러보다 더 우월했다. 비잔틴 금화는 단지 황금 한 조각이란 차원을 뛰어넘었다. 비잔틴 금화는 상징이요 신앙이었으며 신성한 황제가 민간에 파견한 사자요 하나님의 선민이 다른 나라로 파견한 사절이었다." 1453년, 터키인들이 콘스탄티노플을 공격해 비잔틴 제국을 멸망시키므

로 비잔틴 금화는 역사의 뒤안길로 사라졌다.

중국의 화폐

중국은 춘추전국 시대(B.C.770~A.D.221)에 이미 금속화폐의 주조와 사용이 광범위하게 이뤄졌다. 이때 상업경제는 지속적으로 비약적인 발전을 거듭했으며 각 제후국들의 금속화폐 제조를 촉진했다. 당시 금·은·동 세 종류의 금속화폐가 유통됐으며 일반적으로 유통량이 많은 화폐는 동으로 만든 이비전蟻鼻錢, 은으로 만든 삽 모양의 포폐布幣, 금으로 만든 영애郢爰 등이 있었다.

당시 소국이었던 초楚나라에서 금화는 가장 주요한 화폐 중 하나였다. 역사상 초나라의 금화로 불린 화폐로는 인자금印子金, 판금版金, 금판金版, 병금餠金 등이 있다. 현재는 이를 통틀어 '애금愛金'이라 한다. 애금은 현재 중국에서 발견돼 이미 학계에서 인정한 최초의 황금화폐였다. 이미 발견된 애금 중에서 '영애'라는 글자가 찍힌 돈이 절대 다수다. 그래서 일반적으로 영애를 '애금', 즉 '초금楚金'이라 부른다.

중국 고대사회가 발전함에 따라, 일부 왕조에선 백은과 동으로 화폐를 주조하기도 했지만 불변의 가치를 지닌 것으로 여긴 황금만은 지불 도구로 사용되지 못했다. 미국의 경제학자 피터 번스타인Peter Bernstein은 이렇게 말했다. "황금은 장식, 감상, 미화에 사용될 수 있고, 재화의 축적이라는 더욱 중요한 용도로 사용될 수도 있다. 확실히 동양인들은 돈이 생기기만 하면 황금을 구입해 남몰래 쌓아 두려 했다. 요즘 사람들이 돈만 있으면 꿈에 그리던 금제 손목시계를 손에 차고 남에게 자랑하려고 하는 행동과 같다."

당나라 이전 시기, 중국에서 백은의 사용은 매우 제한적이었다. 또

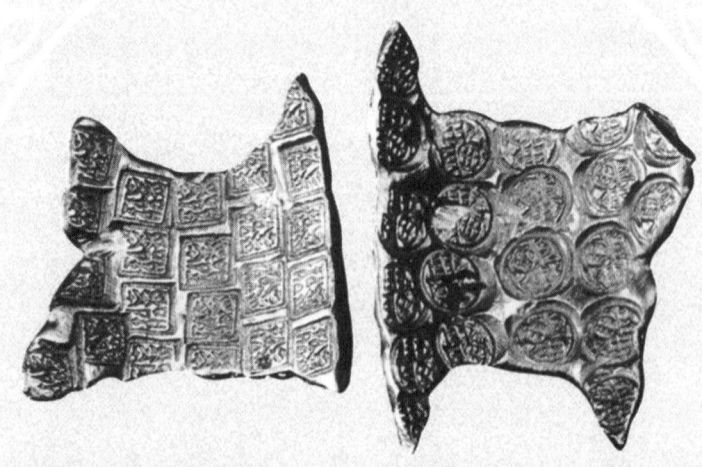

두 조각의 금판 중 왼쪽은 영애로 길이 7센티미터, 폭 7.3센티미터였다. 금판에 도장으로 무늬를 찍었다. '영애'라는 단어에서 '애'자는 '양을 잰다'는 뜻을 가지며 '애' 앞쪽의 글자는 지방 명칭을 말한다. 유사한 화폐로는 초나라에서 유통되던 '진애(陳愛)', '정애(鄭愛)' 등이 있다. 오른쪽은 노금(盧金)으로 길이 9.3센티미터, 폭 9.3센티미터로 표면에 '노금'이란 글자가 찍혀 있다. 그중 '노'자는 지명이다. 이는 중국에서 최초로 주조된 황금 화폐이며 지불 시에는 작은 조각으로 잘라 무게를 재서 사용했다.

춘추전국 시기 영애 세 장이 하나로 붙어 있다.

한 대부분 대외무역에 사용됐다. 명나라 이후, 무역의 범위가 점차 세계 시장으로 확대됨에 따라 15세기 중엽, 백은은 중국 역사상 정식으로 화폐의 지위를 차지하게 된다.

그러나 중국은 백은과 동전을 동시에 사용했다. 백은과 동전의 화폐 재료의 가치와 화폐 가치 간의 차이는 매우 컸다. 이 두 가지 화폐가 동시에 유통되자, 백은은 화폐가치 변질이 거의 없었기에 사람들은 자연스럽게 동전 대신 백은을 손에 넣으려 노력했다. '악화가 양화를 구축한다.' 는 '그레샴의 법칙Gresham Law' 처럼 백은은 사람들이 간직하기만 할 뿐 유통이 되지 않았다. 그래서 사회의 분업과 상업의 진일보 발전을 효과적으로 촉진할 수 없었다. 심지어 호부戶部에 납부하는 은량銀兩 역시 대부분은 동전으로 환산한 후 납부했다. 명나라 말년에 닥친 재정위기의 원인 중 하나가 바로 정부에 동전이 아닌 백은의 양이 모자랐기 때문이다.

중국 외에도 일본, 인도 등 동양에서는 황금은 주요 화폐로 사용된 적이 없었다. 동양에 사용된 화폐 재료 중 가장 귀한 것은 단연코 은이었다.

● ● ●   은본위제

유럽, 중동 지역은 모두 소국이 난립해 있었다. 이런 소국에서 생산되는 상품으로는 사람들의 욕구를 채워줄 수가 없었다. 이것이 바로 대량의 상품거래가 이뤄지게 된 객관적인 이유다. 그러나 서로 다른 국가와 지역 간에 상품을 교환할 때는 반드시 통용되는 귀금속을 일반 등가물로 삼았다. 황금과 백은은 당시 사람들이 가장 선호하는 교환 등가물이었다.

노르망디인이 영국을 정복한 후, 금속 화폐를 본위로 하는 제도를 마련했다.

당시 식염, 옷감 등 물자를 사들이기 위해 황금은 외부로 유출됐다. 가나는 황금이 너무 풍부했던 탓에 가나 황제가 메카로 성지순례를 갈 때마다 황금을 너무 많이 가지고 가는 바람에 카이로 시장의 물가가 순식간에 폭락하곤 했다. 미국의 역사가 스타푸리는 "가나가 유럽에 유입시키는 황금량이 매우 커서 중국에 대한 중세기 유럽의 무역 격차를 해소시킬 수 있었다."라고 평가하고 있다. 또한 유럽에 필요한 통용화폐를 누적시켜 줬다.

황금은 예전부터 환상적인 매력을 가지고 있었지만 19세기 중엽이 되자 은은 가장 중요한 화폐 형식으로 자리 잡았다. A.D. 1066년, 노르망디 민족이 영국을 정복하자 그들은 정치적으로 통치권을 가졌으며 영국의 화폐제도 개혁을 시작했다. 예를 들어 영국의 파운드, 실링, 펜스 등 화폐단위 제도를 만들었으며 금속을 화폐본위로 하는 제도를 확립했다. 당시 1파운드로는 1파운드 중량의 순은과 맞바꿀 수 있었다. 이런 은본위제도는 1377년이 돼서야 복본위제로 대체됐다. 복본위제도 하에서 백은과 황금은 통화의 본위가 돼 화폐의 안정성을 보장하게 됐다.

● ● ●

금본위제의 탄생

은은 황금의 비교대상이 될 수 없었다. 첫 번째, 백은은 황금보다 매

력이 떨어졌다. 백은은 쉽게 녹슬고 변색되므로 황금처럼 모든 이의 강렬한 욕망을 불러일으키는 데 역부족이었다. 둘째, 같은 가격의 백은은 황금보다 부피가 훨씬 컸다. 그래서 황금의 운수 비용은 백은보다 훨씬 적게 들었다.

유럽 사람들은 현지의 황금 공급이 매우 부족했음에도 불구하고 황금을 항상 화폐 체계 안에 묶어두려 했다. 1400년 유럽 현지의 황금 생산량은 4톤을 넘어서지 않았기에 화폐를 만들려 해도 이 황금 생산량으로는 겨우 100만 두카트ducat 정도의 금화밖에 만들 수 없었다. 예를 들어 베니스에서만도 1년에 1톤 무게의 두카트 금화를 유출하고 있었다. 금과 은

데이비드 흄(David Hume)은 18세기 영국의 저명한 경제학자다. 그의 주장에 따르면 금본위제도 하에서 한 나라의 국제수지가 적자가 되는 것은 그 나라의 황금 순유출을 의미한다. 황금이 해외로 유출되면 국내 황금 보유량이 낮아지고 화폐의 공급은 감소하며 이로 인해 국내 물가수준이 하락하게 된다. 물가수준이 하락하면 본국 상품의 해외 시장에서의 경쟁력은 높아지고, 외국 상품의 본국 시장에서의 경쟁력은 낮아지게 된다. 따라서 수출은 증가하고 수입은 감소하여 국제 수지적자를 감소시키거나 없애버린다. 그와 마찬가지로 국제수지의 잉여분 역시 계속될 수 없다. 황금의 국내 유입은 국내의 화폐 공급을 확장시켜 물가수준의 상승을 초래하기 때문이다. 물가상승은 수출에는 불리하고 수입에는 유리하며 이로써 잉여분은 점차 사라지게 된다.

이 부족하자, 여러 지역의 거래는 다시 물물거래 방식으로 돌아갔다. 특히 현지거래일 경우 이 현상은 더 심했다. 예를 들어 후춧가루는 같은 중량의 황금보다 더 비쌌다. 이같이 사람들은 인기 있는 일용품을 가지고 화폐를 대신하곤 했다. 독일 귀족들은 심지어 은행가를 '후추 사람'이라고 부르기도 했다.

그리하여 15세기는 역사상 보기 드문 희한한 시기가 됐다. 황금의 소비가 황금의 저축보다 훨씬 많아 15세기 초엽 내내, 황금 1온스로 살 수 있는 상품은 배로 증가했다. 1717년이 되자, 아이작 뉴턴 경은 개인의 경제 능력을 토대로 황금의 환전가를 건립하고 금본위

제의 기초를 닦을 수 있었다. 잉글랜드 은행 역시 황금 1온스의 가격이 3파운드 17실링 10.5펜스임을 확정했다. 금본위제 실행 후, 영국의 물가지수는 매우 낮은 변동 폭을 유지했다. 금본위제가 가지는 물가안정과 경제안정 기능은 이로써 증명됐다.

금본위제는 당시 최고의 금융제국이었던 영국에 가장 유리했다. 오늘날의 달러처럼 영국 프랑은 사람들이 최우선적으로 선택하는 화폐가 됐다. 1816년, 영국은 솔선하여 지폐를 발행하고 시민들에게 보급했다. 황금 공급이 원활하지 않자 화폐가 부족해지는 현상이 일어났지만 지폐 발행 덕분에 문제를 해결할 수 있었다. 그러나 지폐를 함부로 찍어 발행함에 따라 지폐는 휴지조각에 불과하게 됐다. 정부는 은행이 발행하는 지폐와 황금과의 호환성을 유지하면서, 국가가 보유하고 있는 황금 총량 이상의 지폐를 발행할 수 없도록 제도화했다. 지폐를 가지면 정부의 창고에서 황금으로 환전이 가능했기 때문에 국가기관은 황금으로 지폐의 유통과 가치를 보장했다. 이것이 바로 소위 말하는 '금본위제'다.

국제적인 금본위제 아래서 각국은 화폐를 저축해야 할 때 황금을 애용했다. 국제 간의 결산 역시 황금을 사용하게 되면서 황금은 전 세계적으로 화폐로서의 기능을 충분히 발휘했다. 물론 국제 금본위

시기에는 국내 시장뿐 아니라 해외 시장에서의 지불은 대부분 귀금속이 아닌 각종 화폐 형식을 빌려야 했다. 당대 노벨 경제학상 수상자 로버트 먼델Robert A. Mundell도 '화폐는 일정한 양의 황금을 부르는 이름'이라며 금본위제의 특징을 아주 잘 설명하고 있다.

● ● ●   금본위제의 종말

영국이 금본위제를 사용하자, 미국과 유럽 등 각국에서는 이를 앞다투어 모방했다. 미국은 1972년, 이미 복본위제를 통해 19.3 달러로 1온스의 황금을 바꿀 수 있다고 규정했다. 1876년이 되자 여전히 은본위제를 유지하는 중국과 인도를 제외한 프랑스, 독일, 미국 등 세계 주요 국가들은 절대다수가 금본위제를 사용했다.

　미국 남북전쟁의 종전에서부터 제1차 세계대전이 발발하기까지 50년 동안 금본위제는 큰 인기를 누렸다. 금본위제가 예부터 이어져 온 빛나는 금속에 대한 인류의 원시신앙과 제1차 세계대전 이전 시기에 황금이 공업과 금융 발전에 기여하는 매우 복잡한 상황들을 교묘하게 결합시켰기 때문이다.

　1870년대에서 제1차 세계대전 발발까지는 확실히 금본위제가 더없이 훌륭하게 운영됐다. 유럽의 정치와 경제는 안정적이고 국민들은 성장에 매진할 수 있었다. 그러나 금본위제가 가장 탁월한 역량을 발휘했던 시기에도 대형 금융위기는 여러 번 생겼다. 1890년, 영국에서 가장 명망이 높은 금융회사 베어링Baring이 아르헨티나 투자에 실패하며 파산 위기에 직면했다. 그들은 400만 파운드가 급히 필요했다. 그러나 잉글랜드 은행의 기본 예비금은 1,100 파운드도 되지 않았다. 다행히도 당시 러시아, 프랑스 중앙은행과 금융대재벌인

로스차일드가는 유럽과 전세계에 명성이 높은 금융 가문이다. 그들의 성공은 19세기 초부터 시작됐으며, 창시자는 메이어 암셸 로스차일드(Mayer Amschel Rothschild)이다. 그와 그의 다섯 아들, 즉 '로스차일드가의 다섯 호랑이들'은 차례차례 프랑크푸르트, 런던, 파리, 비엔나, 나폴리 등 유럽 유명 도시에 은행을 개설하고 세계에서 가장 큰 금융 왕국을 건립했다. 번영기에 바람과 구름이라도 잡을 듯한 그들의 자금력에 유럽 왕궁 귀족들마저 모두 두려워했다. 오늘날에 이르러서도 세계 주요 황금시장은 그들의 손에 장악되고 있다. 제4대에 이르러서는 세계적인 유명 은행가인 가이 드 로스차일드의 업적과 가족의 운명이 긴밀히 연결돼 부침을 반복하고 있다.

로스차일드Rothschild家의 전폭적인 지원 덕분에 난관을 벗어날 수 있었다. 이후 나타난 몇 차례의 경제위기 역시 각국의 상호 지원을 통해 헤쳐 나갈 수 있었다.

반면, 당시 미국은 그렇게 상황이 좋지 않았다. 특히 유럽인들의 눈에 미국은 아르헨티나와 별다른 차이가 없는, 막 탄생한 신흥시장 그 이상도 이하도 아니었다. 그래서 1895년 미국의 황금 보유고가 900만까지 떨어졌을 때도 자국인의 힘을 빌어 스스로 구제해야만 할 딱한 처지에 빠졌다. 이때 혜성처럼 나타난 구원자가 바로 미국의 대 금융가 존 피어폰트 모건John Pierpont Morgan이었다. 그는 대통령 사무실에 다짜고짜 쳐들어가 초조와 불안에 빠져있는 스티븐 그로버 클리블랜드Stephen Grover Cleveland 대통령 등 국가의 수뇌들에게 얘기했다. "지금 1,000만 달러짜리 어음을 결제해야 합니다.

통화팽창__ 금본위제의 취소로 달러는 세계적인 화폐가 되었으며, 화폐 관리는 더욱 탄력적이며 은밀하게 이뤄졌다. 모든 사람은 화폐공급을 무제한적으로 늘림에 따라 통화팽창이 초래하는 대출이익 손실보다 이윤이 훨씬 더 크다는 사실을 점차 깨달으며 법정화폐를 열렬히 지지하기 시작했다. 이를 통해 대자본가들은 또 하나의 강력한 치부의 수단을 더하게 됐다. 바로 통화팽창이다. 이로써 자본가들은 황금의 수호자에서 황금의 철천지원수로 극적인 역할 전환을 하게 됐다.

3시 전까지 막지 못하면 우린 다 끝장입니다." 그리고 자신의 은행과 런던의 로스차일드가에서 모은 350만 온스의 황금을 교환조건으로 제시했다. 미국 재무부는 6,500만 달러 상당의 30년 기한 황금 채권을 발행했다.

피어폰트 모건은 미국 최후의 대 금융가로서 '월가의 나폴레옹'이란 별명으로 불렸다. 그는 미국을 경제 위기에서 두 차례나 기사회생시켰으며, 거인처럼 전체 금융시장을 지배했다.

제1차 세계대전 후, 유럽은 만신창이가 됐다. 그들은 오로지 금본위제만이 새로운 생명을 가져다 줄 수 있으리라 믿었다. 영국은 1925년에 또 한 차례 정지됐던 금본위제를 회복시켰다. 그러나 1929년 미국의 경제 대공황 때문에 전 세계가 경제침체에 빠지자 1931년 금본위제는 막을 내릴 수밖에 없었다. 1년 후, 금본위제를 선택했던 47개 국가 중 오로지 미국, 프랑스, 스위스, 네덜란드, 벨기에만이 이 제도를 여전히 고수하고 있었다. 6년 후, 어떤 국가에서도 국민들이 화폐나 저축한 돈을 황금으로 바꾸는 행위를 더 이상 용납하지 않았다.

금본위제에 대해 항상 별다른 가치를 두지 않던 영국의 경제학자 케인즈는 1930년 매우 선견지명이 있는 견해를 발표했다. "황금은 앞으로는 한 개인의 손에서 다른 개인의 손으로 넘어가지 않을 것이다. 그렇게 황금을 갈망하던 사람들의 손이 황금을 만질 기회를 빼앗아 가버린 것이다. 이는 사랑을 듬뿍 받던 가정의 수호신이 전에는 돈 지갑, 긴 양말, 항아리 안에 살고 있었다면 지금은 각 국가에서 모두 커다란 황금 신상에게 먹혀버린 꼴이다. 그 신상은 지하에 살며 사람들이 볼 수도 없다. 황금은 지금 볼 수 없게 됐다. 다시 지하로 돌아간 것이다. 그러나 화려한 황금 옷을 입은 신이 이 세상에서 걸어 다니는 모습을 다시 볼 수 없게 되었어도 우리는 그 사실을 합리화시키고 있었다. 우리는 황금에 대해 감각을 상실해버렸다."

달러의 유래

제2차 세계대전이 발발했다. 수년 간의 전쟁을 겪고 막 전쟁이 끝나려는 무렵, 사람들은 미국이 이 전쟁의 가장 큰 승자가 됐음을 발견했다. 미국은 이 전쟁의 마지막 승자가 됐을 뿐 아니라 경제적으로도 군수물자를 팔아 큰돈을 벌어들였다. 통계자료에 의하면 제2차 세계대전이 막 끝나려는 때에 미국이 가진 황금은 당시 세계 각국 정부가 가진 황금 보유고 총량의 75퍼센트를 웃돌았다. 전 세계의 거의 모든 황금은 전쟁을 통해 미국으로 흘러들어간 것이다.

1934년부터 1939년까지 미국으로 유입된 황금 총량은 96억 달러에 달했으며 그중 20퍼센트는 프랑스에서 들어왔다. 제2차 세계대전이 발발하며 전 세계의 200억 달러의 황금이나 60퍼센트의 화폐성 황금이 미국으로 흘러 들어왔다. 예년의 수치와 비교해보면 1913년은 23퍼센트, 1929년은 38퍼센트였다. 황금 보유고 총량인 1.5톤은 그 당시 전 세계가 12년 간 보유한 황금 생산량에 해당됐다.

이 시기 미국의 금고는 '황금의 묘지'와 같았다. 황금은 1온스도 밖으로 흘러 나가지 않았다. 전쟁의 먹구름은 모든 투자의 흐름을 정지시킨 것 같았다. 게다가 미국은 1온스 당 35달러라는 고정 가격으로 황금을 무제한으로 사들일 계획을 가지고 있었다. 이는 세계에서 전무후무한 방법이었다. 미국의 경제학자이자 투자전문가인 피터 번스타인은 이 상황을 다음과 같이 서정적으로 묘사했다.

"달러와 황금의 관계는 마치 하늘에서 움직이지 않는 별과 마찬가지였다. 다른 모든 별은 자신도 모르게 그 별에 의해 끌어당겨졌다."

1944년 5월, 미국은 유엔창설에 참가하는 44개국 정부 대표를 초청해 미국 브레턴우즈에서 회의를 열고 열띤 논쟁을 거친 후 '브레턴우즈 협의'를 체결했다. 이는 금본위제 붕괴 후 확립된 새로운 국제화폐 체계였다. 간단히 말해 '브레턴우즈 체제'란 실제적으로는 달러-금본위제라고 할 수 있다. 이로써 달러는 전쟁 후 국제 화폐체계에서 중요한 지위를 차지하고 달러는 황금의 '등가물'이 됐다. 각국의 화폐가 달러를 통해야만 황금과의 관계가 성립되면서 달러는 전 세계적으로 화폐로서의 역할을 하게 됐다.

브레턴우즈 체제 하에서 황금은 화폐 유통 기능이나 국제 외환 보유고의 기능 모두 제한을 받게 됐다. 세계의 황금은 거의 모두 미국 정부의 손아귀에 들어가고 다른 국가는 황금이 별로 없었기 때문이다. 황금 보유고가 없으면 지폐를 발행할 준비금도 사라지고 달러에 의지할 수밖에 없게 된다. 그리하여 달러는 세계화폐 체계 중에서 주역의 자리에 올라섰다. 반드시 유념해야 할 점은 황금은 이 화폐 체계를 안정적으로 유지하기 위한 최후의 방편이라는 것이다. 그래서 황금의 교환가격과 유동은 모두 각국 정부에 의해 매우 엄격하게 관리됐다. 각국은 주민이 자유롭게 황금을 매매할 수 있는 자유를 기본적으로 봉쇄해버렸으며 황금시장의 정가定價 기제도 효과적으로 수행될 수 없게 됐다. 브레턴우즈 체제는 다른 각도에서 보자면 황금이 달러에 붙잡혀 감옥에 갇히게 된 제도였다. 미국은 세계의 황금을 자신의 손에 넣고 지폐를 발행했다. 과거 황금의 역할을 달러가 대신하게 된 것이다.

••• 브레턴우즈 체제의 붕괴

1960년대, 미국은 월남전의 늪에 빠지게 된다. 정부의 재정적자는 점점 더 악화되고 국제 수입상황도 악화됐다. 달러 통화는 제어할 수 없는 정도로 팽창돼 명예도 실추됐다. 같은 시기, 전쟁이 끝난 유럽 국가들은 경제가 다시 살아나고 있었다. 각국은 모두 경제가 부흥하고 재화가 증가했기 때문에 더 많은 달러를 보유할 수 있었다. 미국에서 발생된 통화팽창으로 각국 정부와 시장 세력은 모두 달러 가치가 큰 폭으로 하락할 것임을 예측할 수 있었다. 자산 가치를 유지하기 위한 최선의 선택은 황금이었다. 따라서 각국은 달러의 위기를 피하고 재화의 가치를 보존하기 위해, 달러를 버리고 미국 정부에 황금 교환을 요청했다. 이런 상황 속에서 달러와 황금의 교환 비율을 고정시키겠다는 미국 정부의 약속은 날이 갈수록 요원해졌다. 1971년, 미국의 황금 보유고는 60퍼센트 이상 감소했다.

제7장 화폐의 왕─진정한 부의 수호자

황금 가격의 상승을 억제
하고 달러 환율을 유지하며
황금 보유고의 유실을 감소
하기 위해 미국은 영국, 스
위스, 프랑스, 서독, 이탈리
아, 네덜란드, 벨기에 등 8
개 국가와 연합하여 1961년
10월에 '금풀제International
Gold Pool'를 성립했다. 8개
국 중앙은행은 모두 2억

1944년 미국은 44개국의 대표를 초청해 브레턴우즈 회의를 거행했으며, 여기에서 '금본위제' 붕괴 후를 대신할 새로운 국가화폐 체제, 즉 브레턴우즈 체제를 확립했다.

7,000만 달러의 황금을 공출하고 잉글랜드 은행을 황금 총고의 대리기관으로 삼아 런던의 황금 가격을 유지하도록 했다. 또한 다양한 수단을 동원해 각 나라의 정부가 달러화를 갖고 와 미국 정부에 황금 교환을 요청하는 일을 저지하도록 했다. 1960년대 후반, 미국의 월남전 개입이 점점 더 심각해지면서 국제수지는 더욱 악화됐다. 달러 위기가 다시 한 번 폭발했다. 1968년 3월 보름 동안 미국 황금 보유고는 14억 달러나 유실됐으며 3월 14일, 하루만 해도 런던 황금시장의 교역량은 350~400톤을 넘나드는 신기록을 세웠다. 미국은 더 이상 황금의 공식가격을 유지할 수 없었다. 각 나라와의 협의를 통해 이제 황금은 1온스 당 35달러의 공식가격으로 시장에 공급하지 않으며 시장 내 황금 가격은 자유롭게 변동이 가능하다고 선포했다. 그러나 각국 정부나 중앙은행은 여전히 공식가격으로 결산했기 때문에 황금은 이중가격제 단계에 진입하게 됐다. 이중가격제 역시 단 3년간 유지됐을 뿐인데, 그 원인은 달러가 불안정하며 미국 국제수지가 악화일로를 걸었기 때문이다. 둘째로 서양 각국은 미국의 자기중심적인 원칙에 불만을 가져 달러 위기

에도 불구하고 가치 하락을 거절하고 고정 환율을 강행했기 때문이다. 그리하여 유럽 일부 국가들은 미국이 자기가 놓은 덫에 걸리길 원했지만, 미국은 황금 가격의 상승 대신 달러 가치의 변질을 선택했다. 그들은 수중에 있는 달러를 가지고 미국의 황금 보유고와 교환했다. 1971년 8월, 프랑스 등 서유럽 국가들이 막대한 달러를 가지고 황금으로 교환하기 원한다는 소식이 들려왔다. 미국은 어쩔 수 없이 외국정부나 중앙정부의 달러-황금 교환 의무를 이행하지 않겠다고 선언해야 했다. 1973년 3월 달러 가치의 폭락으로 유럽에서는 달러 덤핑과 황금 사재기 현상이 일어났다. 서유럽을 비롯한 일본 외환시장은 어쩔 수 없이 17일 하루

런던 황금 교역소 런던 황금시장의 특징 중 하나는 거래제도가 비교적 특수하다는 것이다. 런던에는 실제 거래장소가 없기 때문에 거래는 무형의 방법, 즉 각 대형 황금 매매상의 판매망을 통해 이뤄진다. 교역소의 회원은 권위 있는 5대 황금 매매상 또는 그들로부터 황금을 구매할 수 있는 자격을 공인받은 회사나 상점으로 구성된다. 그리고 다시 각 가공제조상, 중소상점과 회사 등이 연쇄적으로 이뤄진다. 거래 시에는 황금 매매상이 각자의 매수 장세와 매도 장세에 근거하여 매수가와 매도가를 정한다.

런던 황금시장 거래의 또 다른 특징은 임기응변성이 매우 강하다는 것이다. 황금의 순도, 중량 등은 모두 선택이 가능하며 만일 고객이 비교적 먼 다른 지역으로 납품을 원한다면 황금 매매상 역시 운수비와 보험료 등을 제시하거나 고객의 요구에 따라 선물의 가격을 제시할 수 있다. 런던에서 황금을 매매하는 가장 보편적인 방법은 고객이 현금을 사용하지 않고 현물 황금을 즉시 구입한 후 만기가 되면 약정한 이율에 따라 이자를 지불하는 것이다. 이때 고객은 실제 황금을 손에 넣을 수 없으며, 회계장부 상에서 숫자를 통해 매매가 이뤄진다. 고객이 반대로 조작하여 황금을 전부 판매하면 거래가 중지된다.

간 폐장을 선언해야 했다. 최종 협상이 협의에 이르자 서방 국가들은 고정환율을 포기하고 변동환율을 실행하게 된다. 이로써 브레턴우즈 체제는 완전히 붕괴돼 이후로는 황금의 비화폐화 개혁이 시작됐다.

1976년 국제화폐기금기구에서 통과된 '자메이카 협의'와 2년 후에 협의된 수정 방안은 황금의 비화폐화를 확정했다. 그 주요 내용은 다음과 같다. "황금은 더 이상 화폐와 같은 정해진 가치의 기준으로 삼지 않는다. 황금의 공식가격을 버리고 국제화폐기금기구는 더 이상 시장에 간섭하지 않으며 변동가격을 실행한다.'

● ● ●   국제 황금시장

브레턴우즈 체제를 벗어난 황금은 다시금 자유를 얻었다. 비록 세계 유통 화폐로서 황금의 기능은 약화됐지만 금융적 속성은 조금도 변하지 않았다. 황금은 여전히 특수한 상품이요, 가치를 보존할 수 있는 수단이며 특수한 도구로서 상품과 금융의 기능을 겸하고 있었다.

국제 황금시장은 이미 100여 년의 역사를 가지고 있으며 전 세계 수많은 국가, 기금, 투자자들이 참여하고 있다. 황금은 세계에서 공인된 투자 도구로서 본래 지위는 기타 어떤 투자 도구로도 대체가 불가능하다.

현재 세계의 4대 황금시장으로 각각 런던, 취리히, 뉴욕, 홍콩을 들 수 있다. 초기 네덜란드의 암스테르담은 전 세계 황금교역의 중심지였으나 19세기 초가 되면서 런던이 이 자리를 꿰어찼다. 1919년 런던 황금시장이 정식으로 성립된 이후 이곳에는 지금까지 내려온 전통이 있다. 즉 날마다 오전과 오후 두 차례로 나눠 황금의 고시

가격을 정하는 것이다. 이것은 몇 대 황금 교역소에서 '정한' 것으로 전 세계 황금 가격에 큰 영향을 끼친다. 런던의 현물 황금거래는 실제적인 거래장소가 없으며, 거래는 각 황금매매상의 연락망을 통해 성사됐다. 현재 거래가 활발하게 이뤄지고 있는 런던 황금선물교역소는 1982년 이후 점점 규모가 커지고 있다.

취리히 세계 황금시장은 제2차 세계대전 후 발전하기 시작했으며 국제 황금시장 상의 지위는 런던에 이어 2위를 차지하고 있다. 1968년 미국이 베트남전쟁 때문에 제한을 받게 되자 황금투기 활동이 창궐해 각국의 중앙은행은 황금 수집을 잠시 중단하기로 했다. 이때 런던 황금시장 역시 2주간 시장매매를 중단했는데, 런던 황금시장이 중단된 동안 스위스 신탁은행, 스위스 은행, 스위스 연합은행이 취리히에 금고를 만들고 황금매매를 시작한 것이 취리히 황금시장의 시발이 됐다. 이 무렵 남아프리카공화국이 취리히 금고를 통해 정기적으로 황금을 판매하기 시작했다. 취리히 황금시장은 형식적인 조직체계가 없으며 앞에서 말한 3대 스위스 은행이 고객을 위해 황금거래를 하고 청산과 결제를 책임진다. 취리히 세계 황금시장에는 고시가격 결정 제도가 없고, 각 교역일 중 임의의 시간에 수요−공급 상황에 따라 당일의 교역가격을 결정한다. 하루 동안의 황금가격은 이를 기초로 움직이며 특별한 상종가의 제한도 없다.

뉴욕 상품교역소와 시카고 상품교역소는 세계에서 가장 큰 황금선물교역센터다. 1970년대 초 두 차례 달러 가치가 변질되는 위기가 발생하자 미국인들은 헤징(현물의 시세 하락으로 생기는 손해를 막기 위하여 현물을 선물로 팔아 버리는 일―옮긴이)과 투자의 부가가치 획득을 위해 황금 선물을 매매했다. 그러자 뉴욕과 시카고의 황금시장이 눈부신 속도로 발전하게 됐다. 양대 교역소는 투자자들에게 장소와

제7장 화폐의 왕−진정한 부의 수호자

시설을 제공할 뿐 아니라 일종의 법규도 제정하여 거래 쌍방이 공평하고 합리적인 전제 하에서 거래가 이뤄지도록 하고 있으며 쌍방 자신은 선물 매매에 참여하지 않도록 보장하고 있다. 교역소에서는 현물과 선물교역을 진행하는 황금의 무게, 형태, 가격변화의 상하한선, 교역일자, 교역시간 등 모두 상세하게 설명해준다. 이 양대 교역소의 황금 선물 가격은 황금 현물 시장의 황금 가격에 큰 영향을 끼친다.

홍콩 황금시장은 이미 100여 년에 가까운 역사를 자랑한다. 1974년, 홍콩 정부가 황금 수출입에 대한 제한을 철폐함과 동시에 홍콩 황금시장은 급속도로 발전하기 시작했다. 홍콩 황금시장이 시차 상 뉴욕, 시카고 시장의 폐장 후와 런던 시장 개장 전의 시간차를 메꾸어 주고 있어 국제 투자자들에게는 계속적인 편리한 거래의 기회를 제공해줬다. 이곳에서 헤징이 벌어지므로 런던의 5대 황금 매매 상, 스위스의 3대 은행들이 너도나도 홍콩에 사무실을 개설하고 런던 교역 마감 후의 황금 매매활동을 홍콩으로 연장시켜 현지는 점차 무형의 '런던 황금시장' 을 형성하게 됐다. 이로써 홍콩은 세계 주요 황금

런던의 황금시장__런던의 금은 황금의 명칭이 아니라 황금 교역방식의 명칭이다. 초기 런던에 기원하여 이름을 얻게 됐다. 런던의 황금시장은 실제로 존재하는 교역장소가 아니라 각 대형 황금 매매상의 판매망이 이어진 무형 시장이다.

런던의 금은 통상적으로 유럽식 황금교역으로 불린다. 런던 황금교역 시장과 취리히 세계 황금시장을 대표한다. 투자자의 매매거래 기록은 개인이 사전에 설립한 '황금통장 계좌' 에 나타나며 현물 황금을 주고받을 필요가 없다. 이렇게 황금의 운송, 보관, 검사, 검정 등 단계가 생략되므로 입고가와 매출가 사이의 차액은 현물 황금 매매의 차액보다 더 작아진다. 황금거래도 고정적인 장소에서 이뤄지지 않는다. 전체 런던 황금시장은 각 황금 매매상, 회사 간의 상호연결로 구성되며 황금 매매상과 고객 간의 전화, 팩스 등을 통해 거래가 진행된다. 취리히 세계 황금시장은 3대 은행이 고객을 위해 매매를 대신하며 청산과 결제를 책임진다.

시장 중 하나로 발돋움했다.

　세계에는 그 밖에도 뭄바이, 도쿄, 싱가포르 등 여러 황금시장들이 있다. 하지만 영향력은 앞에서 언급한 4대 시장에 비해 미미한 편이다. 일반적으로 국제시장은 황금에 대해 특별한 편애가 없으며 '39 골드'가 주요 교역품종이다. 그러나 아시아 태평양 지역의 시장 투자자들은 전통을 고집하며 '순수한 금'을 선호한다. 그래서 상하이, 도쿄, 싱가포르 등지에서는 '49 골드'의 교역이 상시 열리고 있다.

황금 투기

개인적인 황금 소장자들의 황금 수요량은 계속해서 증가되므로 황금 가격은 '암시장'에서 폭등하고 있다. 황금 밀수를 제지하기 위해 수많은 국가가 개인의 황금매매 합법화를 어쩔 수 없이 동의하고 있다. 그리하여 1948년 파리와 브뤼셀에서는 처음으로 황금 자유시장이 출현했다. 1954년 런던에서도 황금 자유시장이 잇달아 등장했다. 황금 자유시장에서 금값은 공식가격보다 훨씬 높다. 이익 때문에 일부 황금생산국은 대량의 황금을 자유시장에 내놓기 때문에 황금 교역은 매우 활발해졌다.

　1990년대 초, 국제 은행가들은 한 가지 영업을 시작했다. 황금을 중앙은행의 창고 안에 넣어두기만 하면 먼지만 쌓일 뿐 아무런 수익도 얻을 수 없다. 그 외의 수입을 보장하기 위해서는 신용이 좋은 금괴은행가들에게 '임대'를 하는 편이 낫다는 생각을 하게 된다. 황금의 임대 이자는 1퍼센트 정도로 낮아도 되지만 확실히 안정적인 수입이 돼야만 했다. 이 방법은 유럽 은행에서 빠르게 유행했다. 그렇

　제7장 화폐의 왕—진정한 부의 수호자

상하이 황금 교역소는 국무원의 승인을 받아 중국 인민은행이 조직·건설하고 국가 공상행정 관리국이 신청, 등록한 영리를 목적으로 하지 않는 자율성 관리를 실행하는 법인이다. 공개, 공평, 공정, 성실과 신용이라는 원칙에 따라 황금, 백은, 백금 등 귀금속 거래를 실시한다. 상하이 황금 교역소의 건설로 중국의 황금시장은 화폐시장, 증권시장, 외환시장과 함께 중국에서 완벽한 금융시장 체계를 건설할 수 있게 됐다.

황금 거래 시 리스크가 매우 크기 때문에 거액의 손실이 발생할 가능성이 있다. 이런 위험을 극복하려면 풍부한 자금력을 가진 회사 또는 개인이 황금 교역을 하는 것이 적합하다. (위의 사진은 황금 거래의 리스크를 경고한 광고도)

다면 소위 금괴은행가들이란 누구인가? J.P.모건을 대표로 하는 국제은행가들이 이에 발 벗고 나서고 있다. 그들은 자신들의 탄탄한 신용으로 중앙은행의 손에서 1퍼센트라는 초저가 이윤으로 황금을 '임대'하여, 황금시장에서 판매해 벌어들인 돈으로 다시 회수율 5퍼센트인 미국 국채를 매수하여 4퍼센트의 이익을 고스란히 남기는 방법을 썼다. 이것을 '황금 금리재정거래Interest Arbitrage Transaction'라고 한다. 이렇게 중앙은행의 황금을 염가 처분하면 가격을 낮추면서 이익 차이도 얻을 수 있을 뿐 아니라 미국 국채의 수요를 자극해 장기이율도 낮출 수 있었기에 그야말로 일석이조의 묘책이라고 할 수 있다.

그러나 여기에도 리스크는 있었다. 금괴은행가들이 중앙은행에서 빌려온 황금은 대략 6개월 가량의 단기 계약을 했지만 투자는 장기 채권에 하게 될 경우가 많았다. 만일 중앙은행에서 임대기한이 만기돼 황금을 회수하거나 황금의 가격이 상승하게 되면 금괴은행가의 상황은 매우 위험해졌다.

'헤징'과 같이 리스크를 대비하기 위해 월가의 금융천재들은 황금 생산상들에게 주의를 기울였다. 그들은 황금 생산상들에게 황금 가격은 반드시 장기적으로 저가를 유지해야 한다는 '역사적인 규율'을 반복해서 주입했다. 지금 미래의 판매가격을 유지해야 장래의 손실을 막을 수 있다고 말이다. 그 외에도 국제 은행가들은 황금 생산상에게 4퍼센트가량의 저이자 대출을 제공해 탐사와 개발을 계속 진행할 수 있도록 도왔다. 이렇게 낮은 이자율은 실제로 놓치기 매우 아까운 기회였다. 게다가 현재 국제 황금가격이 해마다 하락하고 있었기에 미래에 판매가격을 낮춰 파느니 차라리 아직 지하에서 캐내지 않은 매장 황금을 좋은 가격에 파는 것이 좀 더 이익이었다. 이것을 '황금 선물환Gold Forward Exchange'이라고 부른다.

초기 미국 월가의 황금 선물 거래 모습

　그리하여 금괴은행가의 손에는 황금 생산상의 미래 생산량이 들어오게 됐다. 그들은 이를 중앙은행에서 빌린 황금을 상환하는 데 담보로 사용했다. 거기에다 중앙은행가와 금괴은행가들은 본래 한 집안 식구였기 때문에 '임대 계약'은 거의 무기한으로 연기될 수 있었다. 그리하여 금괴은행가는 이중의 보장을 얻게 됐다.

　투자은행의 영향으로, 황금 생산상들은 과거와 달리 너도 나도 금융투기 열풍에 빠져들게 됐다. 각국의 황금 생산상들은 미래를 '초과지출' 해버렸다. 지하에 매장돼 있을 황금 저장량을 완전히 현지 생산량으로 둔갑시켜 '입도선매'했다. 오스트레일리아의 황금 생산상은 심지어 장래 7년 동안의 황금 생산량을 전부 매도해버렸다. 서아프리카 가나의 중요 황금 생산상인 아샨티는 골드먼삭스와 16개 은행의 지원을 받아 무려 총 2,500개나 되는 금융 선물 계약을 매입했다. 1999년 6월, 헤징 회계 상의 금융자산은 무려 2억 9,000만 달러에 이르렀다. 평론가들은 당대의 황금 생산상은 황금 채굴을 하고 있다기보다는 채굴한 황금을 가지고 꼼수를 부려 위험한 황금 투기를 하고 있다고 평했다.

황금 생산상들 중에서 일고 있는 '헤징 혁명' 의 물결 속에서 캐나다 광산기업인 바릭골드Barrick Gold는 명실상부한 '형님' 이 됐다. 바릭 골드의 헤징 규모는 일찍이 리스크를 제어할 수 있는 합리적인 범위를 벗어났으며 그들의 전략은 금융도박이라고 해도 과장이 아니었다. 그러나 어마어마한 양의 황금을 일방적으로 매각하면서 바릭 골드는 은연중에 업계 동업자들끼리 서로 피 튀기는 가격경쟁을 초래하게 됐다. 제 손으로 제 무덤을 파는 결과를 초래한 것은 당연하다. 바릭 골드사의 연말 보고서는 투자자들을 오도했다. 그들은 자신의 복잡한 헤징 전략 덕분에 항상 시장보다 더 높은 가격으로 황금을 매각할 수 있다고 과대광고를 한 것이다. 사실 바릭 골드가 시장에 팔 수 있는 황금 중 상당수는 금괴은행가가 각 국의 중앙은행에서 저이자로 '빌려온' 황금에 불과했다. 그들은 시장에서 이런 '빌려온' 황금을 염가 판매한 수입으로 미국 재무부에서 발행한 채권을 샀다. 그 과정에서 생기는 차익이 바로 '복잡한 헤징 공구' 가 만들어내는 신기한 효과의 진정한 원인이었다. 이는 정형적인 재무 사기 수법이었다.

여러 가지 요인들이 복합돼 황금 가격은 계속 하락했으며 이는 모든 거래 참가자들에게 유리했다. 황금 생산상은 초기에 매출가격을 이미 정해뒀기 때문에 황금 가격이 하락하자 그들이 계좌에 허위로 조작해놓은 각종 '황금 투자' 는 그 가치가 상승하기까지 했다. 이렇게 황금 생산상은 기이하게도 황금 가격 하락의 공모자가 됐다. 사실, 생산상은 그저 잠깐 동안 단맛을 맛보았을 뿐 실제적으로는 장기적인 이익은 얻을 수 없었다.

황금독점금지위원회Gold Anti-Trust Action Commitee의 회장 빌 머피는

황금 가격을 유리하게 책정해 수익을 얻으려는 특수이익 집단을 두고 '황금 카르텔'이라 불렀다. 황금 카르텔의 주요 구성원으로는 JP모건, 잉글랜드은행, 도이치방크, 시티뱅크, 골드먼삭스, 국제결제은행, 미국 재무부와 연방준비은행이 있다.

황금 가격이 강력한 시장 수요에 의해 계속 상승될 경우, 중앙은행은 제1선에 등장해 투자자들이 겁에 질려 도망칠 때까지 대량의 황금을 공개적으로 염가 판매한다.

● ● ●   부를 수호하는 화폐의 왕

현재 황금은 달러, 유로화, 파운드화, 엔화에 이어 제5대 국제 결산 화폐로 인정되고 있다. 케인즈는 화폐로서의 황금의 비밀에 대해 이렇게 설명했다. "황금은 우리의 제도에 중요한 역할을 한다. 황금은 최후의 호위병이자 긴급 상황에 사용할 수 있는 예비금이며 다른 어떤 물건으로도 대신할 수 없는 존재다."

국제 황금의 비화폐화의 결과로 황금은 자유롭게 소유, 매매가 가능한 상품이 됐다. 황금이 각 국가의 국고에서 일반 서민들의 가정으로도 들어가게 되자 유동성은 크게 증강됐다. 황금 교역규모의 증가로 황금시장의 성장, 발전에 현실적인 경제조건이 제공됐다.

현재의 황금은 상품성 황금과 금융

1914년, 제1차 세계대전이 발발하자 당시 사회에는 금융위기를 우려하는 목소리가 높았다. 당시 케인즈는 화폐문제 전문가로서 영국재정부에서 일하고 있었다. 그가 재정부에서 한 첫 번째 일은 황금 보유고를 유지하여 전쟁이 가져온 경제위기를 대응하도록 로이드 조지(Lloyd George) 수상을 설득하는 일이었다.

성 황금으로 나뉜다. 국가가 황금 관리에서 손을 떼면서 상품성 황금시장뿐 아니라 금융성 황금시장도 빠르게 발전했다. 교역도구의 부단한 혁신으로 황금시장의 규모는 몇십 배, 몇백 배 이상 확대됐다. 현재 상품의 실물황금 거래액은 총 거래액의 3퍼센트에 불과하며 90퍼센트 이상의 시장은 황금 금융 선물이 차지하고 있다. 게다가 세계 각국의 중앙은행은 여전히 3.4만 톤 이상의 황금 보유고를 가지고 있다.

현재 황금이 과연 어떤 역할을 하고 있는지, 누구도 정확하게 말하긴 어렵겠지만 일종의 '준화폐准貨幣'로는 볼 수 있다. 통화팽창이 민생에 영향을 끼치면 사람들은 황금을 떠올리고 금융이 불안정할 때도 황금을 떠올린다. 한 가지 분명한 점은 황금은 부의 진정한 수호자이며 진정한 화폐의 왕이라는 것이다.

● ● ● 　　　　황금 창고-국가의 '돈주머니'

황금의 장점 때문에 역사적으로 황금은 화폐의 기능을 충당했다. 즉 가치 척도, 유통 수단, 저장 수단, 지불 수단과 세계 화폐 등이 그것이다. 1970년대 황금이 달러와의 연계성을 벗어나게 되자 황금의 화폐적 기능도 감소됐지만 어느 정도의 기능은 여전히 유지하고 있다. 특수 귀금속으로서 황금은 여전히 세계 각국이 선호하는 주요 외환 보유고가 됐다. 각국 은행의 황금 창고는 경계가 더욱 삼엄해지고 보안이 철저하게 유지되고 있다. 최첨단 보안설비뿐 아니라 보안요원도 창고 안을 지키고 있다. 국고는 국가의 '돈 주머니'이기 때문이다.

한 시대를 풍미하던 영화 《더 밀리언 파운드 노트The Million Pound Note》에는 이런 대사가 나온다. "아주 오랜 옛날, 잉글랜드 은행 깊숙한 지하에는 세계에서 가장 많은 황금이 보관돼 있었다." 그러나 이 영화에서 말하는 상황은 대략 19세기 초를 말한 것이다. 지금 세계 최대의 금고는 미국 뉴욕에 있는 월 스트리트 뉴욕 연방준비은행에 있다. 그 지하에는 황금들이 무더기로 쌓여 있어 '세계 최대의 황금 창고' 라는 명성을 얻고 있다. 이 거대한 황금 창고에는 60개의 국가 중앙은행과 국제 조직 가운데 3분의 1에 해당하는 황금 보유고를 보관하고 있다. 이곳은 총 가치 4만억 달러가 넘는 화폐와 황금을 보유하고 있는 명실상부한 '황금 창고' 다.

뉴욕 연방준비은행의 직원이 50여년 역사를 가진 천칭으로 금괴의 중량을 재고 있다.

1924년에 지어진 뉴욕 연방준비은행의 금고는 맨하탄 지하 25미터 깊은 곳(해수면 이하 15미터)에 위치하며 지하구조물은 전부 단단한 암석으로 이뤄져 있다.

　뉴욕 연방준비은행의 금고는 축구장 반 만한 크기로 122개의 밀실로 구성돼 있고 보통 방 하나 당 한 국가의 황금을 보관하고 있다. 어느 나라의 황금을 어느 방에 보관하고 있는지는 절대 기밀로 다뤄지고 있어 금고에서 일하는 직원조차 모르고 있다. 일반인들에게 참관용으로 개방되는 '816호' 밀실에는 5,160개의 골드바가 있으며 이는 8,800만 달러의 가치에 해당한다. 하지만 이 방은 비교적 작은 밀실에 해당하며 가장 큰 밀실은 10만 7,000여 개의 골드바를 보관하고 있다고 한다.

　골드바는 주조 연대가 달라 모양도 제각각이지만 주로 두 종류로 나뉠 수 있다. 1986년 이전에 주조된 장방형은 일반 벽돌과 비슷한 모양을 하고 있으며, 그 이후에 주조된 것은 사다리꼴을 하고 있다. 각 골드바에는 모두 주조 장소, 번호와 순도가 찍혀 있고 모든 골드바의 순도는 99.5퍼센트에서 99.9퍼센트 사이다.

　외국 정부는 왜 대량의 황금 보유고를 뉴욕 금고에 보관하는 걸

까? 뉴욕이 세계에서 가장 중요한 금융 중심이자 가장 큰 자본시장이기 때문에 국제 간의 자금 유통 면에서 볼 때 이곳이 가장 편리하다. 더욱 중요한 이유는 미국은 정치가 안정돼 있고 경제력이 막강하며 화폐시장이 개방돼 있어서 황금을 보관하는 데 비교적 안전하기 때문이다. 그 외에도 뉴욕 금고는 설비가 우수하고 보안시설이 물 샐 틈 없이 작동돼 황금을 보관해도 도난 등의 사고가 전혀 발생하지 않는다는 장점이 있다. 이곳의 직원은 이렇게 소개한다.

"외국 정부가 황금 보유고를 이곳에 보관하는 비용은 무료입니다. 황금 일부를 이전 인계한다든지 은행에서 가지고 나갈 때만 형식적인 비용을 약간 받을 뿐입니다. 우리는 다른 나라 대신 황금을 보관한다고 해서 그걸로 돈을 벌진 않습니다. 뉴욕 연방준비은행은 매년 정부채권을 매매하는 공개시장 운영에서만 180억 달러 이상의 수익을 벌어들이니까요. 우리는 그저 우호 국가를 위해 황금을 보관해줄 뿐입니다."

●●● 개미 한 마리 빠져나갈 수 없는 황금 저장소

뉴욕 연방준비은행이 맨하튼을 세계 최대의 황금 저장장소로 선택한 데는 이유가 있다. 우선은 이곳이 세계 금융센터라 할 수 있는 월스트리트의 심장부여서 각 은행 간의 거래가 편리하다는 점이다. 그러나 무엇보다도 맨하튼 남단의 견고한 화강암 지층은 수천 톤 무게의 골드바와 몇백 톤이나 되는 강철문을 너끈히 지탱해줄 수 있다.

뉴욕 연방준비은행의 금고에는 밖으로 나가는 '대문'은 존재하지 않는다. 어떤 좀도둑이 인생 살기가 지겨워 세상을 깜짝 놀라게 할 범죄 계획을 세운다 해도 금고 '대문'조차 찾지 못할 것이다. 사실,

뉴욕 연방준비은행의 금고 안에 보관된 금빛 찬란한 황금

뉴욕 미 연방준비은행은 뉴욕 시내 지하 24미터 깊이에 위치해 있다. 사진 속의 황금은 무게 269톤으로 미화 860억 달러에 상당한다.

금고의 입구는 높이 2.7미터, 무게 90톤인 실심實心 강철통 형식으로 되어 있다. 강철통 외부에는 140톤 무게의 콘크리트 벽으로 막아 견고함을 더했으며, 강철통의 중앙에는 3미터 길이의 좁은 통로가 나 있다. 그저 조용히 건드리기만 하면 문이 열리고 강철통이 90도로 회전하면서 통로가 나타난다. 강철통 시스템은 전부 수동으로 기계를 조작하며 정전 등 긴급 상황일 때에도 문을 여닫는 데는 전혀 지장이 없다. 1924년부터 현재까지 사용하는 동안 한 번도 고장이 나지 않았다고 한다.

미국 연방준비은행 빌딩에는 몇십 톤 중량의 안전문이 두 개 있는데 깊숙한 곳에 숨겨져 있어 일반인들은 전혀 찾아낼 수 없다. 일단 긴급 상황이 발생하면 이 두 문은 7초 안에 완전히 닫혀져 개미 새끼 한 마리 빠져나갈 수 없다. 그 외에도 빌딩 내부에는 '수를 헤아릴 수 없는' 보안요원들이 손에 반자동 권총을 들고 빌딩 내외부의 각 곳을 시시각각 감시하고 있다. 직원들의 말에 의하면 그들 중 70퍼센트는 모두 백 보 거리에서 목표물을 명중시키는 저격수라고 한다. 이곳의 경계가 삼엄하기 때문에

제7장 화폐의 왕 – 진정한 부의 수호자

뉴욕 금고가 생긴 지 70년 동안 현재까지 강도나 절도사건은 한 번도 발생한 적이 없으며 그와 유사한 시도조차 없었다고 한다.

황금의 이전 인계는 뉴욕 연방준비은행 금고의 주요 기능이다. 정부와 기구 간에 억대의 달러에 상당하는 황금 보유고 거래는 바로 이 조그만 공간 안에서 이뤄진다. 직원이 금덩이를 이쪽 방에서 저쪽 방으로 옮겨놓기만 하면 작업은 완료된다. 각 방의 철문에는 모두 세 개의 자물쇠가 달려 있는데 그중 두 개는 전자번호 자물쇠이고 하나는 전통적인 자물쇠다. 문에는 감독관의 봉인이 있다. 매번 골드바를 보관한 밀실을 열 때면 반드시 세 명의 직원들이 현장에 도착해 함께 문을 연다. 황금 운반에는 별다른 첨단 과학기술이 필요하지 않다. 운반 직원이 사용하는 수레도 평범하며 그 위에는 각각 12킬로그램 중량의 골드바를 조심스럽게 놓고 다른 밀실로 운반해 간다. 그러나 골드바가 미끄러져 발에 떨어지는 것을 방지하기 위해서, 운반 직원은 신발 앞쪽에 마그네슘으로 만든 신발 커버를 착용한다. 보기에는 크고 우스꽝스럽게 생겼지만 실제로는 매우 가볍고 정교하게 만들어졌다. 강도는 강철보다 더 단단해 커버 한 쌍의 가격만 500달러라고 한다.

뉴욕 연방준비은행 금고__월가의 금융구역에 위치한 뉴욕 연방준비은행 빌딩에 들어서면 안전문을 지나 곧장 은행홀로 들어설 수 있다. 홀은 고상하고 웅장한 신고전주의 스타일로 여전히 1920년대의 품격을 간직하고 있다. 직원은 금고 안에서는 절대로 사진을 찍을 수 없으며 종이나 연필조차 가지고 들어갈 수 없다며 여러 번 주의를 준다. 구형 엘리베이터는 최대 10명을 태우고 지하 5층으로 내려간다. 엘리베이터에서 내리는 순간 '지하 감옥'에 도착한 느낌이 들 것이다. 굳게 잠긴 철책문 뒤쪽에는 200여 평방미터의 공간이 122개의 작은 밀실로 나뉘어져 있어 마치 감옥의 죄수실을 보는 듯하다. 각 밀실 안에는 수천 개의 골드바가 벽돌로 담을 쌓듯 가지런히 놓여 있다.

매번 골드바를 이동시킬 때는 반드시 중량을 측정해야 하기 때문에 금고 중앙에 있는 거대한 천칭을 사용한다. 천칭의 모양은 구형이지만 천 분의 일 온스까지 측정해낼 수 있는 정밀도를 자랑한다. 곁에는 소형 전자저울이 있어 골드바 한 개의 중량에 미치지 못하는 작은 금덩이를 잴 때 사용한다. 그 정밀도는 공기의 중량까지 잴 수 있기 때문에 매번 사용 때마다 금고 내의 에어컨을 꺼서 공기의 유동으로 인한 오차를 없앤다고 한다.

●●●   ## 신비로운 포트 녹스 금고

뉴욕 연방준비은행의 지하 금고에는 주로 해외국가의 황금이 보관돼 있다. 반면 미국은 자국의 황금 보유고를 미국 조폐국 휘하의 몇 개 지점에 보관해놓는다. 미국 조폐국은 워싱턴 본부를 제외한 미국 전역 내 몇 개 지역에 조폐창을 두고 있다. 그곳은 필라델피아, 뉴욕 주의 웨스트포인트, 샌프란시스코, 콜로라도 주의 댄버, 켄터키 주의 포트 녹스 등 다섯 군데다. 미국 동전을 살펴보면 P, W, S, 또는 D 등의 글자를 찾을 수 있는데 바로 상술한 주화 제조지점을 대표한다.

이들 중 가장 유명한 곳이 포트 녹스다. 포트 녹스는 미국의 황금 보유고를 보관하는 주요 장소로서 그 나머지 일부는 웨스트포인트에 보관한다. 또한 미국 전역에서 경비가 삼엄하기로 유명하여 미국인들은 날개가 달려 있어도 도망치기 어려운 곳을 비유할 때 포트 녹스를 언급하곤 한다.

포트 녹스 금고는 1937년에 건설됐다. 금고는 외형적으로 볼 때 2층 높이의 지하실로 여기에는 화강암과 콘크리트, 강철로 만들어진 황금 저장실이 있다. 금고의 대문은 24.6 톤에 달하며 비밀번호

는 각각 다른 직원들이 나눠서 관리하기 때문에 각 직원들이 동시에 현장에 도착했을 때에만 대문이 열리게 된다. 또한 조폐국의 경비직원 외에도 포트 녹스 금고 자체가 군부대 옆에 위치하고 있어서 1만여 명의 군인이 주둔하는 군대는 금고를 더욱 안전하게 지켜주고 있다.

1918년 제1차 세계대전 기간 동안 미국 국회는 160만 달러를 지원해 루이스빌 부근에 포병 훈련 기지를 설립했다. 기지의 이름은 미국 독립전쟁 시기 포병 총사령관이었던 헨리 녹스Henry Knox의 이름을 따서 지었다. 그 후, 미국의 첫 번째 기계화 기병단과 미국 장갑보병 사단이 잇달아 포트 녹스에 주둔하면서 기지 규모가 점차 커졌다. 포트 녹스는 뉴욕 주의 웨스트포인트 사관학교에 이어 두 번째로 큰 기지요 미국에서 가장 중요한 군사훈련 기지와 육군 장갑차 작전기술 연구기지가 됐다.

겉으로 볼 때 방대한 군사기지 안에 보초를 서고 있는 경계 병력은 많아 보이지 않는다. 가끔 잔디밭에 서 있는 붉은 색의 '금지 구역'이란 푯말과 길가에 세워져 있는 구식 탱크의 실물 조각을 뺀다면 이곳은 미국 중부의 다른 시골도시와 거의 다를 것이 없다. 뾰족

미국 켄터키 주에 위치한 포트 녹스 금고

한 지붕의 교회, 드문드문 흩어져 있는 단층집, 헬리콥터 승강장이 딸려 있는 병원, 그리고 쇼핑센터까지 있다. 군용 비행장 활주로에는 몇 대의 군용 헬리콥터가 서 있고 도로에는 위장용 무늬 천을 덮은 탱크와 장갑차, 군용 수송차가 수시로 지나고 있다.

포트 녹스 금고가 지어졌을 때는 제2차 세계대전의 전운이 감도는 시기로서, 연방 정부는 당시 미국 내에서 국보로 여기는 물품들을 이곳으로 옮겨와 보관했다. 그중에는 '독립선언서'와 미국 헌법, 그리고 링컨의 게티즈버그 연설 원고가 포함돼 있었으며, 그 외에도 유럽 왕실의 보물들이 있었다.

사실 금고 안의 상황에 대해서 아는 미국인은 거의 없다. 대통령의 지시를 받은 사람만이 들어갈 수 있기 때문이다. 미국 대통령 중에는 오직 루스벨트 2세와 트루먼 대통령만이 이 금고를 참관한 적이 있다. 금고가 신비에 싸여 있었기에 각종 추측을 불러일으키기도 했다. 1970년대 어떤 이는 금고 내의 모든 황금 보유고는 이미 1960년대에 요한슨 대통령에 의해 런던으로 옮겨져 당시 달러의 안정성을 유지하기 위해 매각됐을 것이라는 의문을 제기한 적도 있다.

이런 의문이 끊이지 않았기에 당국은 이 주의 연방 참의원과 중의원들 100여 명이 기자들을 대동해 금고를 참관할 수 있도록 결정했

포트 녹스는 미국의 중앙에 위치하고 있다. 켄터키 북부의 3개 현을 가로지르며 면적은 4만 4,510헥타르
에 이른다. 북동쪽으로는 루이스빌과 48킬로미터 거리밖에 되지 않아 농후한 프랑스 문화 색채를 띤다.
당초 이곳에는 유럽의 육군대국인 프랑스가 제1차 세계대전에 건립한 녹스 주둔지가 있었고, 1932년에는
상설 군사기지로 확장 건설했다. 1936년에는 미국 금고로 개조하여 견고한 정방형으로 건축했으며 전자,
기계 보안장치들을 설치해 황금과 국보들을 보관했다. 제2차 세계대전이 발발하자 미국은 황금보다 더
중요한 건국 기념물 '독립선언서'와 '미국 헌법' '대헌장', 링컨 '게티즈버그 연설'의 원본을 이곳에 보관
했다. 미국인들은 '독립' '자유' '평등' '인권' '권력제약' 원칙을 황금이나 예술품보다 더 고귀하며, 미국
의 건국과 계속된 발전의 근본이요 미국 국민들의 생명이라 여겼기 때문이다.

다. 그러나 의심을 제기하는 사람은 여전히 많았다. 당시 기자들이
본 황금은 당국이 임시적으로 운반해 온 위장품이었기 때문이다. 어
쩌면 포트 녹스 금고의 비밀은 영원히 풀리지 않는 수수께끼가 될
지 모르겠다.

● ● ●   러시아의 국가금고

러시아의 국가금고는 러시아 내에서 최대 기밀로 다뤄지는 국가기구
다. 러시아 국가금고에 보유돼 있는 세간의 보물들은 수량이나 종류
면에서 볼 때 다른 금고를 월등히 능가한다. 이 거대한 금고에 소장된

보물이 구체적으로 얼마만큼의 가치를 갖는지 말할 수 있는 사람은 이 세상에 아무도 없다. 미국 연방준비위원회의 금고에는 오직 황금 보유고 기능만 있고 영국 런던타워에는 보석 장신구만 소장하고 있지만 러시아 국가금고는 이 두 가지 기능을 동시에 겸하고 있다.

회색의 다층 건축물에 있는 러시아 국가금고는 외관상으로는 매우 평범하게 보이고 건물 내부의 엘리베이터도 구형이며 매우 협소하다. 그러나 각 방은 모두 두껍고 세련된 강철문이 설치돼 있고, 방 안에는 번호가 붙은 금고가 줄을 맞춰 서 있다. 금고에 보관된 모든 소장품들은 우선 전문 위원회의 정밀 감식을 거쳐 문화·역사적 가치를 가진 보물만 입고된다. 러시아 국가금고의 전신은 소련 보물골동품위원회로서 당시의 소장품은 주로 러시아 귀족 권문세가들에게서 사들이거나 몰수한 보석 장식품들과 전쟁에서 얻은 전리품들이었다. 몇 년 동안 러시아 국가금고의 소장품은 계속 늘어나 점차 황금, 보석, 장식품, 돈을 비롯해 각종 귀중금속을 갖춘 거대한 금고로 발전했다.

이곳의 금덩어리는 부피가 매우 크며 중량은 대개 12~13킬로그램에 이른다. 일반 러시아 국민은 은행에서 이렇게 큰 금덩어리를 살 수 없다. 기껏 해봤자 1그램에서 1,000그램 중량의 금 조각만 살 수 있을 뿐이다. 금고 주임 리푸킨에 의하면 현재 세계의 연간 황금 채굴량이 2,000톤, 거래량은 3,000톤인데 각 국가들이 모두 비교적 많은 황금 보유고를 가지고 있기 때문에 매년 황금시장의 공급 수요보다 200톤 가량 많아진다고 한다. 황금 가격이 계속 떨어지면 여러

국가들은 황금 보유고를 줄이지만 모두 자국의 실정에 따라 적정한 황금을 비축해놓는다. 미국의 황금 보유고는 8,500톤이며 서유럽 국가들은 2~500톤까지 각각 다양하다. 현재까지도 러시아는 세계에서 황금을 대량으로 매입하고 비축하는 몇 안 되는 국가 중 하나로 꼽히고 있다. 러시아는 여전히 황금을 국가의 가장 안전한 저축 방법으로 여기고 있으며 최근 몇 년 동안 러시아 국가금고에서만 56톤의 황금을 매입했다. 일반적으로 한 국가의 황금 보유량은 총 외환 보유고의 10~20퍼센트를 넘지 않는다고 한다.

황금 외에도 러시아 금고에는 지구상에 있는 각종 보물들을 볼 수 있다. 보석, 다이아몬드, 진주 등 이런 보물들은 보관 당시 황금보다 더 신경을 많이 써야하기 때문에 온도와 습도를 유지하며 엄격하게 관리하고 있다.

● ● ●　　　　　　　## 황금으로 가득 찬 스위스 국고

스위스 국고 안에 황금이 가득 차 있다는 것은 세상에 널리 알려진 사실이다. 현재 각국의 화폐 발행량은 이미 그 국고의 황금 잔존량과 무관하지만 스위스만은 예외다. 스위스 국고에는 항상 충분한 황금을 보유하고 있기 때문에 현재까지도 전 세계에서 유일하게 금본위제를 유지할 수 있는 것이다. 세계황금협회가 최근 발표한 자료에 의하면 현재 세계 각국 국고의 황금 총 보유고는 3만 2,946톤이며 그중 1,000톤 이상의 보유고를 가진 국가와 국제조직으로 미국, 독일, 프랑스, 이탈리아, 스위스와 국제통화기금이 있다. 스위스 국고는 현재 2,590톤의 황금 보유고를 보유해 세계 각국 국고 황금 총 보유량의 7.7퍼센트를 점유하고 있다. 1인당 평균량으로 계산해보면 스위스는

전 세계에서 1인당 황금 보유량이 가
장 많은 국가다.

스위스 국고의 황금 중 일부는 베른
스위스 연방정부 건물과 연방의회 건
물 앞에 있는 광장 지하 깊은 곳에 보
관돼 있다. 이 금고는 지하 100미터에
위치한 원자탄 방호물 안에 위치하고
있으며 대외적으로 전혀 개방된 적이
없다. 스위스는 이 금고 외에도 여러
개의 황금 저장 국고를 공개했는데,
사람들에게 저장시설이 얼마나 안전
한지 보여줘서 더 많은 국외 위탁관리 고객을 끌어들이기 위한 목적
이다. 안전 계수가 100퍼센트가 넘는 개방형 금고로 들어서는 사람이
라면 누구나 정신을 차리지 못할 정도로 많은 황금에 찬탄을 금치 못
한다. 1,000여 킬로그램 무게의 대형 금판이 방 천장까지 쌓여 있고,
다른 곳으로 옮길 때는 모두 중형 지게차와 기중기를 사용한다. 수백
평방미터의 지하실에는 순도 99.9퍼센트라는 표시가 돼 있는 황금들
이 도처에 널려 있다. 이 금고 안에서는 사람들이 황금을 구경하고 만
져볼 수 있고 살 수도 있지만 이 모든 것은 수행요원과 감시카메라의
철저한 감시 아래서 이뤄진다.

스위스 국고의 안전정도는 가히 세계 최고라 할 수 있다. 국고의
매 통행로와 입구에는 첨단 적외선 전자측정 시스템이 설치돼 있고
수상한 동정이나 이상 물체도 이 시스템의 모니터링을 벗어날 수 없
다. 매번 문을 들어설 때면 각각 서로 다른 열쇠를 관리하는 세 명의
직원이 동시에 열쇠를 그 구멍 안에 넣어야 하며, 열쇠를 가진 직원
의 신분증, 지문, 안구 적외선 스캐닝 검사결과에 이상이 없어야 한

스위스 국고은행 건물

다. 그 후 숫자와 영어 알파벳이 뒤섞인 긴 비밀번호를 입력해야만
국고의 첫 번째 문이 열리게 된다. 그 후 겨우 한 사람이 다닐 수 있
는 좁은 전자 원격제어 회전문을 지나는데 몸에 큰 물건을 지닌 사
람은 절대 문을 통과할 수 없다. 모든 참관인과 직원에 대해서는 모
두 전천후 촬영 모니터링을 실시하며 촬영 후에는 비디오테이프로
만들어져 재검사를 받는다.

　스위스의 국고관리법에 따르면 국고에 입고한 황금은 누구도 함
부로 사용할 수 없으며 국고의 황금 보유량을 감소시켜야만 할 경우
반드시 전 국민의 공개투표를 거쳐 다수의 시민이 동의를 해야만 정
부가 사용할 수 있다. 스위스 사민당은 의원을 동원해 연방정부에
여러 차례 압력을 행사, 정부가 남아도는 황금을 싼 값에 팔아버리
고 그 돈으로 양로복지를 개선할 것을 요구했다. 그러나 스위스 국
고는 매번 그 무거운 압박을 견뎌내며 지금까지도 안전하게 지켜지
고 있다.

제8장

황금색 혈맥
신화에서 깨어난 황금

The Age of Gold

황금은 인류사회 문명의 발전에 함께 해왔다.
신의 화신으로 추앙받던 최초의 모습에서 액
세서리와 장식품으로 변했고, 다시 황금은 화
폐화에서 비화폐화로 바뀌었다. 이렇게 황금
은 인류문명 역사의 유구함과 다사다난을 기
록하고 있다. 오늘날 황금은 풍유로움과 행복
의 상징일 뿐 더 이상 신화가 아니다. 그러나
황금은 특유의 장점을 살려 항공, 의학, 전자
와 기타 공업 분야에서 핵심적인 역할을 수행
하고 있다.

● ● ●   만병통치약

황금의 의학적 응용은 고대까지 거슬러 올라간다. 일찍이 B. C. 7세
기, 이탈리아의 치과의사는 황금실로 의치를 고정시켰다. 16세기에
이르러서도 사람들은 황금으로 이빨에 뚫린 구멍을 메꿨다. 그 외에
도 고대인들은 황금을 가루로 만들면 만병을 치료할 수 있다고 믿었
다. 13세기, 유럽인들이 복용하던 '황금 음료수'는 만병통치약이라
는 이름으로 불렸다.

　중국 고대의 연단술 역시 의학의 탐색분야에 속하며 당나라 시대
이전의 유명 의학자 갈홍葛洪, 도홍경陶弘景, 손사막孫思邈 역시 연단가
들이었다. 갈홍의 의학저서인 《포박자 내편抱朴子內篇》 중 '금단金丹',
'황백黃白' 두 권에는 금단 선약을 만드는 방법에 대한 전문적인 설
명과 정리가 담겨 있다. 도홍경은 일생동안 20년에 이르는 연단 실
험에 몰두했으며 《합단법식合丹法式》과 《집금단황백요방集金丹黃白要方》
등 여러 권의 전문 연단 저작을 저술했다. 손사막이 쓴 《천금요방千金
要方》 중에도 적지 않은 수의 연단 방법이 기재돼 있다. 이들은 역사
적으로 명망이 높은 명의였기 때문에 대중들은 단약에 대해 더욱 의

심하지 않았다. 고대 명의들이 단약을 연단한 이론적 근거는 '외부의 것을 통해 스스로를 견고케 한다.' 라는 것이었다. 그들은 인간은 쇠약하기에 장생불로하려면 반드시 썩지 않고 변화하지 않으며 안정성을 가진 약물을 찾아 보신을 해줘야 한다고 생각했다. 또한 연사鉛砂, 유황, 수은 등 천연광물로 연단한 금단金丹은 불에 넣어 백 번을 연단해도 사라지지 않고 흙에 넣어도 천 년 동안 썩지 않으며 물에 넣어도 만 년 동안 부패하지 않아 일단 인체에 흡수되기만 한다면 몸을 견고하게 하는 작용을 해준다고 믿었다.

중국 고대의학자 갈흥은 서방의 연금술사들과 마찬가지로 장생불로로 할 수 있는 금단을 만들어낼 수 있기를 소망했다. 그는 진(晉)나라 이전의 연단술적 성과를 체계적으로 정리하여 진귀한 원시의학 자료를 남겼다.

이 이론은 듣기에는 아주 그럴 듯하게 보이지만 과학적으로는 전혀 근거가 없다. 또한 중국 전통의학은 오랜 경험이 축적되어 완성됐는데, 이것은 일종의 실험과 실수를 반복하는 과정이었다. 실제로 황제가 복용한 단약은 방사들이 황제에게 잘못 조제해준 실수였다.

● ● ●   무독성의 황금

중국 역사에는 자살 시 "황금을 삼키고 자결했다."는 얘기가 많다. 그렇다면 황금에는 정말 독이 있다는 것일까? 명나라 시대의 이시진李時珍은 《본초강목本草綱目》에서 이렇게 말하고 있다. "금가루는 맵고, 화평한 기운에 독이 있다." 그러나 사실 황금 자체는 무독성이다. 비

황금주

록 일부 의학서적에는 '황금 중독'이란 말이 있지만 이것은 의학상 관습적인 용어일 뿐이다.

고대 의사들의 눈에 황금 복용은 전혀 이상할 것이 없었다. 고대 의학에서는 금박을 전부 약재로 분류하고 있기 때문이다. 고대인들은 금박을 먹으려면 아주 복잡한 과정을 거쳐야 했다. 우선 작은 순금 덩어리를 볏짚으로 만든 두꺼운 종이 사이에 끼워 넣고 황금의 늘어나는 성질을 이용해 아주 얇은 금박이 될 때까지 힘껏 두들겼다. 그 후 금박으로 환약을 감싸 함께 삼켰다. 이는 현대 서양의학의 당의정과도 비슷하다.

그러나 여기에서 반드시 짚고 넘어가야 할 점은 황금을 함유한 염류 화합물은 보통 독성이 있다는 것이다. 20세기 초, 사람들은 소디엄 오로시오설파이트Sodium Aurothiosulfate(가장 초기형태의 사진 현상액)이란 이름의 황금 제재로 폐결핵을 치료한 적이 있었으며 실제 성공률도 높고 효과도 매우 좋았다. 그래서 덴마크의 일부 병원에서도 이런 황금 제재를 통해 폐결핵을 치료하기 시작했는데 결과적으로 환자의 간, 신장, 골수조혈 기능이 손상돼 심할 경우에는 사망하기도 했다. 황금을 함유한 일부 원소 화합물들은 독이 있기 때문이다. 게다가 독성이 매우 커서 리미폰Rimifon, 스텝토마이신이 발명되자 소디엄 오로시오설파이트는 금지약물로 분류됐다.

황금을 삼킨 사람이 죽는 이유는 황금의 비중이 커서 황금 제품이 식도나 소화관에서 기계적인 자극을 일으키고 소화관 파열, 출혈, 기타 합병증을 일으키기 때문이다.

현대 과학기술이 발달하면서 황금 입자의 직경을 100분의 1밀리미터까지 만들 수 있게 됐다. 덕분에 세계 각지의 음식점, 호텔에서는 '황금 연회', '황금주' 등 새로운 요리 스타일을 선보일 수 있게 됐다. 일본의 버블경제가 한창 호황을 누리던 시기에 황금 싹을 넣은 케이크들이 부유한 기업가를 유혹하기도 했다. 그 뒤를 이어 미국 뉴욕에서 어떤 이가 자신의 부를 과시하기 위해 초밥과 샐러드, 바비큐 등 요리 위에 황금 가루를 뿌려 먹었다. 금은 장식품일 뿐만 아니라 먹을 수도 있었다.

사실 이런 요리법 자체는 건강과는 거리가 멀다. 순금은 비록 무독성이고 보통은 생명에 지장이 없지만 인체에는 어떤 영양가치도 없기 때문이다. 황금은 인체에 필요한 영양성분이 아닐 뿐 아니라 필수 미량원소도 아니기 때문에 신체보양에 효과적이라고 하기 어렵다. 음식과 함께 체내에 들어가는 황금가루는 소화관에서 재빨리 '작별인사'를 하고 대부분 대변으로 배출된다. 그 외에도 연구 결과에 따르면, 황금은 우리가 생각하는 것처럼 그렇게 순수한 물질이 아니다. 황금에는 '염화금산'이라는 황금염을 포함하고 있기 때문에 인체에 강렬한 과민반응을 일으키고 소화관에 진입한 후에는 복통, 설사 등 증상을 일으킨다고 한다. 건강에 유익하다고 하는 이런 음료수는 기실 인체에 어떤 유익도 없다는 것이 증명된 셈이다.

병도 고치는 황금

황금이 인간의 인체에 아무런 도움도 되지 않는 것은 아니다. 1960년대 과학자들은 황금 재제를 이용하여 수많은 류머티스 관절염 환자의 고통을 덜어주는 데 성공한 적이 있다. 미국에서 개발한 '리도라Ridaura'라는 포도당 도금 주사제가 류머티스 관절염과 류머티스성 관절염에 효과가 탁월했다. 현재는 이미 법정약물로서 적지 않은 국가의 약전에 올라 있다.

황금화합물 주사제는 임상에서 사용이 불편한 탓에 약제 개발자들은 오라노핀Auranofin을 개발해냈다. 오라노핀은 복용이 편리한 항류머티스 약물로서 효과가 황금 주사제와 거의 비슷하며 질병증상 해소에도 효과가 있다. 하지만 이런 약물은 의사의 처방 후 사용해야만 하며 부작용 여부를 반드시 주의해서 살펴봐야 한다. 그 외에도 임상치료 쪽에서는 황금의 늘어나는 성질을 이용해 제작한 금박으로 피부궤양 치료나 화상 치료에 사용하고 있다. 외과수술 시에 금실로 골절환자의 부러진 뼈를 고정하면 환자의 고통을 경감시킬 수 있을 뿐 아니라 어떤 독성도 없어 의료진의 환영을 받고 있다. 관련 자료의 소개에 의하면 약물 개발연구자들은 황금과 인을 섞은 항암 치료제 개발을 시도하고 있는데 이미 큰 진전이 있었다고 한다. 실험용 쥐로 실험을 한 결과 황금을 이용한 항암 치료제 1회 주사 후 쥐의 체내에 있던 암세포가 20~40퍼센트가 사라졌으며 부작용도 거의 없었다고 한다. 현재 이런 약물은 계속하여 진일보 연구와 완성을 기다리고 있다.

현대 중의학 이론에서는 황금은 경기를 가라앉히고 마음을 편안하게 하는 효과가 있다고 한다. 중의학 제재인 '지보단至寶丹'에는 금박이 함유돼 있어 중풍으로 인한 언어장애 치료에 사용되며 효과도

제8장 황금색 혈맥 – 신화에서 깨어난 황금

탁월하다. 현대의학 이론은 미량의 황금 입자가 사람 인체에 흡수되면 혈액을 활성화시키고 몸을 건강하게 만든다고 한다. 그래서 어떤 이는 황금 원소를 함유한 피부흡수제를 몸에 바르고 안마를 받기도 한다. 의학계에서는 피부흡수제가 삼투압 작용을 촉진하는 가운데 금 입자가 인체에 흡수되고 안마까지 받으면 혈액을 활성화하고 혈액순환을 자극하며 피부를 윤기 있게 만들어 헬스, 미용, 질병 예방에 1석 3조의 효과를 얻게 된다고 한다. 이는 황금을 이용한 질병 치료에 확실한 증거다.

오라노핀__ '리다진(利达金)'이라고도 불리는 오라노핀은 진짜 황금으로 제작한 항류머티스성 관절염 치료제다. 이 약제는 화학합성을 거쳤기 때문에 화학명은 '오라노핀'이라고 불린다. 해외에서는 임상에서 사용한 지 이미 10여 년이 넘은 오라노핀 정에 함유된 황금의 양은 매우 적다. 한 알마다 0.87밀리그램의 황금이 들어있기 때문에 하루 두 알을 복용한다 해도 겨우 1.74밀리그램에 불과하다. 날마다 약을 꾸준히 복용해도 하루에 겨우 635밀리그램으로 채 1그램이 되지 않기에 가격 역시 저렴한 편이다. 복용한 미량의 황금은 인체에 아무런 해도 끼치지 않는다.

일본의 일부 미용원에서는 황금으로 미용 안마를 하는 서비스를 추가하고 있다. 황금 안마는 피부의 신진대사와 혈액순환을 증진할 수 있어 다른 어떤 안마제에 비해 탁월하다. 서비스 요금도 비교적 비싸 1시간 동안의 전신안마 서비스 이용료가 130달러, 얼굴 안마는 60달러라고 한다. 과거 한 전문가는 황금 가루가 현대과학 기술의 발달을 통해 가장 유행하는 피부미용 제품이 될 것이라고 예언을 한 적이 있다.

그 외에도 황금의 방사성 동위원소는 방사선 치료에서도 널리 사용되고 있다. 황금을 입자 형태나 콜로이드 형태로 방사선 촬영지역에 놓아두면 여러 가지 질병을 진단해낼 수 있다. 예를 들어 교질성 금(198 Au)은 흉막이나 흉막의 삼투물과 방광염을 치료할 수 있다. 교질성 금은 또한 골수 스캔이나 간장과 폐장 조영 등 각종 질병의 진단에도 쓰일 수 있다. 이때 교질성 금을 연구하려는 기관에 가득 넣은 후 섬광 조영술로 관찰한다. 금박은 피부화상 치료에 사용할 수 있으며 황금의 증기 레이저는 위암, 폐암의 치료에도 활용된다.

황금은 근대 첨단 과학에 있어 획기적인 진전을 이루었는데 황금을 생물 센서에 응용하는 것이 대표적인 예다. 중국 과학기술 연구자 탕팡충 등은 효소와 금의 나노 입자를 간단하게 혼합하는 방법을 통해 글루타르알데히드Glutaraldehyde와 PVB을 교차연결한 후, 반경 0.5밀리미터의 백금선을 젤 용액에 담궈 전극을 만듦으로써 금속 나노 황금 입자를 함유한 생물 센서의 전류흐름을 크게 개선했다. 이런 생물 센서들은 임상의학, 정보산업 등 방면에서 모두 매우 중요하며 현재 첨단과학 연구에서도 큰 관심을 얻고 있다. 황금 용액 역시 세포 내부를 염색시킬 수 있어 동물기관 내에서의 세포의 상태를 관찰할 수 있다. 황금은 화학적으로 고도의 안정성, 뛰어난 생물 용해성, 적절한 역학성능을 지니고 있기 때문에 인류의 건강을 목적으로 하는 의학생물 연구에 중요한 인공장기 재료와 외과 이식 재료로 각광받고 있다. 황금과 귀금속으로 제조한 전자 미세 탐침electron microprobe이 신경 계통을 탐색하는 실험은 이미 현저한 효과를 거두

미용 효과에 탁월한 황금__부의 상징인 황금은 '신비'한 미용효과까지 겸하고 있다. '황금 피부보호법'을 처음으로 창안한 사람은 바로 이집트의 여왕 클레오파트라였다. 고대 이집트에는 피라미드 외에도 풀기 어려운 미스터리가 많이 남아 있다. 전설에 의하면 클레오파트라는 수많은 왕비들 중에서도 더 뛰어난 미모로 왕의 마음을 사로잡기 위해 특별히 전문가를 고용해 신비의 '황금 회춘술'을 연구해냈다고 한다. 그녀는 순도 99.9퍼센트인 황금 마스크를 만들어 밤이면 밤마다 이 마스크를 쓴 채 피부를 보호했다고 한다. 그래서 서른 아홉 살이 됐어도 몸매는 물론 피부까지도 어린 소녀와 다름이 없고 피부는 투명하고 빛이 나며 탄력이 넘쳐 제왕의 총애를 받았다.

었다. 신경 회복, 맥박 조정기 등은 모두 금과 귀금속, 그리고 합금 재료를 사용하고 있다.

●●● 진정한 금은 연단을 두려워하지 않는다

현대 과학기술의 발전은 전자공학을 떠나서는 생각할 수 없다. 한편 전자공학과 황금, 기타 귀금속과의 응용은 불가분의 관계에 있다. 전자소자에서 요구하는 안정성, 도전성, 강인성, 연성 등의 일정기준은 황금과 여타 금속을 합금시키면 대부분 다 도달할 수 있다. 그래서 황금은 전자공학에서 매우 폭넓게 응용되고 있다.

현대화 통신 시스템, 제어 시스템, 전자 전산 시스템은 배치가 매우 빽빽하며 부품들이 소형화돼 있으면서도 개별 부품과 소자의 자유로운 분리가 가능한 구조를 가지고 있다. 그래서 접촉점에 대한 요구 수준이 더욱 높아졌다. 부품을 빽빽하게 배치하고 단위체적의 에너지 부존량을 증대했기 때문에 통신 시스템에서는 시스템의 온도 부하를 더욱 향상시켜야 한다. 그렇기 때문에 접촉점 재료를 연구·개발할 때는 우수한 도전성, 안정적인 전기 저항과 우수한 항부식성, 가공성, 열안정성 등 주위 환경과 관련된 일부 요소들을 반드시 고려하게 된다. 금과 금의 합금공구는

아즈텍 제국 복원도

이런 우수성을 고루 갖추고 있어 전자공업이 접촉점 제작에 광범위하게 사용되고 있다.

황금은 가장 좋은 기계가공 성능을 가지고 있어 직경이 겨우 몇 마이크로미터인 선으로 늘리는 것도 가능하다. 또한 도전성이 좋고 항산화, 항부식력이 뛰어나 금과 기타 금속과 합금을 하면 전기 접촉 재료, 전기 저항 재료, 용접 재료, 온도측정 재료, 후막 페이스트 재료 등으로 광범위하게 이용될 수 있다. 1947년 황금은 반도체 공업제조용 크리스탈 관에 사용되기 시작했으며 1968년 인텔은 황금 전기회로로 연결한 전기집적회로 칩을 출시했다. 현재 반도체용 세금선Gold Bonding Wire은 이미 전자공업의 필수재료로 자리 잡았다.

황금합금 용접 재료는 우수한 습윤성, 용접강도, 내열성, 항부식성, 공정성을 가지기 때문에 용접봉의 탁월한 강도와 열강도를 보장해준다. 예를 들어 Au-Ca, Au-B, Au-n 합금 용접은 P형 반도체 재료의 용접에 광범위하게 응용된다.

황금은 금속과 도자기 표면에서 아주 쉽게 도금층을 형성하기 때문에 도금 유리, 도금 자기, 도금 석영 등은 전자 설비와 반도체 부품, 마이크로형 전자회로에서 도체 재료로 사용된다. 황금은 안정적인 전기저항 성능이 있어 다른 금속을 적절하게 혼합하면 전기저항치가 고·중·저 형인 각종 전기저항 재료를 만들 수 있다. 그중 Au-Ni-Cr은 정밀 전기저항 재료로 성능이 좋으면서도 용량이 가장 큰 합금이다.

황금 도체 페이스트가 형성하는 도전막은 반도체 DICE, 집적 전자회로 칩과 함께 저온용해 공정 용접을 하거나 알루미늄 철사 또는 실리카 알루미늄 철사로 초음파 열압 용접을 하는 데 이용된다. 그래서 황금 페이스트를 다층 전선 도포, 단편 집적회로 연결에 사용하면 더욱 복잡한 집적회로를 제조할 수 있다. 황금 페이스트는 세

선공정에서 탁월한 도전체로 아주 적합하다. 그중 백금 도체 페이스트의 용접 재료 항부식력은 귀금속 후막 도체 페이스트 중 가장 뛰어나다. 특히 일부 복잡한 전기회로에서 자주 교환이 필요한 소자나 높은 안정성을 요구하는 전기회로에도 사용된다. Au-Pd 합금 도체 페이스트는 성능이 안정적이며 은을 함유하지 않은 용접 재료에 대한 항부식력이 비교적 우수해 다층 전선 도포에서 초정밀도 전기저항의 끝부분과 인도선의 끝부분을 연결할 때 자주 쓰인다. Au-Pd 합금 도체 페이스트는 소결 모노리틱 콘덴서Monolithic Capacitor의 전극 제조에 사용될 수 있으며 성능도 우수하고 공정이 안정적이다.

●●●　　　　　　　　　　　　　　　　　　　　항공우주 분야의 응용

인류의 우주 탐사에서 우주 항공선, 우주 비행선은 매우 중요한 도구다. 이런 탐측기들은 우주에 들어선 이후로는 태양복사와 우주복

성 마르코 성당 뒤편에는 황금으로 제작한 제단이 설치돼 있다.

사선에 완전히 노출된다. 우주 복사선과 적외선으로부터의 손상을 방지하고 부품의 수명과 정밀도를 향상시키기 위해서는 반드시 부품의 표면에 도금처리를 하고 일부는 심지어 100퍼센트 순금으로 제조해야 한다. 우주 비행사들이 입는 우주복 역시 반드시 특수한 보호막을 씌워야 한다. 바로 황금으로 된 보호막이다.

황금은 적외선 반사력이 98.44퍼센트에 달한다. 따라서 인공위성, 우주 비행선과 우주 항공선에서는 우주 복사선과 적외선으로부터의 손상을 방지하고 측정기기와 중요부품의 정밀도와 신뢰도를 높이기 위해 다수의 측정기기와 중요부품을 모두 도금처리한다. 필요할 경우에는 순금으로 제조하기도 한다. 예를 들어 비행선의 엔진 커버에 도금을 하되 도금층의 두께는 0.04밀리미터를 초과해야 한다. 비행선 캐빈 지붕에도 투명 황금 도금층을 삽입해 레이더 반사의 절연체를 삼으면 비행기 마이크로파의 반사를 약화시키고 이로

제8장 황금색 혈맥─신화에서 깨어난 황금

써 레이더의 탐측을 피할 수 있다.

그 외에도 우주 비행사들이 입는 우주복에는 아주 얇은 금박을 씌워 우주 복사선과 태양열량의 손상을 받지 않도록 한다. 미국 '아폴로' 호에서 사용된 측정기기는 모두 도금 처리됐다. 미국의 '비틀' 호 국제우주정거장의 외부에도 알루미늄 도금 플라스틱 열차단 반사막이 있어 정거장 내 온도를 43℃에서 24℃까지 낮춰준다. 현대 고공비행에서는 백금 합금을 사용하여 발동기의 점화 플러그를 제조한다.

현대 공업기술의 발전은 특히 항공우주 공업기술의 발달을 촉진해, 수많은 윤활 재료들은 이미 복잡한 작업환경에서 사용불가능하게 됐다. 그리하여 사람들은 새로운 윤활 재료를 찾기 시작했다. 세계 각국은 1950년대 말부터 고체 윤활 재료를 연구했으며 1960년대 초에는 만족할 만한 응용효과를 얻어냈다. 그중 황금과 합금으로 제작한 고체 윤활제의 성능이 가장 탁월했으며 고부하와 고초저온, 강한 복사, 강한 부식 등 특수한 조건 속에서도 여전히 우수한 윤활 효과를 보여줬다.

황금 고체 윤활제와 기타 특수 고체 윤활제의 등장으로 베어링 재료 부족과 윤활유의 성능이 떨어지는 문제를 해결할 수 있었다. 30여 년 동안 황금과 합금 제작한 고체 윤활 재료들은 항공우주산업과 기타 신제품들에 필요한 험난한 조건 속에서도 만족할 만한 윤활도를 보여줬으며 인공위성의 태양열 전지 패널, 적외선 카메라 윤활 베어링, 광학기기의 구동, 온도 제어, 우주선 분리 기구, 유도탄 방위 시스템, 원자능 기기 시스템 등에 널리 응용되고 있다.

황금의 광학적 용도는 기타 원소로 대체할 수 없다. 황금에는 엑스선을 흡수하는 성능과 우주 간의 적외선에 양호한 난반사성과 반사성을 가지고 있다. 황금의 이런 특징을 이용한 일종의 도금 층을 만들면 광학에 사용되는 특별한 조건을 만족시킬 수 있다. 예를 들어 도금유리는 투명도에는 전혀 영향을 주지 않으면서도 적외선을 효과적으로 반사하는 열 차단 기능이 있다. 도금 유리를 건축물의 창문 유리로 사용할 경우 무더운 여름날이라도 실내를 봄처럼 상쾌하게 유지할 수 있고 겨울철에도 보온 효과를 볼 수 있다. 만일 황금 도금막에 전류를 통하게 하면 유리가 오랜 시간 동안 청결하고 투명하게 유지되며 결빙되거나 서리나 수증기가 끼는 일도 없다. 도금 유리로 제작한 소방대원용, 강철제련 작업자용 보안경은 눈을 안전하게 보호해준다. 내벽에 황금을 도금한 반사경을 야금 공업로에 설치하면 고온에서도 용해물의 유동 상황을 볼 수 있다. 도금 유리는 비행기, 선박, 군함, 전차, 고급 승용차에도 이용된다. 도금 유리로 제작한 태양에너지 집열판의 열반사면은 열효율을 크게 향상시킬 수 있다.

　1960년대 초기, 과학자들은 도금 반사경이 적외선을 최대한 반사할 수 있다는 사실을 발견하고 이를 토대로 레이저를 발명했다. 1969년 달 착륙에 성공한 아폴로 11호에서도 금박을 이용해 우주 복사선을 방지하는 막을 만들었다. 1996년 미국이 발사한 화성 탐사선 역시 포물면에 도금한 반사망원경을 탑재했다.

　황금은 마치 황금색 혈맥처럼 인류의 역사를 꿰뚫고 있다. 고대 이집트의 황금 홀에서부터 중국 삼성퇴三星堆의 황금 가면, 황제의 황

1996년 11월에 발사된 '마르스 글로벌 서베이어(MGS)'라 불리는 탐사선. 이 화성 탐사선은 화성의 궤도를 따라 비행하며 화성의 지질학적 특징을 탐사했다. 이 탐사선 위편에는 포물면을 황금으로 도금한 반사망원경이 탑재돼 있다.

금 면류관에서부터 일반인이 사용하던 액세서리, 온갖 병을 치료할수 있는 '만병통치약'에서부터 과학기술 영역의 가장 큰 응용에 이르기까지 황금은 그 특유의 존귀함으로 인류의 물질문명과 정신문명의 간절한 염원을 전달하고 있다.

황금의 시대

지은이 이붕
옮긴이 이성희
펴낸이 김병은
펴낸곳 프롬북스

등록 제313-2007-000021호.(2007.2.1.)
1판 1쇄 인쇄 2010년 5월 25일
1판 1쇄 발행 2010년 6월 2일

주소 서울특별시 마포구 성산동 133-7 도원빌딩 307호
문의 02-308-0721
팩스 02-308-7781
홈페이지 www.frombooks.co.kr
전자우편 edit@frombooks.co.kr

ISBN 978-89-93734-06-5 03900
정가 15,000원